本书出版得到国家社科基金西部项目"内地西藏班教育成效及其对西藏发展的影响研究"（11XMZ040）与重庆文理学院学术专著出版项目资助

内地西藏班（校）教育成效研究

（1985—2015）

贺能坤◎著

社会科学文献出版社
SOCIAL SCIENCES ACADEMIC PRESS (CHINA)

一个地区的发展，尤其是民族贫困地区的发展，往往要借助外力才能实现发展的提速。在教育上借助外力以提升自己整体的教育力量、教育实力，以及为一个地区培养新人才是一种由来已久且有实际成效的做法。我国设立内地西藏班（校）（以下简称内地西藏班），就是利用内地优质的教育资源实现西藏教育的快速发展，这在本质上是一种借助外力来发展西藏自身教育的重要举措。

设立内地西藏班，目的就在于为西藏培养未来社会发展的精英人才并增强学生的华夏民族认同意识。自1985年创办内地西藏班以来，办学规模逐渐扩大，学生人数不断增加，且在内地20余个省份皆有西藏班。中央和各地方政府为此投入了大量的人力、物力和财力，为西藏班学生的发展、为西藏教育水平的提升、为中华民族认同感的增强做出了积极的贡献。

那么，内地西藏班的办学成效到底如何呢？从1985年开始，内地西藏班现已办学30余年。30多年中，从内地西藏班毕业的学生已10余届。"内地西藏班一代"早已成家立业，"内地西藏班二代"已进入内地西藏班学习。在内地西藏班办学30年这个重要的时间节点，我们研究内地西藏班的办学效果，进而对内地西藏班办学效果的评估提出新的思路，应该说是条件已经成熟。贺能坤博士致力于这个项目的研究由来已久。他和他的团队历时5年多，深入全国多所内地西藏班进行调查，对数位内地西藏班毕业生和在校生进行了深度访谈，获取了丰富的一手资料。与此同时，作者并没有局限于就内地西藏班本身看内地西藏班的教育成效，而是立足国际视野，以联合国教科文组织提出的未来教育"四大支柱"为标准体系来讨论内地西藏班的办学成效，且紧紧围绕"人的发展"这一核心开展了深入研究。这决定了整个评价体系的基础是经得起推敲的，是可以与国际比肩的。不仅如此，作者并没有简单地套用联合国的标准，而是基于内地西藏班的实际情况对"四大支柱"进行了本土化处理，进而提出了一套科学、合理的评价指标体系。这是研究的难点也是重点，显得难能可贵。

教育的评估历来不是死的，既不是简单地掌握知识、在考试中获得高分，又不是简单地统计学生人数甚至文凭的提高，更重要的是学生个体情感、价值观、审美、文化习得、综合能力等诸多方面的形成和培养。毫无疑问，内地西藏班在师资队伍、课程设置、学习环境、生活环境等多个方面的条件整体上均好于西藏自治区内学校，二者在教育软硬件方面不可同日而语。但是，这些有形的、看得见的教育资源优势能否转换成学生无形的发展呢？或者换句话说，这些资源优势是否有效地促进了学生的发展呢？作者通过调查问卷和田野调查相结合的方式实证了内地西藏班的教育成效是积极的、显著的，主要表现在四个方面。其一，内地西藏班的教育成效总体处于中等偏上水平。绝大多数学生在学会认知、学会做事、学会共同生活、学会生存、主观幸福感五个方面获得了高分。其二，首届毕业生在认知上高度认同和肯定内地西藏班政策，在行动上积极支持"内地西藏班二代"继续父辈的内地学习之路。其三，内地西藏班教育成效整体上优于西藏自治区内学校。无论是中学一年后还是三年后，内地西藏班与西藏自治区内学校的教育成效均存在显著差异，内地西藏班教育成效的增长幅度显著高于西藏自治区内学校。其四，个人背景不是影响内地西藏班教育成效的重要因素。除受教育程度外，学生的个人背景如性别、家庭居住地、父母的职业构成、民族构成等，并没有对内地西藏班教育成效产生重要影响。这表明，来自西藏不同地区、不同家庭背景的学生在内地受教育的成效并没有显著差异。

　　这些研究结论很好地揭示了内地西藏班办学 30 多年来的成效。未来，内地西藏班还要继续办下去，这个研究提供了有价值的事实依据。事实上，就像当初不少留美学童回国成为中国精英一样，绝大多数内地西藏班学生不仅回到西藏就业，而且相当一部分人成了各行各业的中坚力量，在促进西藏社会可持续发展方面发挥了积极的作用。

　　但是，内地西藏班仍存在问题，主要有三个方面。第一，内地西藏班教育与家庭教育的分离。这些学生到内地时年龄小，还需要在与家人相互作用的亲情环境中健康、快乐成长。尽管内地西藏班学校、老师花了很多功夫试图弥补这一缺陷，但毕竟不能替代家庭，师生的关怀不能代替父母的亲情。第二，母语的传承及其学习方式的特殊性。内地西藏班教育的终极目的不是把这些学生留在内地，而是让学生学成以后能回到西藏，为西藏发展贡献他们的力量，其根是西藏、藏族的发展。那么如何发展藏族？在一个民族文化极为浓厚的环境中，顺其文化之势才能让其得到良性、长足的发展。对内地西藏班学生而言，他们的母语是藏语，且他们正处于语言形成时期，学好自己的母语并用母语来完成国语甚至英语的学习尤为重要。语言学习不仅仅是掌握一种语言，更重要的是学习语言背后的思维模式。由不同的语言发展出的思维模式是有差异的，就像中国人使用汉字的思维绝不等同于西文一样，自然就不能简单地去替代，就不能以学另一种语言替代母语的学习。表面上看起来，语言学习似乎通过增加课时就可以解决问题。但是，洒水和在水里是有重大区别的学习方式，不能靠多洒点水代替浸在水中的学习。第三，教育要植根于西藏文化与个体的健康成长。西藏与内地自然环境的差异必然导致人们的生活方式不同。除情感、思维发展之外，审美、价值观、道德观甚至环境观、自然观等都有差异。只有在西藏这样的自然环境和天人系统中才会生长出极为虔诚的对环境尊重、敬畏、关爱、维护的意识，这不是一种外加的意识，而是与生俱来的。那里的人必须这样对待自然才能与自然共生，而不是简单地去开发它、征服它。即使取其资源、用其山川，也一定要与之共生并成为一个生命共同体，只有这样，才能真正形成西藏的文化。内地西藏班的教育虽然在内地开展，但仍要植根于西藏的文化，增强师生对西藏文化的理解，才能更好地培养学生健康成长。

内地西藏班教育成效的评估不是简单的事情，不仅关系着来自西藏的学生的健康成长，而且关系着西藏的可持续发展，也关系着整个国家的稳定和发展。对内地西藏班教育成效进行更长远、丰富、深入的研究势在必行，比如追踪研究、比较研究等，特别是以后要全面评价内地西藏班的价值及其贡献，就更希望后继有人。贺能坤博士的研究，立足学生的发展，从一个侧面呈现了内地西藏班办学 30 年的教育成效，为此奠定了一个很好的基础，相信会后继有人，百尺竿头更进一步。

是为序。

张诗亚

2017 年 10 月 20 日于无名堂

目 录

图表目录

2015 年是内地西藏班（校）（以下简称内地西藏班）办学 30 周年。

30 年来，为支持内地西藏班办学，党和各级政府先后出台了一系列特殊政策，投入了大量人力与物力。相关政策规定，内地西藏班学生入学后的衣、食、住、行，包括看病等各项费用均由国家财政提供，同时规定办学所在地省份不仅要择优配备相关教师，还需要承担教职工工资和教学经费等。西藏自治区教育厅的统计数据显示，截至 2016 年，已在北京、广东、上海、重庆等 22 个省（自治区、直辖市）的 17 所初中、68 所高中、48 所中职学校举办内地西藏班，共有在校生 2 万余人，累计完成招生 11 万人。[①]

作为一项特殊的民族教育政策，设置内地西藏班无异于中国少数民族教育领域内一场"特殊的实验"。从 1985 年到 2015 年，内地西藏班已走过 30 年的办学历程。这场"实验"的结果如何？是成功还是失败？用什么样的标准来评价其教育成效？……这些问题备受各级政府、国内外学者和爱藏人士关注。

一方面，受地理条件、历史进程、文化宗教等因素影响，西藏包括内

[①] 索朗德吉、张京品：《内地西藏班 31 年培养 3.6 万人才》，2016 年 11 月 23 日，http：//www. jyb. cn/china/gnxw/201611/t20161123_ 684691. html。

地西藏班的发展历来受到境外媒体的关注。一些别有用心的人甚至常常拿西藏的发展在国际上说三道四，影响西藏自治区和国家的稳定。内地西藏班办学作为西藏教育发展中的重要组成部分，不仅关系到学生个体的健康成长，而且关系到西藏地区的和平与稳定发展。内地西藏班教育成效是国际社会了解和认识西藏的重要窗口。

另一方面，内地西藏班的教育成效也备受全社会的关注。内地西藏班不只是西藏的事情，还与中央政府、地方政府、办学所在地相关社会团体和友好人士有着千丝万缕的联系。内地西藏班是另一种形式的"全国援藏"行动，全社会都为之进行了有形和无形的投入，投入之后的成效自然应有所评估。

当前，我国除内地西藏班外，还有内地新疆班。研究内地西藏班的教育成效，可为内地新疆班的持续发展提供经验借鉴和启示。

基于此，在办学30年的重要时间节点上，深入研究内地西藏班的教育成效，具有重要的理论和实践价值。理论层面，有助于形成我国民族教育研究"本土化"的理论阐释，为中国乃至世界少数民族教育研究提供新的理论思考，从而丰富和推动世界范围内民族教育相关理论的发展。现实层面，不仅可以有效地推动内地西藏班和内地新疆班的健康、持续发展，而且能提供中国发展民族教育的个案和相关经验，并向世界展示中国特色的民族教育发展之路。这也有助于增强西藏这一地区与世界的互动，引导世界了解西藏真实的发展情况，为世界提供关于西藏发展的翔实资料，对少数不怀好意的敌对分子抹黑西藏的行为给予有力回击，从而维护西藏乃至整个中国的稳定发展。

第一章

内地西藏班办学背景及其发展历程

一 办学背景

西藏自和平解放特别是 1959 年实行民主改革后，社会各项事业百废待兴，掀开了发展的新篇章，也迎来了新的发展机遇。根据中央战略部署，西藏要从长期以来的封闭、半封闭式经济转变为开放式经济，从传统的供给型经济转变为经营型经济，从而走上自主发展的道路。实现这一目标，关键依赖于一大批德才兼备的各级各类专门人才，特别是具有文化技术素质的劳动者和具有较高管理水平的各级干部。

但是，由于西藏传统的人才培养主要依赖于寺院教育，不仅人才数量规模小，而且质量不高，根本无法满足西藏社会发展的需要。受人才数量和质量的约束，社会各行各业的发展遭遇极大的阻力，一部分工作甚至无法正常开展。人才缺失成为阻碍西藏发展的重要因素，快速发展现代教育、培养更多更优秀的人才是当时一项非常迫切的任务。

1980 年 3 月，第一次西藏工作座谈会顺利召开。会议高度重视教育在西藏发展中的重要作用，提出了关于发展西藏教育的指导意见，强调今后一段时间发展西藏教育的相关措施。次年 2 月，第三次全国民族教育工作会议召开。会议对中华人民共和国成立以来民族教育工作的经验和教训进行了总结，对民族教育的发展提出了建设性的建议，为西藏教育特别是内地西藏班政策的出台奠定了良好的基础，提供了重要的政策依据。

1984年3月，第二次西藏工作座谈会召开，决定在内地创办专门的西藏学校和在部分中学开办西藏班。会议指出，为了尽快改变西藏教育落后、人才短缺的现状，必须快速发展教育以培养出社会急需的各类人才。受历史因素影响，西藏自身教育根本无法完成这一使命，还要积极到内地采取集中与分散相结合的办法，借助内地办学的优势，帮助西藏快出人才、多出人才、出好人才。

当年12月，教育部、国家计委就下发了《关于落实中央关于在内地为西藏办学培养人才指示》的通知，提出了具体的指导意见。通知指出，遵照党中央和中央领导同志关于在内地举办西藏学校和西藏班、每年招收1300—1500名藏族学生、为西藏着重培养中等专业技术人才的指示，决定在北京、兰州、成都各办一所西藏学校，于1985年筹建，力争1986年开始正式招生。同时，在上海、天津、重庆等16个省市的中等以上城市各选条件好的一二所中学举办西藏班，从1985年起每年从西藏招收藏族小学毕业生1300名。在《关于在内地筹建西藏学校和举办西藏班培养人才的意见》（1984年12月）中对设校地址、学校规模与学制、教学用语、师资配置、招生办法、学生名额分配等进行了说明。按照当初的设想，1985年各省市可招收1300名学生，1986年三所西藏学校也能如期招生的话，1989年在校生可达6700人，到1992年总规模可达7300人，这样每年就可输送1300名初中毕业生升入中专或技校，有300名高中毕业生可以升入大学深造。这样，从1993年起，每年可为西藏输送1300名中等专业技术人才。[1]

1985年8月，西藏首批1300名藏族小学毕业生赴内地16个省市西藏班学习，从此拉开了内地西藏班的大幕，也开启了西藏教育区内与内地"两条腿"并驾齐驱发展的新格局。这1300名学生来自西藏各

---

[1] 西藏自治区地方志编纂委员会编《西藏自治区志·教育志》，中国藏学出版社，2005，第495—497页。

地，其中拉萨市 500 名（含后来增设的林芝市的 100 名），送往上海、重庆、陕西各 100 名，江西、浙江、湖南、安徽各 50 名；日喀则市 250 名，送往山东、河南各 100 名，云南 50 名；昌都市 200 名，送往河北、湖北各 100 名；山南市 200 名，送往辽宁、江苏各 100 名；那曲市 100 名，送往天津；阿里地区 50 名，送往山西。① 此后的 30 年间，设立内地西藏班的省份由当初的 16 个增加至 22 个，年招生数量由当初的 1300 名初中生增加到年招收初中 1500 人、高中 3000 人、中职 3000 人。② 在党中央和各级政府的大力支持下，内地西藏班办学规模不断扩大，招生范围不断扩大，为促进西藏教育水平的提高起到了极大的作用。

如今，回顾中央当初设立内地西藏班的教育决策，无不与当时的时代背景息息相关。设立内地西藏班，是国家时代发展的必然产物。除前面已提到的西藏教育水平落后、亟须培养大批人才原因外，还有一个原因也至关重要，那就是积极争取青年一代。20 世纪 60 年代以来，所谓的西藏"流亡政府"在印度积极建立"儿童村"，还在中印边界线外办起了"福利学校"，引诱 7—11 岁的西藏少年儿童入学。所谓的"流亡政府"免费让学生上学，甚至免费提供校服，负责日常生活开支，开展藏英文双语教学，直接把汉语排除在学校系统之外。达赖曾指出，"西藏的未来事业与局势如何转变都取决于现代西藏年轻一代"。③ 为了积极应对达赖集团对青年一代的引诱，中央政府果断做出发展西藏教育的重要决策——设立内地西藏班，并通过财政扶持方式为学生提供免费教育，充分发挥内地的教育资源优势，快速为西藏培养一批合格的建设者和接班人。

20 世纪 80 年代，曾多次参与报道内地西藏班办学情况的新华社资深

① 西藏自治区地方志编纂委员会编《西藏自治区志·教育志》，中国藏学出版社，2005，第349 页。

② 钟慧笑：《内地西藏班：一个伟大的创举——教育部民族教育司司长毛力提·满苏尔谈内地西藏班办学》，《中国民族教育》2015 年第 7、8 合期，第 19—20 页。

③ 中国藏学研究中心：《透视"3·14"：中国藏学研究中心学者深度分析拉萨"3·14"暴力事件》，中国藏学出版社，2008，第 10 页。

教育记者周大平这样评价："党和国家这一重大战略决策，与当时西藏地广人稀、自然环境复杂、长期处于封闭半封闭状态、办教育十分艰难的大背景密切相关。"① 内地西藏班完全是随时代应运而生的结果，是从西藏实际出发而采取的行之有效的教育决策。

二 发展历程

梳理内地西藏班30年的发展历程，我们发现内地西藏班经历了一个从无到有、办学规模从小到大、教学质量从低到高的发展过程，并经历了5次大的变化。②

1985年秋，全国16个省市的西藏初中班1300名学生按期开学，成为内地西藏班发展的起点。这16所学校如表1-1所示。

表1-1　内地西藏班首批16所学校基本情况

序号	学校名称	备注
1	上海市回民中学	1998年停办内地西藏班。西藏班迁往当年新建的上海市共康中学
2	重庆市沙坪坝区三十一中	1996年更名为重庆西藏中学
3	陕西省临潼华清中学	2012年停办内地西藏班。西藏班迁入当年新建的西安市浐灞第一中学
4	江西南昌市十七中	
5	浙江省绍兴一中	2004年起，西藏班迁往新建的绍兴西藏民族中学
6	安徽省合肥市六中	2001年，西藏班整体迁入合肥市第三十五中学
7	山东省济南十四中	与济南回民中学西藏班合并，于1991年成立山东省济南西藏中学

① 张滢：《来自祖国母亲最珍贵的礼物——内地西藏班办学三十周年纪实》，《中国民族教育》2015年第7、8期，第4—10页。
② 本部分内容参考中国民族教育杂志社《春华秋实三十年》，《中国民族教育》2015年Z1期，第11页；雷召海：《关于内地西藏班（校）办学模式的政策分析——以武汉西藏中学为例》，《民族教育研究》2012年第4期，第24—27页；严庆：《解读我国一项特殊的民族教育政策——举办内地西藏班（校）》，《民族教育研究》2005年第2期，第23—27页。

续表

序号	学校名称	备　注
8	河南省郑州四中	
9	云南昆明师院附中	
10	辽宁省辽阳市一中	
11	江苏省常州市二十中	后改名为常州市西藏民族中学
12	天津市红光中学	2010 年起停招西藏初中班学生
13	山西太原市山西大学附中	
14	河北省石家庄市河北师院附中	现为河北师范大学附属民族学院
15	湖北省沙市六中	2005 年西藏班迁往武汉。2006 年更名为武汉西藏中学
16	湖南岳阳市一中	

资料来源：中国民族教育杂志社：《最早的 16 所内地西藏初中班办班学校今何在?》,《中国民族教育》2015 年第 7、8 合期，第 12 页。

1987 年，第二次援藏工作会议召开。会议决定取消原本打算在兰州、成都举办的内地西藏班，改为由辽宁、天津和江苏三省市承担办学任务。同年，北京西藏中学建成并开始招生。

1989 年，开始在内地普通高中、普通中等专业技术学校设立西藏高中班（中专班），招收西藏初中毕业生。这样，内地西藏班在发展中经历了第一次大的变化：除继续招收西藏小学毕业生外，增加了招收初中毕业生。至此，内地西藏初中班、高中班并行发展。

1994 年，第三次西藏工作座谈会召开。《中共中央国务院关于加快西藏发展维护社会稳定的决定》强调：继续办好内地西藏中学和西藏班，长期坚持、不断完善，适当扩大规模，并可适当招收部分进藏干部职工子女入学。1994 年起，为鼓励援藏干部安心在藏工作并倡导更多的人支援西藏建设，内地西藏班被允许可以适当招收一部分进藏干部职工子女（按照援藏干部相关精神，进藏干部多为内地选拔的优秀汉族干部）。由此，内地西藏班经历了第二次大的变化：在学生构成上由原来以藏族学生为主，发展为增加了一部分进藏干部职工子女。同年，中国人民解放军昆明陆军学院设附属藏族中学，招收内地西藏班初中毕业生。

1995 年，新增福建、广东共 5 所中学设立西藏初中班。办学规模进一步扩大。

1996 年，国务院办公厅转发国家教委《关于内地西藏班（校）扩大规模有关问题的请示的通知》，决定适度扩大内地西藏初中班招生规模，到 1998 年实现每年招收 2000 人的目标。

2000 年，中央根据西藏社会经济发展对人才的需求，决定调整办学层次，适当增加高中班招生规模，由每年 500 人增加到 960 人。其主要途径有两个：一是对原有内地西藏班进行调整和改造。北京西藏中学、湖南岳阳一中西藏初中班停办，改为举办西藏高中班。二是新设西藏高中班。江苏南通西藏中学、河南郑州四中、安徽合肥六中、重庆西藏中学、湖北沙市六中等学校新开办西藏高中班。至此，内地西藏班经历第三次大的变化。

2004 年，内地西藏班高中办学出现新形式：除原来集中在一些专门的内地西藏学校或专门的内地西藏班外，开始招收优秀的西藏学生散插到内地班级学习。《国务院办公厅转发教育部等部门关于进一步做好教育援藏工作意见的通知》要求，一方面，要做好内地一类普通高中西藏班学生插班就读试点工作；另一方面，要求办有西藏初中班的省份每年各招收 20 名西藏班应届初中毕业生，经过统一考试后择优录取，并直接插班到各省份非民族的一类普通高中学习。当年，共有 53 所内地重点高中招收 360 名西藏优秀初中毕业生，这些学生被散插到各地学习。这一改革举措，被认为是内地西藏班教学组织形式的极大进步，在激发内地西藏班学生的积极性和促进不同民族学生的交流交融方面起到了很好的作用。这是内地西藏班发展中经历的第四次大变化：除原来单一的专门西藏班学校或西藏班外，开始有了散插班这种新的办学形式。独立的内地西藏班和散插班并行发展。

2010 年，中央第五次西藏工作座谈会召开，明确提出推进西藏跨越式发展。《中共中央国务院关于推进西藏跨越式发展和长治久安的意见》强调要"继续办好内地西藏班，扩大高中阶段招生规模"。随后，教育部会同国家发展改革委、财政部联合印发《关于扩大内地西藏高中班招生规模有关工作的意见》，决定从 2010 年起在北京等 18 个省市扩大内地西藏高中班招生规模，年招生规模由 2009 年的 1315 人逐步扩大到 2011 年的 3000 人，在校生规模达到 1.2 万人。同时，提出在 12 个省市 38 所学校举办内地西藏中职班，每年招生 3000 人。这是内地西藏班发展中经历的第五次大变化：除设立普通西藏初中、高中班外，增设了内地西藏中职班，而且起点规模很高，一开始就要求年招 3000 人。可见，西藏社会事业发展对人才的迫切需求，急需要超常规方式为西藏快速培养中等专业人才，为西藏经济转型发展提供充足的人才支持和智力支撑。

同年，《教育部办公厅关于印发〈内地西藏班、内地新疆班高中班管理办法〉的通知》（教民厅〔2010〕10 号）对内地西藏班的招生、教学、管理、经费保障等多个方面进行了详细的规定，为内地西藏班的健康发展起到了很好的引领作用。该文件中的许多内容振奋人心，比如"要配齐、配好、配强西藏班、新疆班老师，使班师比达到 1∶8"，"设立西藏班、新疆班教职工特殊岗位津贴，每人每月补助标准为基本工资与绩效工资之和的 25%"，"每年录取的新生中，西藏班招收少数民族农牧民子女应占招生总数的 70%，同时招收 10% 进藏干部职工子女"等。这种超常规的教育投入，在中国教育发展史上并不多见。

2014 年，教育部等 12 部门印发《关于切实加强有关内地民族班学生教育管理服务工作的若干意见》（教民〔2014〕3 号）。该文件涵盖建立健全工作机制、加强毕业生就业指导服务和切实加强制度保障等八个方面，为进一步办好内地西藏班提供了制度保障。

2015 年，中央第六次西藏工作座谈会召开。会议提出了必须坚持治国必治边、治边先稳藏的战略思想，必须增强各族群众对伟大祖国、中华民族、中华文化、中国共产党、中国特色社会主义的认同，把社会主义核心价值观教育融入各级各类学校课程等一系列重要内容，努力培养爱党爱国的社会主义事业建设者和接班人。这次会议，再次强调了内地西藏班的教育使命感和责任感。

据教育部民族司的统计结果，目前全国 22 个省市的 17 所初中、68 所高中、48 所中职学校设立了内地西藏班，年招生计划分别为初中 1500 人、高中 3000 人、中职 3000 人，在校生达 2.1 万人。30 年来，累计已招收西藏初中生 4.6 万人、高中学生 3.5 万人、中职学生 0.9 万人及其部分散插班学生，各类学生已达 10.77 万人。[①]

① 张滢：《内地西藏班办学 30 年纪实：同心架起人才"天路"》，《中国教育报》2015 年 8 月 22 日。

第二章

内地西藏班教育成效研究文献回顾

"教育成效"一词是在人们追求教育质量的发展过程中逐步提出来的，体现了人们从追求"教育数量"到"教育质量"的转变。伴随现代社会的不断发展，世界各国越来越重视教育的投入。中国也不例外，始终将教育作为治国理念优先发展，并于 2012 年实现了教育投入占 GDP 4% 的目标。教育投入以后的成效一直为国内外学者和社会各界所高度关注，并围绕教育的成效开展了一系列深入的研究，对推动各级各类教育的健康发展起到了积极的促进作用。

内地西藏班可以说是中国政府为加大少数民族地区教育投入的一个缩影。为大力发展西藏教育事业，中国政府从实际情况出发探索出了一条到异地办学的先路。中央政府和内地西藏班所在地的各级政府先后投入了大量的人力、物力和财力，研究其教育成效既是投入与产出这对关系的需要，也是社会各界和民众了解西藏教育发展的需要。

梳理已有相关文献，笔者发现：内地西藏班教育成效研究既有宏观层面即对国家、地区、民族发展的研究，也有微观层面即对内地西藏班学生的研究；既有直接指向学生学业成绩的研究，也有对学业成绩以外的其他方面的研究。这些文献，为我们的研究提供了良好的基础和深刻的启示。已有研究主要集中在以下五个方面。

一 内地西藏班的办学使命

内地西藏班从 1985 年开始创办至今，已发展为初中班、高中班和各类大、中专班等多种格局，覆盖了初中、高中、大学各阶段，覆盖了职业教育和普通教育。随着内地西藏班办学规模和社会影响的不断增大，社会各界也越来越关注其办学成效。

事实上，国家在 1984 年做出在内地创办西藏班的决定时，就表明了其目的在于帮助西藏快速培养社会发展所需要的各级各类人才。这一目的与当时西藏整体受教育水平不高、人才严重不足、社会急需人才的背景是一致的。显然，内地西藏班创办之初更多地强调了所培养的人才要满足社会发展之急需，从宏观上提出了方向层面的办学目标，并没有较为详细的相关规定。

1992 年，为了进一步统一思想、强化内地西藏班的功能，《国家教委办公厅关于印发〈关于进一步加强内地西藏班工作的意见〉、〈内地西藏中学班（校）管理实施细则〉的通知》（教民厅〔1992〕10 号）明确规定："在内地创办西藏班的根本目的和任务，就是要利用内地学校的办学条件和师资优势，帮助西藏培养一批拥护中国共产党、拥护社会主义，自觉维护祖国统一、民族团结，具有初步的科学世界观和较扎实的科学文化知识以及一定的劳动技能的建设骨干，有效地促进西藏的改革开放、经济的繁荣和事业发展。"该通知还规定，内地西藏班"要按国家教委的有关规定，认真加强德育工作。特别是加强爱国主义、坚持'一个中心，两个基本点'党的基本路线、艰苦奋斗和增强改革开放意识的教育，并寓德育于各科教学和各项活动之中。除按教学大纲的基本要求组织教学外，还要根据西藏学生的思想实际，补充一些有关西藏历史、地理和生物知识的课程，加强维护祖国统一、民族团结、西藏农奴翻身史、科学思想和无神论的教育"。这一表述，相对于 1984 年提出的办学目标显得更具体、更直观，强调了育人过程中德育工作的重要性，强调了保护和传承藏文化的重要性。

此后的若干年，中央政府和相关地方政府也一直延续着这种定位，并从各个方面不断强化内地西藏班的办学使命。《教育部办公厅关于印发〈内地西藏班、内地新疆班高中班管理办法〉的通知》（教民厅〔2010〕10 号）进一步明确规定学校办学方向："西藏班、新疆班要坚持社会主义办学方向……把西藏班、新疆班办成宣传党的民族政策和西藏、新疆工作的窗口，办成增强民族团结、维护祖国统一，反对民族分裂，促进西藏、新疆跨越式发展和长治久安的坚强阵地。"该通知再次明确指出内地班学校的培养目标："要培养坚决拥护中国共产党的领导，热爱祖国，热爱社会主义，坚定维护祖国统一、民族团结和政治可靠，有理想、有道德、有文化、有纪律的德、智、体、美全面发展的社会主义事业可靠接班人和合格建设者。"学校每学期要进行一次学生操行评定，以此作为对学生奖惩和升留级的依据，并将学生在校期间的表现和学习成绩以书面形式通知家长。

　　2015 年 8 月，中央第六次西藏工作座谈会召开。习近平在讲话中强调："西藏工作的着眼点和着力点必须放到维护祖国统一、加强民族团结上来，把实现社会局势的持续稳定、长期稳定、全面稳定作为硬任务，各方面工作统筹谋划、综合发力，牢牢掌握反分裂斗争主动权。"这就要求教育培养的人必须具有这样的意识和素质，才能担负起西藏可持续发展的这一使命。因此，无论是西藏区内各级各类教育还是内地西藏班教育，均应把"维护祖国统一、加强民族团结"作为培养各级各类人才的首要任务。长期致力于西藏教育研究的房灵敏在学习第六次西藏工作座谈会精神时强调：要对下一代进行爱国主义教育和民族团结教育，让学生增强中华民族共同体意识，增强"汉族离不开少数民族，少数民族离不开汉族，各少数民族之间也互相离不开"的意识，增强对伟大祖国、中华民族、中华文化、中国共产党、中国特色社会主义的认同。①事实上，这种办学使命的教育在学生到内地之前就已经开始了，因为这些经过选拔而被录取的内地西藏班学生在离开西藏前会接受统一的培训。

---

① 房灵敏：《统一思想　狠抓落实　努力开创我区教育工作新局面——在贯彻落实中央第六次西藏工作座谈会、第六次全国民族教育工作会议精神视频会上的讲话》，《西藏教育》2015 年第 9 期，第 3—5 页。

培训往往由生源所在地教育行政部门组织，培训内容包括思想政治教育、民族团结教育、安全教育、法制教育、校纪校规等，其中思想政治教育、民族团结教育是重点。①

二 教学成效整体评估

20世纪80年代，中国政府提出的内地西藏班办学的设想具有前瞻性和创造性，但其效果还需要实践来检验。特别是受文化差异、学生基础差异、藏汉民族关系等因素影响，内地西藏班的教学成效一直备受社会各界关注。评估其教学成效，检验是否与当初的设想一致，以便不断总结好的经验并对存在的问题进行有针对性的教学改革，始终是内地西藏班可持续发展面临的第一道门槛。

首批西藏籍学生在内地学习一年后，西藏自治区教育厅就于1986年11月组织了一支由10人组成的内地西藏班工作考察团，赴重庆等多个内地西藏班对学生的学习、生活和教师的教学等方面进行了考察。考察的主要任务之一便是了解办班工作的成绩、经验和需要解决的问题。② 考察结果显示：和创建之初相比，内地西藏班办学取得了喜人的成绩。学生正在他们的第二故乡幸福生活、茁壮成长，在德、智、体各方面都得到了喜人的发展，尤其在学习方面有了大幅度提高。这对于维护国家统一、民族团结，对于西藏的发展都具有深远的意义。同时，针对存在的问题提出了加强教学方法改革、提高教学质量的建议。③ 为了进一步规范内地西藏班的办学行为，1994年6月14日《国家教委办公厅关于印发〈内地西藏班（校）办学水平综合评估指标（试行）〉的通知》（见附录一），要求从主管部门重视、办学条件、指导思想、管理水平、办学成效五个方面进行评估。评估结果显示，内地西藏班加强了西藏与内地的联系和交往，有力地

---

① 《西藏自治区2014年内地西藏初中班招生规定（摘要）》，《西藏日报》2014年4月24日，第3版。
② 耿金声、王锡宏主编《西藏教育研究》，中央民族学院出版社，1989，第317页。
③ 赴内地西藏班考察团：《内地十六省市西藏工作考察报告》，载耿金声、王锡宏主编《西藏教育研究》，中央民族学院出版社，1989，第323—325页。

促进了民族团结和西藏各项建设事业的发展。从毕业生返藏工作的反馈情况看，西藏自治区各级党政领导、用人单位以及整个社会对内地西藏班毕业生的评价普遍较高：绝大多数毕业生回到西藏急需人才的各县或县以下各基层单位，特别是内地中师毕业生的95%以上全部回到乡完小和最基层的村教学点上从事教学工作，而且他们中不少人已在县政协、人大、文教等担任领导职务。同时，内地西藏班也得到了国际友人和居住在国外藏胞的赞赏，认为党中央、国务院为藏族人民办了一件大好事。① 相关评估专家认为，评估的根本目的在于引导内地西藏班为西藏培养合格的建设者和接班人。无论是从评估指标看还是总体评价看，各地高度重视内地西藏班的办学工作，取得了显著的成绩。其中，对教育教学的评价是"各有特色，社会评价较好"。② 这一评估指标被认为是当时最为详细的内地西藏班办学评估指标体系，是对内地西藏班教学成效的一次大检查，对进一步完善内地西藏班办学具有积极的指导意义。但是，在整个指标体系中办学成效仍仅仅局限于学生方面，且仍以德、智、体为主要内容，内地西藏班办学的特殊性没有得到充分体现。③

除相关教育主管部门的官方调查和评估外，一部分学者也通过多种途径对内地西藏班的办学情况开展了调查。国家社科基金重大特别委托项目"内地西藏班教学模式与成效调查研究"课题组于2011年11月至2013年5月对内地西藏班的教学现状与问题进行了深入摸底调查。"教学成效"主要是指教学的成绩、效果，包括教师的教授成效与学生的学习成效。但从课题组认为教师的教授成效在很大程度上是通过学生的学习成效来反映的，所以，该研究对教学成效的考察主要集中在对学生学习成效的考察上。④ 调查结果显示，内地西藏班教学取得了巨大成就。从宏观层面看，内地西藏班办学为西藏培养了大批优秀人才，获得了学生和家长的一致认

① 子明：《西藏内地办学15年》，《中国民族》2001年第2期，第44页。
② 李涵、承祖：《推动内地西藏班工作再上新台阶——内地西藏班办学水平综合督导评估试点综述》，《中国民族教育》1997年第8期，第20—21页。
③ 许丽英：《内地西藏班教学模式与成效调查研究》，社会科学文献出版社，2014，第141页。
④ 许丽英：《内地西藏班教学模式与成效调查研究》，社会科学文献出版社，2014，第23页。

可，内地西藏班的培养目标与办学特色初步形成；从微观层面看，内地西藏班学生综合素质全面提高、学校适应良好、民族文化保持良好，形成了很强的积极正向的国家认同与民族认同。①

具体来说，研究者还把教学成效的关注细化到了学生的"学"和教师的"教"两个方面。

（一）关注学生的"学"

文化环境的差异客观上给内地西藏班学生的学习带来了诸多困难。研究表明，内地西藏班学生普遍存在学习动力不足、学习层次参差不齐等问题②，多数藏族学生缺乏良好的学习习惯，极少主动寻找问题和发现问题。③ 同时，这些学习问题还存在学科差异，英语和数学、物理等理科明显偏科，学生的学习难度较大、学习成绩不好。调查发现，内地西藏班学生在英语学习中普遍存在基础差、缺乏学习动力、读写听说的技能欠佳等问题。④ 他们之所以在英语学习上有困难，主要在于英语是这些内地西藏班学生的第三语言，他们在学习过程中不得不通过"两次语言转换"（教师在课堂上从英语转换为汉语，学生再从汉语转换为自己的母语）来理解学习的内容。该群体在英语学习中存在的十大障碍，包括多语言干扰、文化背景迥异、学习兴趣缺失、教材难度偏大等。⑤ 同时，该群体在学习物理、化学、数学等理科时也因为文化差异而形成了学习障碍。为进一步研究学习障碍，研究者还积极借鉴比格斯"学习过程问卷"对内地西藏班学生的学习方式进行了调查，发现他们的学习目的主要是学习知识和为求职做准备，且普遍存在学习兴趣不浓、学习缺乏计划性、知识迁移

① 许丽英：《内地西藏班教学模式与成效调查研究》，社会科学文献出版社，2014，第42页。

② 仝允波：《内地西藏班教学中的若干问题及应对策略》，《西藏教育》2011年第5期，第53—55页。

③ 刘慕霞：《内地藏生学习动机的实证调查与导向分析》，《湖南民族职业学院学报》2009年第3期，第77—79页。

④ 曹连众、祁型雨：《教育政策评价标准研究述评》，《山西师大学报》（社会科学版）2011年第5期，第137—140页。

⑤ 孙河川：《我国教育效能研究现状、问题与发展趋势》，《沈阳师范大学学报》（社会科学版）2011年第5期，第39—43页。

能力不强等问题①，因此学生的学习成绩并不能达到预期目标。

尽管如此，但由于内地西藏班学生均是从西藏选出来的优秀学生，无论是家长还是自己均有着较高的期望值，学生普遍有着较强的学习愿望。比较内地西藏班藏族与汉族学生的学习动机，发现内地西藏班学生的学习动机和成功动机均高于汉族学生，但要求水准上要低于汉族学生。② 由于学生感觉学习难度较大，学习动机即使再强也会随着时间而出现消退。采用自我效能感综合量表调查发现，预科至初二学生的学业自我效能感和自我调节学习效能感随年级升高而降低；与此同时，学业自我效能感、自我调节学习效能感与学业成绩呈显著正相关。③ 另外，研究还发现内地藏族初中生的自我调节学习效能感对工具求助具有极其显著的正向预测作用。④

（二）关注教师的"教"

客观上讲，学生的"难学"也给内地西藏班的教育教学带来了极大的困难。如何有针对性地开展教学，实现为西藏社会经济发展培养优秀人才的目标，一直是内地西藏班及其研究者关注的主题。全国各内地西藏班都从实际出发进行了积极的探索：南通西藏中学有针对性地围绕"成功教育"进行了系列探索，提出了"力求人人成功，务使个个成人"的成功教育办学理念，在培养藏族学生成功心理素质，形成学生的自我教育能力，获取品德修炼和学习的成功等方面取得了一定的效果。⑤ 也有学者运用人类学方法，深入内地西藏班进行田野调查，对学生的活动空间、教育者的话语空间、课程知识的张力和师生课堂互动空间进行了后现代式的深入解

① 于向海：《内地西藏班高中生学习方式调查研究》，《西藏教育》2014 年第 10 期，第 59—61 页。

② 张梅、何苗等：《内地西藏班（校）高中生学习动机调查报告》，《民族教育研究》2008 年第 2 期，第 62—68 页。

③ 冉苒、黄玉峤、于娟：《内地西藏班（校）初中生自我效能感与学业成绩的关系》，《江苏技术师范学院学报》2012 年第 1 期，第 78—83 页。

④ 冉苒、张帆、朱文霞：《内地藏族初中生自我效能感与学业求助的关系》，《江苏技术师范学院学报》2011 年第 7 期，第 67—71 页。

⑤ 刘逢庆：《内地西藏班实施成功教育的尝试与思考》，《西藏大学学报》（社会科学版）2009 年第 2 期，第 87—91 页。

读，并借鉴后现代主义理论为分析工具，提出了根据该群体特点出发施以教学的对策建议。[1] 另外，也有学者针对学生长期住校的特点，提出重点要培养学生的自主学习能力[2]，引导学生掌握科学的学习方法。

不过，内地西藏班教学还存在不少问题，如相关政策文件对内地西藏班培养目标的阐释比较宽泛，对教学的指导还缺乏明确的评价标准，导致实践中内地西藏班的教学效果评价出现了一些误区[3]；受内地普通学校"唯分数论"和"升学率"大环境影响，内地西藏班之间的竞争也围绕升学展开，各学校在介绍自己的成绩时都强调"升学率"、"淘汰率"和"重点率"[4]，偏离了内地西藏班教育教学的目标；教学还没有充分考虑到藏族学生的特点，与学生的生活环境、社会环境还存在距离。学生如果对西藏特殊的自然环境、社会环境，包括宗教、历史、文化、生产水平及生活方式等情况及其发展变化不了解，他们的知识和能力就无法与当地经济、社会、文化接轨，甚至无法用母语与藏族群众进行有效的沟通交流，建设西藏也就无从谈起[5]；尽管内地西藏班办学促进了民族之间的交流和理解，但同学之间的交往还呈现适应与冲突并存的现象。他们乐于与同族同学交往，尽量回避同汉族同学交往，即使交往，交往对象也有所选择，交谈内容也有所保留，少数学生对交往不自信。[6] 与教学成效相关的另一个因素来源于内地西藏班的管理水平还不高，加强管理是办好内地西藏班的关键，要积极建立符合内地西藏班实际情况的科学管理体制以提高教学质量。[7]

---

[1] 冯跃：《藏族中学生内地教育的跨文化研究——教育人类学的观察方式》，硕士学位论文，中央民族大学，2004。

[2] 杨荣胜、赵峰：《谈内地西藏班学生自主学习能力的培养》，《中国民族教育》2011年第12期，第18—19页。

[3] 许丽英：《内地西藏班教学模式与成效调查研究》，社会科学文献出版社，2014，第142页。

[4] 许丽英：《内地西藏班教学模式与成效调查研究》，社会科学文献出版社，2014，第146页。

[5] 许丽英：《内地西藏班教学模式与成效调查研究》，社会科学文献出版社，2014，第144页。

[6] 冉苒：《内地西藏班（校）学生的跨文化适应》，《贵州民族研究》2012年第2期，第185—189页。

[7] 荣建庄：《强化管理是办好内地西藏班的关键》，《民族教育研究》1991年第1期，第64—67页。

三　异文化环境中学生的认同

由于内地西藏班学生长期生活于具有鲜明特色的藏文化环境中，这种文化背景和以汉民族文化为背景的内地学校具有较大的差别。文化的差异，必然在一定程度上影响着学生的认同，包括民族认同、文化认同、国家认同等。学者们在积极借鉴认同相关理论的基础上，采用大数据和个案研究相结合的方法对内地西藏班学生的认同从多个角度进行了理论和实证分析。学生的认同研究是内地西藏班教育成效的重要内容之一。

从广义上讲，民族认同一般包括民族自我认同、民族归属感、民族态度和民族卷入（社会参与和文化实践）等。随着不同民族间交往活动的增强，研究者在讨论民族认同时，也越来越关注民族成员的社会参与和文化实践。内地西藏班的办学过程本身就是不同民族成员相互交往的过程，是一个民族卷入的过程。这种民族卷入包括民族语言的使用、宗教礼仪和文化习俗的操守、人际交往的范围和偏好、社区或民族社团参与情况、服饰与饮食偏好、大众媒介的利用和选择情况等。①

对内地西藏班学生的文化认同研究，学者们主要从两个方面进行。一方面，围绕认知、情感和意向三个维度对其文化认同进行考察，发现他们在面对主流民族文化与自身民族文化相互交叉时表现出了多元一体的认同趋向——既保持了对自身民族文化在情感上的尊重和热爱，又表现出了对主流民族文化的接受。② 另一方面，研究者以内地西藏班为个案，以学生日记为文本，结合访谈法与非参与观察法对影响藏族学生族群认同感建构的国家政策情境、学校地方社区情境与学校情境进行了深入剖析，发现学校对学生族群认同感的建构存在两种张力：一是国家和学校通过国家意识形态的渗透而指定的学生的族群认同感，二是学生通过自身藏族文化符号

① 王亚鹏、万明钢：《民族认同研究及其对我国民族教育的启示》，《比较教育研究》2004年第8期，第17—21页。
② 孙德智：《内地西藏班学生文化认同研究》，硕士学位论文，北京师范大学，2008。

的再现而声称的族群认同感。① 同时，探索了内地西藏班学校教育让藏族学生获得了怎样的指定认同（assigned identity）和声称认同（asserted identity），并深入讨论了内地学校这一异文化环境对藏族学生族群认同感建构的影响。② 当然，这种主要依赖学生日记文本分析的方法，更多的是呈现了藏族学生思想意识上的族群认同取向，而对于他们实际的行动以及日常生活中互动的内容等信息并不多，这是一大遗憾。③

另外，内地西藏班学生的国家认同也备受关注。研究者对内地西藏班开展国家认同教育进行了案例分析，认为学校采取丰富多样的形式很好地培养了学生的国家认同意识，以"家庭式"融合为情境，增强了学生的祖国"大家庭"意识。④

四　学生的心理与适应

长期生活于藏区的学生，一直在有特色的藏文化背景中成长，其生活方式、生活态度、心理特点和价值观等多方面都会受到藏文化的深刻影响。当他们来到以汉文化为主要特征的内地学校学习后，他们面临的一个重要问题便是文化环境的差异以及由此引起的心理变化，也必然面临文化的适应。

研究认为，内地西藏班在办学过程中存在显性的文化障碍（包括文化背景的障碍、风俗习惯的障碍、思维方式的障碍）和隐性的文化障碍（德育障碍、心理障碍、学科障碍）。⑤ 这些障碍会在学生个体身上以不同的方式显现出来，进而影响学生的心理及其适应过程。掌握学生的心理及其适应情况，是保障学生在内地得到健康成长的关键。

---

① 朱志勇：《学校教育情境中族群认同感的建构——内地西藏班的个案研究》，《南京师大学报》（社会科学版）2006 年第 4 期，第 82—88 页。

② Z. Zhu, *State Schooling and Ethnic Identity: The Politics of a Tibetan Neidi Secondary School in China* (Lanham, MD: Lexington Books, 2007), p. 3.

③ 阳妙艳：《〈学校教育与族群认同：对中国内地西藏中学的个案考察〉述评》，《湖南师范大学教育科学学报》2011 年第 2 期，第 39—43 页。

④ 杨小凡：《内地西藏班学生国家认同意识的培养》，《中国民族教育》2012 年 Z1 期，第 43—45 页。

⑤ 李梅：《内地西藏班跨文化教育中的文化障碍探析》，《内蒙古师范大学学报》（哲学社会科学版）2015 年第 4 期，第 156—159 页。

在内地西藏班学生心理研究方面，学者们主要通过横向和纵向比较的方法对该群体的心理特征进行了讨论。

一方面，通过把内地西藏班学生与汉族学生进行横向比较来呈现二者的差异。与汉族初中生相比，内地藏族初中生在精神质、掩饰性上的得分均高于汉族初中生，即二者在精神质和掩饰性上存在显著差异。具体而言，内地藏族初中生显得古怪、孤僻，对同伴缺乏深刻情感；进攻性较强，仇视他人，甚至缺乏基本信任感；是非观念淡漠，有时不顾个人安危；社会化概念不够明晰，同情心和罪恶感相对淡薄。不仅如此，研究还进一步发现，内地藏族初中男生在精神质上的得分高于汉族初中男生，在外向性上的得分低于汉族初中男生。即内地藏族初中男生比较内向，情绪较易失控，不是很踏实，行为比较古怪等。[①]

另一方面，通过把刚入学的预科新生和在内地完成学习过程的毕业生进行纵向比较，来揭示学生心理特征与学习时间之间的相关性。研究发现，预科新生在学习焦虑、对人焦虑、孤独倾向、恐怖倾向、冲动倾向等多个方面比毕业生更严重。[②] 这表明，学生的心理会随着他们在内地学习时间的长短及其适应过程而发生变化，当初的一些心理问题也会随之逐步改善甚至消除。

与内地西藏班学生心理特征息息相关的是该群体在内地环境中的适应情况。对适应情况的研究，学者多从跨文化视角，借用文化人类学的理论与方法进行多角度的讨论。跨文化适应（cross-cultural adaptation）主要是指个体或群体在回应外部需求过程中，即在重新安排和适应在新社会文化环境下的生活的过程（涵化过程）中不断调整自己的心理活动与行为方式，最终实现更好地融入异文化的过程。[③] 这种跨文化适应还可分为社会文化适应（sociocultural adaptation）和心理适应

---

① 冉苒、杨玉霞：《内地藏族初中生人格特质的特点》，《中国健康心理学杂志》2012 年第 2 期，第 252—254 页。

② 么丽、普穷穷：《对内地西藏班藏族学生心理健康状况的调查分析》，《西藏科技》2009 年第 3 期，第 35—37 页。

③ 苏德·毕力格：《全球化与本土化多元文化教育研究》，中央民族大学出版社，2013，第 719 页。

（mental adaptation）两个维度。前者以适应异文化环境的能力为基础，以学习适应、生活适应和交往适应为标志；后者以情感反应为基础，以主观幸福感和心理健康为指标。① 在内地设立西藏班的办学模式本质上就是一种跨文化教育的典型模式，跨文化教育就决定了教育对象会因为民族文化的差异而对新的教育环境产生诸多不适应。研究发现，相当一部分内地西藏班学生面临的种种学习困难，究其根源在于"不适应"。从文化人类学的视角看，内地西藏班学生来到内地，其所处环境与原来生长的文化环境截然不同，从而出现了"文化中断"现象。这种文化中断给学生在生活和学习上带来了系列不适应，如生活方式与生活环境的不适应，学习方面的不适应，心理上的种种不适应等，给学生的学习增加了困难。② 显然，这里的困难在很大程度上不是学习本身难度增大引起的，而是文化不适应造成的。

就小学语文课本来说，课文内容仅以汉文化为背景，缺少对藏文化的介绍。譬如要求藏族儿童背诵李白、杜甫的诗歌而不谈《格萨尔王》（藏族长篇英雄史诗，主要流传于藏族地区）；为了培养藏族学生刻苦钻研的精神，教材只讲汉文化中的"头悬梁锥刺股"的故事，而不谈宗喀巴（藏传佛教格鲁派的创立者）或米拉日巴（藏传佛教的著名高僧）的艰苦求学故事。这样的教学内容很难让他们感兴趣。③

没有学习兴趣，何谈学习效果？于是，有学者从跨文化意识、态度、情感及能力四个维度出发，对内地西藏班学生的跨文化适应能力进行了实证研究：指出学生在入学早期普遍缺乏文化适应的主动性，需加强学校和社会的共同作用以有效地改善与提高学生的跨文化适应力④，从而化解学

① C. Ward & A. Kennedy, "Locus of Control, Mood Disturbance and Social Difficulty during Cross-cultural Transitions," *International Journal of Intercultural Relations*, 1992, 45 (3): 119.

② 严庆、宋遂周：《民族教育异地办学模式中的学生跨文化学习困难及其应对——以内地西藏班、内地新疆班为例》，《民族教育研究》2006年第2期，第64—68页。

③ 巴登尼玛：《试析现行藏族义务教育课程中存在的几个问题》，《民族教育研究》1996年第3期，第57—61页。

④ 夏钦：《跨文化环境下内地西藏班藏族学生适应问题研究》，《西藏大学学报》（自然科学版）2013年第2期，第137—140页。

生的学习困难。除此之外，学者们还积极讨论了跨文化适应与学生的年龄、在内地学习时间等方面的关系，对学生的跨文化适应进行了更深层次的探索，旨在发现促进学生文化适应能力增强的解决方案。吴晓蓉教授曾运用问卷调查方法、访谈法和观察法对内地西藏班学生在自然环境适应、日常生活适应、语言适应、学习适应、人际交往适应和心理适应等六个方面进行调查，发现内地西藏班学生的文化适应和满意度与学生年龄、学年及在内地时间存在显著性差异，进而提出了在内地西藏班开展多元文化教育、促进师生跨文化交往等多项对策建议。[①]

总体而言，内地西藏班学生的跨文化适应状况是喜少忧多，在社会文化适应和心理适应诸多方面表现不良。其根本原因则是文化中断（cultural discontinuities）：内地西藏班学生实际经历了两次文化中断。[②] 不过，伴随社会的不断发展和不同文化之间的频繁交往，内地西藏班学生的跨文化适应状况有所改变。最新调查显示，多数儿童能在新的主流文化环境中独立生活、愉快学习，人际交往和谐，处于文化适应状态"整合"模式，有部分人存在融入的倾向。家庭、社区和学校的支持及时间因素、文化距离、儿童的汉语掌握程度、人格气质等是影响文化适应的主要因素。[③]

五　成绩与问题并存

内地西藏班的成效一直备受社会各界关注。2015 年，内地西藏班办学 30 周年。在这个重要的时间节点上，社会各界自然会不断梳理内地西藏班的发展历程，总结其取得的成绩以传递"正能量"；同时，对内地西藏班的办学进行反思。

为纪念内地西藏班举办 30 年，《中国民族报》《中国民族教育》《中国

---

① 吴晓蓉：《内地西藏班（校）学生文化适应状况调查分析——以成都西藏中学为例》，《中国藏学》2013 年第 3 期，第 166—173 页。

② 冉苒：《内地西藏班（校）学生的跨文化适应》，《贵州民族研究》2012 年第 2 期，第 185—189 页。

③ 李玉琴：《藏族儿童内地学习生活的文化适应研究——对双流县就读的藏族儿童群体的调查》，《中国藏学》2009 年第 3 期，第 48—53 页。

藏学》《西藏研究》等报刊曾集中刊发一组专题研究成果，全面回顾了内地西藏班 30 年来的办学历程，重点讨论了教育成就、涌现出的感人事迹，以及对下一步办班的意见和建议等。

一方面，从宏观角度通过一系列数据来揭示内地西藏班办学 30 年取得的成就。内地西藏班举办 30 年来，累计为西藏培养各类人才 32116 人。其中，培养大学毕业生 15159 人，中等师范专科学校毕业生 4840 人，中等专科学校毕业生 6870 人，中等职业技术学校毕业生 5247 人。① 这项特殊的民族教育政策不仅为西藏培养了大量人才，而且还体现了"3E"价值，即效能（effectiveness）价值、公平（equity）价值和效率（efficiency）价值。效能价值，即内地西藏班这种办学模式促进了民族融合，形成了多元文化教育模式，能更好更快地为西藏经济发展培养人才，更好地实现西藏教育肩负的多重使命。公平价值，即藏族学生分享了改革开放成果，体现了平等、差异和补偿原则，充分保护了西藏少数民族学生弱势群体的正当利益。效率价值，即克服了西藏学校布局分散、规模小、服务半径大、效益差等方面的局限，发挥了内地集中办学的优越性。② 如果从命令、诱导、能力建设和制度变革四个方面进一步分析内地西藏班政策的执行效果，发现国家综合运用的多种政策执行工具在加强内地西藏班政策执行过程中已取得积极的作用，发挥了良好的效果。③ 学者除整体上对内地西藏班的成绩进行评价外，还有学者对内地西藏班不同发展阶段的特点一一进行了考察，并提出内地西藏班是一种富有时代特点的民族教育办学模式，已取得积极的成效：不仅为西藏经济社会的快速发展提供了充足的人力资源保障，而且也迅速拉近了西藏与内地的社会距离和文化距离，对西藏自治区的教育以及其他边疆地区的教育发展产生了很好的示范效应。④ 教育部民

---

① 王珍、王甜：《内地西藏班为西藏培养人才 3 万余名》，《中国民族报》2015 年 8 月 4 日。
② 韩秀梅、李树江：《内地西藏班（校）教育政策价值分析》，《西藏教育》2014 年第 4 期，第 8—11 页。
③ 李波、黄忠敬、陈进林：《内地西藏班民族教育政策执行工具分析》，《西藏大学学报》（社会科学版）2008 年第 3 期，第 106—111 页。
④ 白少双、严庆：《过程的视角：内地西藏班办学效应研究》，《民族教育研究》2014 年第 5 期，第 80—86 页。

族教育司司长毛力提·满苏尔在总结内地西藏班取得的成绩时认为：内地西藏班最大、最直接的成绩就是为西藏培养输送了一大批用得上、留得住、下得去的急需人才。不仅累计为西藏培养输送了 3 万余名各行各业的建设者，而且绝大多数毕业生在西藏急需人才的高寒缺氧地区或县以下的基层单位建功立业。内地西藏班毕业生政治思想坚定、知识结构比较全面、文化基础比较扎实、业务能力比较强、眼界比较开阔、敬业爱岗，能旗帜鲜明地维护民族团结和国家统一，已成为一支促进西藏经济发展和社会稳定的中坚力量。① 有学者概括为：内地西藏班政策是我国教育史上异地办学的一次伟大壮举，也是我国致力于民族平等、民族团结、各民族共同繁荣的民族政策在教育领域的一次有效尝试，还是社会主义制度的优越性在民族教育上的一次充分展现。②

　　另一方面，从微观视角对内地西藏班毕业生进行研究，通过毕业生对内地西藏班的自我评价来揭示取得的成绩。香港大学和西藏社会科学院曾合作对拉萨、日喀则和那曲三地的 180 名内地西藏班毕业生进行了访谈，发现他们都曾在内地经历了生活、文化、气候、饮食等方面的不适应，但都认为这段学习经历让自己开阔了眼界，学到了更多的知识，增强了藏汉民族之间的互信和互动，感受到了社会各界尤其是内地老师的关爱，使自己变得更独立、更自信。尽管这段特殊的经历也让他们失去了一些东西，如藏语水平下降等，但仍然持肯定和满意的态度。访谈者同时强调，正是内地的学习经历强化了他们的藏民族身份认同和文化认同，激发了他们服务西藏发展的斗志。③ 在内地西藏班办学 30 周年之际，学术界曾集中刊发了一组关于内地西藏班研究的成果，主要以纪实的方式记录了内地西藏班办学给学生个人成长、西藏经济社会发展带来的巨大变化和深刻影响，系列感人的故事和真实的数据显示了内地西藏班这种办学模式是成功的。正

① 钟慧笑：《内地西藏班：一个伟大的创举——教育部民族教育司司长毛力提·满苏尔谈内地西藏班办学》，《中国民族教育》2015 年第 7、8 合期，第 19—20 页。

② 喻永庆：《深化内地西藏班（校）研究积极探索发展新模式》，《中国民族报》2015 年 4 月 3 日。

③ 白杰瑞、班觉、阿旺次仁：《学生眼中的内地西藏班（校）》，载马戎编《西藏社会发展研究》，民族出版社，2011，第 267—280 页。

如时任西藏自治区教育厅厅长马升昌所说："内地西藏班是中国民族教育史上的一个创举，也是新时期中国民族教育改革与发展的重要成果。"① 事实上，很多毕业于内地西藏班的学生对这种异地办学的民族教育模式同样持有较高的评价，并视其为西藏孩子的"梦工厂"。曾经获得少数民族文学最高奖项"骏马奖"的藏族作家罗布次仁在评价内地西藏班的成就时说："内地班学生给西藏带去了新的知识、新的观念、新的视野，对西藏经济社会发展影响极大，提升了西藏的教育和人才培养。同时，跨文化环境下成长的经历，使我们看问题更加客观、全面、包容。只有真正的了解，才有真正的尊重，才有各民族的团结和谐。"不仅如此，他还在自己的纪实报告文学《西藏的孩子》中写道："如果没有考上内地西藏班，也许我跟舅舅格桑一样是个牧民。内地西藏班改变了我的人生轨迹。"② 一位内地西藏班毕业生曾在回顾自己的求学经历时表示："作为一名内地西藏班培养的学生，我内心深处感恩国家这一伟大的政策创举。这个伟大的创举不仅为西藏培养了急需的人才，更重要的是圆了千千万万高原孩子的求学梦，改变了他们的命运。"③

除从宏观与微观角度讨论内地西藏班取得的成就外，学者们还从不同视角出发选取多个维度对内地西藏班办学情况进行深入研究。有学者从内地西藏班在内地发展情况和在西藏产生的效益两个维度出发，指出该项民族教育政策存在质量增益，并主要表现为办学规模不断扩大、为西藏经济建设储备人才、教育辐射功能不断显现等。④ 另有学者从经济效益和社会效益两个维度出发，指出内地西藏班政策兼具经济效益和社会效益两个方面。经济效益主要体现在办学规模不断扩大，办学层次渐趋丰富，办学效

① 张滢：《来自祖国母亲最珍贵的礼物——内地西藏班办学三十周年纪实》，《中国民族教育》2015 年 Z1 期，第 4—10 页。
② 王珍、王甜：《内地西藏班：为西藏培养"造血干细胞"》，《中国民族报》2015 年 8 月 4 日。
③ 格桑达瓦：《知识改变命运——一个内地西藏班孩子的成长箴言》，《中国民族教育》2015 年 Z1 期，第 34—35 页。
④ 吴晓蓉：《内地西藏班（校）民族教育政策的流变及成效》，《西北师大学报》（社会科学版）2013 年第 5 期，第 66—72 页。

果日益凸显，为西藏经济社会建设的发展培养了一大批优秀人才，已成为促进内地与西藏经济效益协同发展的坚不可摧的纽带等。而社会效益主要体现在为民族教育事业的发展做了大胆而有益的探索，丰富了国家民族教育政策的内容和形式；既是促进民族教育发展，增进民族文化传播、交流的教育援藏措施，同时也是促进民族团结、繁荣，维护国家统一的重要举措。①

尽管学者们从不同角度讨论了内地西藏班办学取得的显著成绩，但仍然剖析了存在的问题，并对问题进行了反思，有助于推动内地西藏班健康持续发展。当前，内地西藏班学生藏语读写能力弱化，内地西藏班高中部与初中部数量相差过大造成人才培养衔接困难②，制约了内地西藏班的发展。有学者将内地西藏班办学模式细分为独立建制模式、一校两制模式和混合编班模式三种类型，并分别讨论其优势和不足。研究发现，现在主流的独立建制办学模式其优势在于办学条件优越、课程设置突出西藏特点、管理制度严格，同时也存在民族通识教育力度不够、德智教育失衡、汉藏混合班中汉族学生生源减少等不足。③ 究其原因在于我们对内地西藏班办学模式认识不足，管理体制中责、权、利划分不清，跨文化管理的缺位等。④ 当然，我们还要从政策执行层面如政策的适应性、有效性、价值取向来思考存在的问题，思考协同单位之间责、权、利等问题⑤，才能更好地推动此项政策落到实处。

学者们反思的不只是内地西藏班本身存在的问题，还有对内地西藏班研究本身的反思。从报纸资料、期刊文章和学位论文等文献综合审视看，

---

① 李梅：《内地西藏班（校）民族教育政策调整研究》，《西藏大学学报》（社会科学版）2015 年第 2 期，第 151—155 页。

② 黄少微、曹骁勇：《内地西藏班教育三十年回顾与展望》，《民族论坛》2014 年第 2 期，第 110—112 页。

③ 雷召海：《关于内地西藏班（校）办学模式的政策分析——以武汉西藏中学为例》，《民族教育研究》2012 年第 4 期，第 23—27 页。

④ 李梅：《内地西藏班（校）异地办学模式研究》，《湖南师范大学教育科学学报》2015 年第 6 期，第 74—78 页。

⑤ 李梅：《内地西藏班（校）民族教育政策调整研究》，《西藏大学学报》（社会科学版）2015 年第 2 期，第 151—155 页。

关于内地西藏班办学的研究显得少而浅，大多数只是简单地宣扬成绩，展望未来。这种特殊的教育方式还没有得到深层次的研究，而且现有研究主要偏重量的研究。[①] 在价值取向上，内地西藏班研究在话语的体察上过分单调：表现为褒扬多、怀疑少，肯定多、批判少。[②] 与此同时，虽然从不同角度对内地西藏班的效果进行宏观层面解释显得非常重要，但仍有必要从微观的角度，如从毕业生对西藏社会经济发展的推动、内地西藏班政策对内地西藏班学生人生的影响、西藏民众特别是学生父母对内地西藏班政策的支持度以及内地西藏班管理者、教职员工的认同感等方面进行研究。本研究将通过大量的实证调研与访谈方法，用更为客观与直观的方式展现内地西藏班所取得的成绩，充分阐释党和国家在内地西藏班决策上的正确性与有效性，展现社会主义制度集中力量办大事的优越性，同时也对存在的问题进行及时的调试，为其他少数民族地区的内地办学提供经验的借鉴。[③]

---

① 孙德智：《内地西藏班学生文化认同研究》，硕士学位论文，北京师范大学，2008。
② 冯跃：《藏族中学生内地教育的跨文化研究——教育人类学的观察方式》，硕士学位论文，中央民族大学，2004。
③ 喻永庆、孟立军：《30 年来我国内地西藏班（校）研究述评》，《中国藏学》2015 年第 3 期，第 122—127 页。

第三章

教育成效的内涵及其测量

伴随经济的不断发展，世界各国也越来越重视教育的投入，试图通过发展教育达到促进经济可持续发展的目的。教育投入后的成效到底如何，如何来衡量教育的成效等问题，一直为世界各国所共同关注。一些国际组织、主要发达国家和我国先后围绕"教育成效"进行了深入的探索，提出了系列与教育成效相关的概念，如教育效能、教育质量、学校效能、学业成就等，并从不同角度提出了与之相应的指标体系来进行测量，不断推进教育"有效率"地发展。

一　与教育成效相关的主要概念

（一）教育效能

"教育效能"（educational effectiveness）的核心词语是"效能"，"教育"一词在这里只是起限定范围的作用，表明是教育的效能而不是其他方面的效能。于是，什么是效能成为理解教育效能的关键。

何为效能？我们从效能的英文"effectiveness"可窥见一斑。effectiveness的词根是 effect，意思是 result，outcome，即效果、结果之意；加上后缀 tive 即变为形容词 effective，形容词 effective 加后缀 ness 即变成名词 effectiveness。理解 effectiveness 就要先理解 effective 一词。从《朗文现代英汉双解词典》看，它将 effective 解释为 "the ability or power to have a noticeable or desired effect"，即具有显著影响的能力与作用；《朗文当代高级英语辞典》释义为 "producing the desired result, having a pleasing effect"，即产生预期的有利效果。显然，这里的效能主要是积极的、正向的效果。由此可见，教育效能主要是指教育所发挥的正向的、积极的作用，而不是负面的、消极的作用。

那么，这种正向的、积极的作用表现在哪些方面呢？这恰是我们衡量教育成效的重要标准。

事实上，教育效能一词源于学校效能（school effectiveness）一词。但二者又有差异，表现在：学校效能（也称学校教育效能）主要研究学校层面的效能问题，而教育效能不仅仅研究学校层面的教育效能问题，还研究地方层面和国家层面的教育效能问题。可以说，教育效能的概念首先起始于学校效能，后来扩展为包括学校效能但又宽于学校效能的包括地方层面和国家层面的效能，再后来发展到我们所理解的更为宽泛意义上的教育效能，即不仅仅包括学校效能，还包括家庭、企业和社区教育效能在内的地方层面和国家层面的教育效能。[①] 但更多学者认为教育效能的重点应主要关注两个方面：一为教育在社会过程中之作用；二为教育对被教育者之作用。[②] 有学者进一步分析指出，教育效能就是指教育目的的达成度，即教育对社会发展和人的发展的贡献率。教育效能衡量的是教育服务于社会发展和人的发展的能力和水平。[③] 因此，衡量教育效能有两个参照坐标：一是教育对社会发展的效能；二是教育对受教育者个人发展的效能。[④]

另外，与此相似的研究结论主张从国家层面和个人发展层面对教育效能进行衡量。在国家发展层面，教育效能的衡量主要是看教育对国家发展

---

① 孙绵涛：《教育效能论》，商务印书馆，2008，第 15 页。
② 张栗原：《教育哲学》，福建教育出版社，2008，第 197 页。
③ 褚宏启、江雪梅、徐建平等：《论教育法的精神：为了人的自由而全面发展》，教育科学出版社，2013，第 20 页。
④ 储朝晖：《中国教育六十年纪事与启思（1949—2009）》上册，山西教育出版社，2013，第 315 页。

各个维度如经济发展、政治发展、文化发展等方面的贡献，以及所培养的学生素质的维度与国家发展的维度之间的相关程度。一般而言，学生的素质越能促进国家发展，则教育对国家发展的效能就越高。在个人发展层面，教育效能的衡量主要是看学生身体、知识、能力、态度等素质的全面发展程度，以及个性的充分发展水平。值得注意的是，学业成绩只是衡量的指标之一。研究表明：受过较多学校教育的人比受较少教育的人，对国内外形势和公共事务有更清醒的认识；有更开放的观念，也更能采纳新建议；有更多的机会找到好工作，并获得更高的薪酬；有更积极向上的心理状态和更高的幸福感；有更好的身体状况，更加长寿；会更多地把闲暇时间用于与文化和艺术相关的高雅活动上。[①]

在实际生活中，我们应该如何评价教育的效能呢？中国第一个系统介绍马克思列宁主义教育思想的教育家杨贤江在谈到教育效能时对"教育万能说""教育救国论""先教育后革命说"这三种错误的教育效能观进行了批判，指出应在正确理解教育的基础上对其效能进行客观的评价。如果把教育的效能估计得过高或过低[②]，往往会把教育与社会对立起来，形而上学地看待教育的作用[③]，不利于教育的健康发展。为了充分发挥高等教育在恢复国民经济发展中的作用，我国高校经历了几次重大的院校和专业调整，调整的核心直接指向服务于经济发展、政治发展等。但是，院系调整的直接结果是：满足了当时短期的经济发展需要，却损失了一代杰出人才的成长；在调整中过分强调工业建设的需要，忽视了财经、政法部门的人才需求，甚至认为财经、政法受资产阶级学术思想影响太深而有意加以削弱；拆散一批办学质量较高、有一定特色优势的老学校。[④]

可见，理解教育效能评价要抓住以下三点。一是教育效能评价要依据

---

① 莫琳·T.哈里楠（Maureen T. Hallinan）：《教育社会学手册》，傅松涛等译，华东师范大学出版社，2004，第 180 页。

② 杨贤江：《新教育大纲》，人民教育出版社，1961，第 57 页。

③ 吴志樵：《中国教育经典名解读》，辽海出版社，2011，第 85 页。

④ 储朝晖：《中国教育六十年纪事与启思（1949—2009）》上册，山西教育出版社，2013，第 333 页。

一定的标准。这个标准就是要以实现培养人的目标为核心，兼顾教育自身其他方面的发展和社会的发展。二是教育效能的评价要运用一定方法。这个方法要适应教育效能的评价，能够比较准确地找出影响教育效能的因素，以及这些因素在影响教育效能过程中存在的问题。三是教育效能评价是对各级各类教育在实现教育目标过程中的特性和有效作用的评价，就是要看这些教育有没有实现教育目标的特性和有效作用；如果有，是一种什么样的特性，这种有效作用是大还是小。①

总之，教育效能研究是近年来教育研究中的一个热点话题。相关文献主要集中在学生、课堂、学校、宏观四个层面讨论教育效能，其中学生层面的教育效能主要包括有效学习和有效行为改变。不过，学生层面的教育效能研究相较于其他三个层面明显偏少。②

（二）教育质量

"教育质量"应是讨论"教育成效"的核心关键词，二者关系非常密切。只有高质量的教育，才可能谈到其具体的成效，多数时候教育质量已成为教育成效的代名词。一般而言，教育质量越高，教育成效也越显著。

什么是教育质量？这是世界各国不断追问的基本问题。

目前，关于教育质量的定义有多种不同的表述，还没有一个公认的界定。从不同的主体、不同视角出发，赋予教育质量的内涵就不一样。艾斯丁认为教育质量是指学校的声望等级、学生成果、可得到的资源、学生的发展或增值；格林认为教育质量是卓越成就、完成标准、适于目的、值钱、可变的等多种可能性；莫迪认为，教育质量是合理的高标准、类型或特点、卓越程度；Mialaret 认为教育质量的一般性定义应强调两个方面：一是以一般的或具体的教育而表达的社会期望，二是教育过程的实际特征以及在学习水平上所观察到的变化等。③ 美国著名的教育家库姆斯在《世

---

① 孙绵涛：《教育效能论》，商务印书馆，2008，第15页。
② 孙河川：《我国教育效能研究现状、问题与发展趋势》，《沈阳师范大学学报》（社会科学版）2011年第5期，第39—43页。
③ 转引自张相乐、郑传芹《教育学》，河北大学出版社，2012，第234页。

界教育危机》中提出："比起习惯上定义的教育质量以及根据传统的课程和标准判断学生学习成绩从而判断教育质量，这里所说的'质量'还包括教与学的'相关性'问题，即教育如何适应在特定环境与前提下学习者当前和将来的需要，还涉及教育体系本身及构成教育专业要素（学生、教师、设备、设施、资金）的重要变化，目标、课程和教育技术以及社会经济、文化和政治环境等。"① 著名瑞典教育家托斯坦·胡森（Torston Husen）从质量指向的是产品而不是生产过程角度出发，认为教育质量指"学校里进行某种教育活动的目标所达到的程度"。② 但是，这种以产品为指向的教育质量定义实际上是把学校视为一个"工厂"，把学生视为工厂的"产品"，教育质量主要评价是否培养了符合国家或社会需要的产品即合格标准。21 世纪以后，人们越来越关注教育质量。联合国在《全民教育全球监测报告2005：提高教育质量迫在眉睫》中提出，教育质量应从学习者特征、背景、扶持投入、教与学和结果五个相互影响的维度出发，并建构了旨在监控和提高教育质量的分析框架。③ 联合国对教育质量内涵的界定，在一定程度上推动了世界各国对教育质量的理解，对各国教育的发展和教育质量的提高具有指导价值。

伴随世界各国对教育质量的界定，我国学者也对教育质量进行了深入的研究，并结合中国实际情况提出相应的教育质量内涵。我国著名教育家顾明远在编著的《教育大辞典》中将教育质量定义为"教育水平高低和效果优劣的程度"④，分别规定了各级各类学校的培养目标和对受培养者的具体要求。也有学者提出教育质量的界定始终离不开教育目标。从教育作用于人的发展和社会的发展目标来看，教育应表述为教育系统所具有的满足个人和社会明确或隐含需要的能力的特性的总和⑤，而且社会的发展依赖

---

① 〔美〕菲利普·库姆斯（Philip H. Coombs）：《世界教育危机》，赵宝恒、李环等译，人民教育出版社，2001，第138页。
② 胡森：《论教育质量》，《华东师范大学学报》（教育科学版）1987年第3期，第5—9页。
③ The EFA Global Monitoring Report Team, *EFA Global Monitoring Report 2005：The Quantity Imperative*, 2004, pp. 35 – 36.
④ 顾明远：《教育大辞典（增订合本）》（上），上海教育出版社，1998，第798页。
⑤ 柳海民：《教育理论的诠释与建构》，安徽教育出版社，2009，第210页。

于个人的发展。学者们甚至进一步将教育质量研究具体到学校，指出学校教育质量主要是指学校教育、教学和管理工作的质量及教职工的质量和学生质量的总和。学校的培养对象是学生，教育质量的高低集中体现在学生质量的优劣程度上①，推动教育质量的定义更加具体化、明确化。有台湾学者在梳理关于教育质量的研究时指出，在大陆，教育质量一般指平时教育工作效果的优劣程度，以及经过一定教育阶段所培养的学生（毕业生）按预期目标的发展水准②，对不同时期、不同学者提出的教育质量进行了概括。

事实上，教育质量涉及多个方面，如校舍、师资、设备、课程、教材等教与学的全部过程，应包括三个内在相关的维度，即教育资源质量（投入）、教学实践质量（过程）、教育成果质量（产出和结果）。③ 有学者进一步分析指出，教育质量是一个宽泛的概念，还可细分为内适质量、外适质量、人文质量。前两种质量均存在弊端，应更多地强调教育的人文质量，即教育促进个人身心发展的充分程度和教育对提高全社会人文水平的贡献。因此，在这一标准下，学校的成果应首先并主要体现在学生素质的提高上。④

学者们对教育质量的定义各不相同，主要有三种价值取向：一是结果取向的教育质量，如1990年的《世界全民教育宣言》提出"使教育可以被所有人接受和有更多的相关性"；二是权利取向的教育质量，如1990年开始实施的《儿童权利公约》就提出儿童教育的目的应是最充分地发展儿童的个性、才智和身心能力，应培养对自然环境的尊重等；三是多维取向的教育质量，如2000年《达卡行动纲领》提出不能单维度地理解教育质量，需要把教育质量看成一个由多个维度构成并且这些维度是相互影响的整体。⑤ 同时，这些不同的教育质量定义一般坚持两条基本原则：一是将

---

① 张兆芹：《现代师范教育管理》，安徽大学出版社，1999，第139—140页。

② 贾馥茗等：《教育大辞书》，文景书局有限公司，2000，第1006页。

③ Aletta Grlsay & Lars Mahlek, The Quality of Edueation in Developing Countries: A Review of Some Research Studies and Policy Documents, 1991, UNESCO.

④ 戚业国、陈玉琨：《论教育质量观与素质教育》，《中国教育学刊》1997年第3期，第26—29页。

⑤ 秦玉友：《教育质量的概念取向与分析框架——联合国相关组织的研究与启示》，《外国教育研究》2008年第3期，第20—23页。

学习者的认知技能发展认定为一切教育系统的主要明确目的；二是强调教育在促进负责公民应具有的价值观和处世态度以及在培养创造能力和情感发展方面所发挥的作用。[①]

可见，教育质量的定义因不同的文化背景、不同的需求主体、不同的教育质量观等而具有不同的定义，而且教育质量的定义本身也是不断变化的。随着人们对教育质量的不断追求，教育质量的定义还会不断更新，更有针对性地引导教育的健康发展。

（三）学校效能

"学校效能"（school effectiveness）是又一个与教育成效相关的关键词。当我们狭义地理解教育成效时，往往会将其与学校教育的效能等同起来进行讨论。

学校效能的提出，与20世纪60年代美国科尔曼（J. S. Coleman）发表的《教育机会均等报告》和詹克斯（Jencks）等人的《美国家庭和教育影响再评价》报告有关。这就是美国社会学史和教育史上著名的《科尔曼报告》。科尔曼等人在报告中指出，与家庭背景、社会经济因素等相比，学校对学生所产生的影响几乎微乎其微，仅能解释学生成绩变化的10%，远远低于其他各因素影响的比例。这一研究结果引发了人们对学校效能和有效学校研究的新趋势。[②] 一部分研究者为了改变"学校教育无所作为"的悲观论调，从而掀起了"有效学校"的研究运动，以强调学校效能的"正能量"。可以说，学校效能是科尔曼时代逼出来的产物，迫使学校教育对自己的成效做出正面回答。

向社会说明效能的前提是弄清学校效能的内涵。对此，学者们提出三种界定模式，即经济学的目标模式、组织学的系统模式、资本论模式。其一，经济学的目标模式。该模式从经济学领域"投入"与"产出"的

---

① 联合国教科文组织：《全民教育：提高质量势在必行——2005年全民教育全球监测报告》，中国对外翻译出版公司，2005，第21页。

② 曹连众、祁型雨：《教育政策评价标准研究述评》，《山西师大学报》（社会科学版）2011年第5期，第137—140页。

关系入手，视学生的学习目标为评价学校效能的唯一指标，这里的"产出"主要指学习结果（目标），分为个体学习目标和群体学习目标两类。其中前者主要包括认识（主要用学业成绩来衡量）、态度和行为三个领域，甚至视学校效能就是标准测验所测量到的学业水平。① 显然，这种模式主要从经济学视角出发重点关注教育投入以后的实际结果，并把教育结果简单地等同于学生的学业成绩。其二，组织学的系统模式。该模式强调以功能理论为基础将学校视为一个开放的社会系统，并主张从三个维度来给学校效能进行定义：一是学校的生产性、适应性和灵活性；二是教师工作满意度和教学效能感；三是学生对学校的感觉、态度和动机。后来，也有学者提出还要考虑其他维度，如学校发展维度、效能的效率等，甚至提出除学生学业成就之外，满意度和认同感应成为学校效能的替代性指标。② 其三，资本论模式。该模式以资本论为理论基础讨论有效学校的运作过程。学校效能就是学校动员其知识资本（特别是创造知识和传播知识的能力）和社会资本（特别是产生相互信任和维持相互关系的能力），并使用以实践的信息证据和变革性专业实践为基础的高转化关系策略（投入少—产出高）去达到预想的教育结果——智力卓越和道德卓越。在资本论模式看来，学校效能主要涉及四个关键因素：知识资本、社会资本、转化关系和学习结果。③ 这三种模式从不同的视角出发，对学校效能的内涵进行了不同的界定，给人们理解学校效能提供了更加宽广和丰富的视野。

随后开展的学校效能研究也主要从这三种模式出发，并形成了三个不同的分支，分别是：学校效果分析与研究，讨论学校教育对学生所产生的影响，主要是积极的、正面的影响；有效学校研究，探讨有效学校的具体过程以更具体地揭示学校的"有效"；学校改进研究，探讨如何通过持续

---

① 蔡永红：《美国学校效能研究的回顾与反思》，《比较教育研究》2005 年第 11 期，第 3—8 页。

② C. Teddlie & D. Reynolds, *The International Handbook of Effectiveness Research* (London: Falmer Press, 2000), pp. 7 - 165.

③ David H. Hargreaves, "A Capital Theory of School Effectiveness and Improvement," *British Educational Research Journal*, 2001, 27 (4) .

改进存在的问题使学校变得更好。① 这三个分支在研究上相互独立又相互交叉，试图有针对性地对科尔曼报告的研究结论进行回应，以引导学校教育不断提高其教育成效。

我国的学校效能研究始于20世纪90年代，也主要从经济学、组织学和学校功能角度进行多角度的讨论。但由于学校是复杂且富于变化的，在学校效能的概念理解上自然具有动态性、多元性特点。

这种动态、多元反映在两个方面：一是从整体角度提出学校效能包括多个方面，二是将学校效能集中在学生的学业成就上。不仅如此，还呈现从综合到具体再到综合的不断变化的过程。孙绵涛提出，学校效能指学校合理地利用教育资源，实现教育目标，并能不断满足系统内各方面的要求，进而使学校及其成员和社会得到相应发展的特性和有效作用。② 台湾学者吴清山在他的专著《学校效能研究》中认为，学校效能是指一所学校在各方面均有良好的绩效，包括学生学习成绩、校长领导、学校气氛、学校文化和价值、教学技能和策略、教师专业成长，以及社区家长支持等，能够圆满达成学校预定的目标。③ 陈孝彬、高洪源主编的《教育管理学》认为，学校效能是学校发挥某些积极作用的能力及其实际结果。④ 这些学者均从整体角度对学校效能涉及的多个方面进行了讨论和分析，具有一定的合理性，对促进学校的健康发展有着积极的意义。

但是，由于这些效能不具体、不可感知、不可测量，学校效能的操作性大打折扣。相比较而言，陈欣的《学校效能的多维透视》一书对学校效能有了具体化的指标，认为学校效能是指学校对学生所产生的教学影响的程度，主要的评价指标是学生的学业成就。⑤ 汤林春也持同样观点，认为学校效能是学校对学生学业成就的影响程度，"有效学校"就是在学生学

---

① 董立平：《高等教育管理价值通论》，厦门大学出版社，2014，第214页。
② 孙绵涛：《教育效能论》，商务印书馆，2008，第37页。
③ 吴清山：《学校效能研究》，五南图书出版有限公司，1992，第3页。
④ 陈孝彬、高洪源主编《教育管理学》，北京师范大学出版社，2008，第288页。
⑤ 陈欣：《学校效能的多维透视》，《教学与管理》2003年第7期，第15—17页。

业成就上起着明显促进作用的学校。① 显然，将学校效能仅仅局限于学生的学业成就并不客观，也不准确。

后来，为了不断完善学校效能研究，人们提出将增值评价法用于学校效能研究，即不以绝对的分数去评价学生的最终成就，也不以校外因素、家庭背景因素等去评价学生的发展，而是以学校对学生学习成绩、高阶思维和各种能力的培养、全面发展等诸多方面的最优化"增值"去评价学生的发展和成长。增值评价法在学校效能研究中的运用，是学校效能研究中的一个重大变化，其目的在于改变过去固化的评价方式，重点检测学校教育对学生进步的增值作用。这对学校效能研究而言，不仅是观念的转变，还是方法的转变。因此，学校效能研究应重点关注学校、教师对学生学习和发展的增值提效的影响，关注学生的学习成就，以及学生在认知成果、高阶能力、学习态度和行为发展等方面的进步。②

当然，学校效能研究还存在一些不足，直接影响了教育的健康发展，应引起深刻的反思。从前面关于学校效能研究的文献梳理，我们可以明显看出，学校效能研究者多数只看重学生的学习成绩，将其作为唯一的效能指标，忽视了现今人本教育中所提倡的品德修养、社交能力等方面的效能指标，这样会导致教育后退到以往传统的教学观上。③ 这是因为大多数研究对学校效能的理解都过于狭隘，只关注学校功能的有限方面，如学生的学业成就。绝大多数研究均以学生学习成绩作为效能指标，事实上学校效能表现在多个方面，如教职工的工作满意度，学校的缺勤率、流动率与工作绩效，教师之间、教师与家长之间以及教师与社区之间开放而积极的互动，学校对工作和人际互动的控制与调节，学校内部的纪律、秩序等都是学校效能表现的方面。④ 与此同时，学校效能的测量也

---

① 汤林春：《试论学校效能评价的发展》，《教育发展研究》2005 年第 22 期，第 64—69 页。
② 孙河川：《教育效能与学校改进研究的引领者和推动者——国际学校效能与学校改进学会》，《比较教育研究》2009 年第 3 期，第 81—85 页。
③ 高峻岭：《浅析校长多维修炼对学校教学与管理效能的影响》，《黑龙江教育学院学报》2009 年第 6 期，第 77—78 页。
④ 蔡永红：《学校效能研究的回顾与反思——从研究方法的角度》，《教育研究》2007 年第 2 期，第 61—67 页。

遇到问题。一是卓越与公平何者为先，一方面人们在理论上坚持两者兼顾，另一方面人们在实践上却常常顾此失彼。二是教育目标的广泛性和可测性的矛盾问题，一方面人们在理论上承认教育目标的广泛性和层次性，另一方面人们在实践中只是测量读、写、算之类的学科成绩，而把不能测量或不宜测量的东西通通弃而不顾。[①] 另外，学校效能研究存在以实证为主的量化研究与以思辨为主的质化研究两种范式，但实证研究过度强调量化研究，质化研究相对不足。[②] 这些均需要在今后的研究工作中不断完善和创新，以正确地引领学校教育的可持续发展。

需要指出的是，在世界范围内，国际学校效能与学校改进学会（International Congress for School Effectiveness and Improvement，缩写为 ICSEI）一直在推动学校效能提升与学校改进的有效结合，推动学校效能实现"公平而卓越"的教育目标。但是，由于中西方历史、经济基础、思想观念、文化诸方面的差异，不能全搬硬套西方的研究理论和方法，而应在借鉴的基础上结合我国教育实际情况关注学生特点、学校特点、学校资源等与学校效能的关系，从而真正促进教育的发展。[③]

（四）学业成就

"学业成就"一词当属讨论教育质量或教育成效时使用频率最高的词。长期以来，人们理所当然地将学生学业成绩作为衡量教育质量或教育成效的重要指标。无论是理论意义上的研究成果，还是世界范围内多个卓有成效的教育评价指标体系，我们均可以发现：通过评价学生的学业成绩来检测教育质量或教育成效基本是通行的做法。

一方面，多项研究成果揭示学生学业成就与经济增长之间的关系，强

---

① 杨道宇、温恒福：《西方学校效能研究 40 年》，《比较教育研究》2009 年第 3 期，第 76—80 页。
② 王红、陈纯槿：《近十五年我国学校效能研究的两种范式》，《上海教育科研》2010 年第 11 期，第 19—22 页。
③ 孙燕：《国内外学校效能研究比较分析》，《太原师范学院学报》（社会科学版）2010 年第 4 期，第 131—133 页。

调学生学业成就对经济增长的显性贡献。Hanushek 和 Kimko 将国际考试分数作为评价教育系统质量的标准时发现教育质量对经济增长产生了积极影响①，对学生考试分数与经济增长的相关性进行了实证。Hanushek 还对美国包含 376 项生产函数估计的 89 份个人出版学术成果进行了统计分析，发现这些研究文献中所考虑的教育成果有 3/4 是学生的考试成绩。② 甚至有学者进一步研究发现，学生的学业成就还与学校特征具有紧密联系，不同的学校特征能够造成学生学业成就的差异。③ 衡量不同学校的办学成效，学生的学业成绩是重要参考标准。

另一方面，世界范围内提出的教育评价指标体系如 PISA、欧盟教育质量指标体系、英国的 APU（学生成绩评估组织）调查、美国的 NAEP（全国教育进展评议中心）调查、日本的国研调查等，均将学生的学业成就作为重要的评价标准。这些不同形式的评价结果一般通过测试不同年龄段相关学科如阅读、写作、数学、科学、公民等的学业成就来实现，OECD 组织的 PISA 便是典型的例子。目前，关于学生学业成就研究具有代表性的组织主要有国际教育成就评价协会（International Association for the Evaluation of Educational Achievement，简称 IEA）和世界经济合作与发展组织（Organization for Economic Cooperation and Development，简称 OECD）。IEA 和 OECD 均集中在阅读、数学、科学等具有可比性的学科，但二者在调查取向上存在差异：IEA 偏重学科本身的学业能力，OECD 侧重成年后的实际生活能力。④ OECD 还在不断完善，并形成了目前的两种评价体系，分别是国际成人识字水平调查（International Adult Functional Literacy Survey，简称 IALS）和国际学生评价项目（The Program for International Student Assess-

---

① Hanushek, E. A. & Kimko, D. D., "Schooling, Labor-Force Quality, and the Growth of Nations," *American Economic Review*, 2000, 90 (5), p.1184.

② Hanushek, E. A., "*The Failure of Input-based Schooling Policies*," *Economic Journal*, 2003, 57 (3), p.113.

③ Brookover, W. B., Beady, C., Flood, P., Schweitzer, J., & Wiseenbaker, J., *School Social Systems and Student Achievement: Schools Can Make a Difference* (New York: Praeger, 1979), pp. 1 – 10.

④ 田慧生、孙智昌、马延伟等：《国内外中小学生学业成就调查与测评研究进展及启示》，《教育发展研究》2007 年第 22 期，第 1—6 页。

ment，简称 PISA）。① 这些评价在一定程度上改变了过去单一用标准化考试分数的做法，使学业成就评价逐渐转为更加综合性的考试方法，不仅评价学生在知识方面表现出来的识记和理解能力，而且还考察个人在日常生活中解决可能遇到的问题的能力，以及运用所学知识解决不同问题的能力。

我国自 20 世纪初就开始了学生学业成就评价的探索，积极引进西方教育测量理论并加以适当改进，不断探索符合中国实际的本土化评价方案，推动学生学业成就调查活动。如教育部基础教育司开展的联合国儿基会项目"东亚太平洋地区学生学业评价研究"，教育部中小学教育质量综合评价指标，北京市教科院开展的"小学生学业成就评价改革研究"，上海市黄浦区教育局开展的"中小学实施素质教育中的学业管理和评价研究"等。特别是新一轮课程改革推进后，不仅大量引进、吸收和借鉴国外新的学生学业成就经验，而且积极引入了发展性评价的理念和相关措施，呈现评价类型多样化、评价主体逐渐多元化的特点。②

不过，我国学生学业成就的评价在总体上还存在以下不足：指导思想仍是"为考而学、为考而教"；测试内容依旧偏重知识技能的掌握；评价方式上定量和定性的评价工具都不足，定性评价工具的开发尤为薄弱；心理与教育测量理论在学生学业评价中的运用并不充分；等等。③

可见，无论是国际还是国内关于学业成就的探索，学生的考试成绩始终是评价的核心要素。为什么人们热衷于学生的学业成绩？因为学生的学业成绩可以测量，可以对教育质量进行有效评价。考试成绩作为教育结果是从投入与产出角度提出来的。教育投入了大量的人力、物力，但作为一项重要的经济活动，必然要考虑教育的产出。用学生的学业成绩评价教育的产出、教育的质量或成效，有其合理性和可行性。但随着社会的不断发

---

① 卡尔·J. 达尔曼（Carl J. Dahlman）、让－艾立克·奥波特（Jean－Eric Aubert）：《中国与知识经济：把握 21 世纪》，熊义志等译，北京大学出版社，2001，第 72 页。

② 田慧生、孙智昌、马延伟等：《国内外中小学生学业成就调查与测评研究进展及启示》，《教育发展研究》2007 年第 22 期，第 1—6 页。

③ 辛涛：《新课程背景下的学业评价：测量理论的价值》，《北京师范大学学报》（社会科学版）2006 年第 1 期，第 56—61 页。

展，越来越多的有识之士对学业成绩评价教育质量进行了反思，反思教育的本质反思教育与人的发展之间的关系，试图引导教育从单一的考试成绩中走出来，回归到服务于人的发展这一本质上来。

二 教育成效相关研究的经验借鉴

（一）教育成效研究的国际经验

虽然对教育成效还没有统一的界定，但是探究教育的成效一直没有停止过。特别是随着世界经济的不断发展，一些国际组织纷纷公布了相应的教育发展指标，从不同的角度、运用多种方法对教育的成效进行测量。国际组织开展的相应工作，一方面是为了解释教育在经济、社会发展方面具有成效、促进作用；另一方面是为了不断改进教育，推动教育更好地服务于经济社会发展。这些国际经验，不仅拓展了我们的研究视野，而且为研究内地西藏班的教育成效提供了积极的借鉴。

1. OECD 教育发展指标

OECD 不仅是国际上重要的经济组织，还是世界上重要的教育研究组织，在推动世界各国教育发展方面起到了重要的促进作用。早在 20 世纪 70 年代，OECD 就致力于教育发展指标体系研究，并出版了《教育概览：OECD 指标》（*Education at A Glance：OECD Indicators*），积极引导各成员国采取有力措施提高教育质量，以为经济发展提供强大的智力支持。

这一指标的提出不仅对各成员国而且对世界上多个国家的教育变革及其政策制定产生了深远的影响。OECD 提出的教育发展指标主要包括六类指标，分别是教育人口背景、教育投入、教育机会与教育进步、学习环境及学校组织、教育的社会及个人产出、学生的学业成就等。[①] 这些指标可以用来测量一个国家教育的整体发展水平，及时发现教育发展中存在的问题，推动教育发展水平不断提高，增强教育与经济、社会发展和个人发展之间的关系。值得注意的是，与过去的教育发展指标相比，OECD 教育指

---

① 张国强：《OECD 教育发展指标体系分析及启示——以〈教育概览：OECD 指标（2003）〉为例》，《外国教育研究》2006 年第 11 期，第 24—28 页。

标体系最显著的特点之一便是对教育产出的重视，并专门设立了两类指标即"教育产出"和"学生的学业成就"来进行测量。"学生的学业成就"除测量成绩外，还要测量学生的阅读素养、对科学的态度。[①] 这表明，OECD 作为一个重要的经济组织，积极借鉴经济研究中"投入—产出"关系来讨论教育的产出，从而检测教育投入的实际成效。从教育产出角度反思教育发展，提出明确追求教育成效，给世界各国教育政策的制定提供了深刻的思考。

OECD 除提出教育发展指标外，还积极开展教育评价的实践工作，著名的 PISA 测试即是世界范围内最有价值的一种教育评估。PISA 用于测量 15 岁左右的学生是否获得了现代社会发展所需要的核心知识、技巧和能力，并主要通过测试阅读、数学、科学、问题解决能力四个方面来进行，以此来测试学生能够在多大程度上运用所学知识解决问题的能力。PISA 还强调现代社会发展中教育不仅仅是让学生知道什么，而是"他们运用所学知识能做什么（what they can do with what they know）"。该计划不仅评价学生学习课程和跨越课程的能力，而且评价学生的学习动机、学习的自我效能感和学习策略。测量方法多样，既有封闭式选择题，也有相当一部分需要学生建构自己的答案。[②] PISA 测试将传统的知识转向为运用知识分析问题、解决问题的能力。和传统评价的价值取向相比，PISA 强调教育培养学生运用知识并构建新知识的能力，甚至将学生的学习动机、自我效能感也作为评价教育效果的重要参数。这样的教育评价，就有了"人"的存在，而不是只见知识不见学生的教育评价。

2. EU 教育质量指标

为了推动欧洲共同体的快速发展，20 世纪 90 年代中期以后，欧洲联盟（European Union，简称 EU）就启动了教育质量指标体系的制定工作。2002 年，欧盟执委会专家组提交了《欧洲终身学习质量指标报告——15

---

① 王唯：《OECD 教育指标体系对我国教育指标体系的启示——OECD 教育指标在北京地区实测研究》，《中国教育学刊》2003 年第 1 期，第 3—7 页。

② 杨明：《2003 年"国际学生评价计划"：评价目的、评价内容和评价方法》，《课程·教材·教法》2007 年第 6 期，第 93—96 页。

项质量指标》（*European Report on Quality Indicators of Lifelong Learning*：*Fifteen Quality Indicators*）。

这些指标涵盖了四个领域，包括与个体相关的技能、能力与态度，描述个体与制度关系的途径与参与等。其中在技能、能力与态度领域，强调了识字、算术及其学会学习的能力，要求每个人都要学会怎样学习、适应各种变化和理解各种信息，学习者要掌握一套能够确保他们可以顺利建构和形成自我学习过程的"元"技能。① 在这一指标中，学会学习和公民教育是两项偏重质性评价的指标。学会学习的内容涉及学习的愿望、自身的思考推理能力、对自身学习方式的观察、战胜困难的毅力等，要让学生面对新的领域能够通过查询和分析有关信息，得出新的结论。公民教育强调学校教育有责任让学生了解作为一个公民必须承担的义务，学会对社会问题进行正确的分析。② 这一指标超出了一般意义上的学校教育，引导教育重点培养学生的终身学习能力，为学生的终身发展服务。同时，这一指标也拓宽了以往对教育效果的衡量，开始从强调学生的学业成绩转向学习过程的建构。

欧盟还在《学生学业成绩分析报告》中进一步对学业成绩提出了批评，指出"尽管较强的竞争性可能会在学习成绩上事业收益，但在学生的动机和心理健康方面却会付出代价。这些代价从长远来看会有一些不可预见的负面影响，如对学生的终身学习"。③ 欧盟的教育质量指标体系对欧盟各国甚至世界上有关国家教育政策的制定起到了很好的引领作用，并受到联合国教科文组织的高度重视，有利于终身学习社会的形成。

3. 部分国家和地区的教育质量评价指标

世界上一些国家和地区高度重视本国、本地区教育质量，先后采取了

---

① 陈学军、邬志辉：《欧洲终身学习质量指标述评》，《外国教育研究》2005 年第 7 期，第 45—49 页。

② 周振平：《欧盟的教育质量指标》，《中小学管理》2004 年第 10 期，第 47—50 页。

③ 张民生：《建立科学的中小学生学业质量评价系统》，《上海教育》2011 年第 21 期，第 26—27 页。

一系列相关措施来监测教育质量，并对监测到的相关问题进行及时改进，推动教育质量水平不断提高。虽然不同国家和地区的教育背景、发展水平存在差异，但仍能发现一些共同的要素，其经验值得借鉴。

美国于 1969 年启动了"国家教育进步评价系统"（National Assessment of Educational progress，简称 NAEP）。这实际上是一项具有国家权威性的、持续的、评价范围广的教育质量评价方案，旨在对美国学生在各个学习领域中的基本情况，如阅读、写作、数学、科学、美国史、艺术、公民及其他一些学科的知识和能力进行全面的测试。20 世纪 80 年代以后，该项目重点有所调整，主要对 4 年级、8 年级和 12 年级学生进行测试，重点考查学生的学习成就随时间变化的情况，为国家、州及当地政府的相关职能部门提供决策咨询服务。[①] 可见，美国的 NAEP 是通过抽样的方式重点对学生的学习成就进行考察，其目的在于为决策部门提供咨询服务。这是美国启动这一教育质量监测的动因。

同时，英国、荷兰、印度及美国（犹他州）还积极制定了自己的教育质量评价指标（见表 3－1）。荷兰设立了学习结果、教学过程等四个指标，英国设立了课程、成就等七个指标，印度设立了学校基础设施及评价、监测和督导等八个指标，美国犹他州设立了教师是否优秀、资源利用等七个指标。这些指标虽然不完全相同，但均在一定程度上体现了各国、地区对教育质量的重视，体现了他们对教育质量追求的价值取向和评价重点等。整体上看，这些评价指标重在引导教育重视硬件和软件的投入，并从多个方面不断完善，从而提高教育质量。

表 3－1　世界上部分国家和地区教育质量评价指标

国　家	涉及领域
荷兰	1. 学习结果；2. 教学过程；3. 学生学习支持系统；4. 学校的组织和政策
英国	1. 课程；2. 成就（目标达成度）；3. 学与教；4. 对学生的支持；5. 风气；6. 资源；7. 管理及领导与质量保障

① 上海教育质量评价体系研究课题组：《上海教育质量评价体系研究》，《教育发展研究》2007 年第 4 期，第 30—34 页。

续表

国　家	涉及领域
印度	1. 学校基础设施；2. 学校管理和社会支持；3. 学校和课堂环境；4. 课程和教材；5. 教师和教师培养培训；6. 课堂实践和过程；7. 教学与学习时间；8. 评价、监测和督导
美国（犹他州）	1. 教师是否优秀；2. 教学质量；3. 学生投入；4. 家长支持；5. 行政；6. 安全；7. 资源利用

注：荷兰、英国、美国犹他州的资料引自上海教育质量评价体系研究课题组《上海教育质量评价体系研究》，《教育发展研究》2007 年第 4 期，第 30—34 页；印度的资料引自李建忠《印度基础教育质量标准评述》，载袁振国主编《中国教育政策评论 2010》，教育科学出版社，2011，第 316—331 页。

无论是国际组织的教育发展指标，还是其他国家、地区的教育质量评价指标，有四个特点值得关注：第一，测试模型以输入—输出为主；第二，重视对学科成绩的评价，均采用选取主要学科进行测试，以测试掌握的知识和能力为主，兼顾了与成绩相关的其他方面如自我效能感、学科素养等；第三，在方法上采用抽样方式进行，通过选取相应年级的学生进行统一测试；第四，测试的目的在于利于国家对学校教育教学质量的监控，促进和完善学校教育教学活动的开展，但没有反映出学生及其在环境等多个层次的差异，忽视了对个体全面成长的有效评估，也缺乏对未来教育质量的预测功能。[①]

纵观国际范围内教育发展指标，我们还可以发现：这些指标除关注学生外，还关注教师群体，认为教师是促进学生发展的重要影响因素；对学生而言，除重点关注学生学业成就外，还关注学生的安全感、自豪感以及与学生成长紧密相关的学校管理、资源利用等；除了关注学生个人的发展外，还包括与学生个人发展相关的学校、政府、家庭和社会的需求及支持，几乎包括了从教育输入到教育输出的全过程。同时，这些评价指标重在从宏观角度评价教育质量，其目的是为国家的教育决策和教育改革服务。

[①]　纪明泽：《国外基础教育质量监测现状与评述》，《上海教育》2011 年第 21 期，第 30—31 页。

（二） 教育成效研究的国内经验

追求教育质量是我国教育发展过程中鲜明的主题。这可从以下两个方面看出来：一是学者们围绕教育的效果进行了多角度探索和研究；二是各级教育主管部门、学校围绕提高教育的成效开展了积极的实践。二者积极互动，以此来推动教育水平的不断提高。

1. 研究层面：倡导"发展性评价"

在研究层面，学者们在吸收国外教育成效评价相关研究成果的基础上对我国教育评价进行了深刻的反思，并不断提出符合中国实际情况的教育评价思路。学者们普遍对我国长期以来形成的以考试为中心的评价方式进行了剖析和批评，认为传统学生评价重在"选拔适合教育的学生"，其重心是学生考试的成绩，却在一定程度上牺牲了学生个体的健康发展。这种传统的教育评价方式体现的基本思路便是通过考试成绩来选出优秀者，淘汰不合格者，从而使教育成效的关注焦点变成了成绩，忽视了比成绩更为重要的学生的发展。因此，随着学者们对教育成效研究的不断深入，学业成绩只是教育成效其中之一，并提出了"发展性评价""表现性评价"（performance assessment）等新思路和新路径。特别是以"创造适合学生发展的教育"为根本目的的发展性学生评价，因其评价的焦点和重心在学生的发展而得到高度认同。发展性学生评价注重学生的优点，对学生寄予希望，帮助学生制定适合自身发展的目标，为学生发展创造有利的条件，激发个体积极进取的动机，最终实现学生的全面发展。[①]

2. 实践层面：上海构建"绿色教育指标"

为了切实扭转单纯以学生学业考试成绩和学校升学率评价中小学教育质量的倾向，上至教育部、下至各地方教育主管部门先后进行了大量的实践探索，从不同角度提出了教育质量的评价指标体系。教育部曾发布《教育部关于推进中小学教育质量综合评价改革的意见》（教基二〔2013〕2号），围绕学生的品德发展水平、学业发展水平、身心发展水

---

① 李小融、唐安奎：《多元化学校教育评价》，浙江教育出版社，2009，第263页。

平、兴趣特长养成、学业负担状况五个方面提出了中小学教育质量综合评价指标体系（见附录二），以促进学生全面发展、健康成长。但是，取得积极效果并产生较大社会影响的当属上海建立的"绿色教育指标"（见附录三）。

上海市"绿色教育指标"的提出，有着重要的社会背景和时代特征。众所周知，传统的教育评价方式单纯追求学业成就和升学率的价值取向，给教育和学生的发展带来了许多不利影响，也一直饱受社会诟病。为了改变这一现状，作为处在我国经济社会发展前沿的国际化大都市，多年来一直肩负着教育改革的重任和使命，积极推动教育评价改革工作，旨在引领教育健康发展，从而为上海的国际化、现代化提供足够的智力支持和人才支撑。2003 年，教育部基础教育课程教材发展中心启动了"建立中小学生学业质量分析反馈与指导系统"项目，试图依据课程标准建立起相应的学生学业质量标准，以测试新课标的实施成效。上海市教委积极参与了此项目，并在项目研究过程中提炼出一系列影响学生学业质量的关键因素，据此构建起了关注学生健康成长的学业质量绿色指标体系。

这一绿色指标体系包括学生学业水平指数、学生学习动力指数、学生学业负担指数、师生关系指数、教师教学方式指数、校长课程领导力指数、学生社会经济背景对学业成绩的影响指数、学生品德行为指数、身心健康指数以及上述各项指标的跨年度进步指数（见附录三）。实现的手段表现在两个方面：学业质量测试与背景问卷相结合。其中的学业质量测试主要测试小学 4 年级和中学 9 年级学生，测试的科目为 4 年级语文和数学，9 年级语文、数学、英语和科学四门中任选两门。所测试的试题均通过严格的命题程序、测评程序、评分程序对得分进行计算，最后得出相应的结果。研究表明：学业成就与学习生活质量呈显著正相关，说明改善学生的学习生活质量有助于提高学业成就；学业成就与学习负担呈显著负相关，学习过程、学习环境、学习资源与学业成就之间关系密切。学生的学习生活品质表现为学习环境因素（包括师生关系、同伴关系、亲子关系）、学习资源因素（包括活动安排、课程设置、设施设备、假日活动）、学习过程因素（包括学习调节、学科学习、身体发展、学习支持）、课业负担因素（包括作业情况、考试压力、课内学习、课外学习和作息情况）。[①] 建立这一绿色指标的目的在于便于政府部门从宏观层面对教育质量进行综合分析和监测，并推动教育回到积极关注学生的健康成长这一原点上来。

强调教育"绿色"，意在表明教育的发展遵循了教育的规律，符合学生的身心发展，实现了促进师生健康、全面发展的理想目标。同时，这也表明教育质量观由传统追求学业成绩向全面、正确的学业质量观的转变。事实证明，这一绿色教育指标在实际运用中取得了很好的效果，得到了很高的评价。有学者在剖析多个教育发展指标后指出，绿色教育指标既评价学生学业水平、学习动力、品德行为、身心健康等结果性指标，又衡量各项指标在区县间、学校间的均衡度和年度的进步指数，促进学校的均衡发展。[②] 时任上海市教育委员会副主任的尹后庆研究员在评价"绿色教育指标"时更加明确地指出："绿色"的核心是促进学生全面发展和健康成长；在内容方面它与传统的以学生分数为单一内容的评价不同，是基于标准的包括学习成就、幸福指数、身心健康、学业负担、教学方式等在内的具有综合特征的评价，以力求克服传统的评价对学生身心发展带来的损害，使评价真正成为学生健康成长的助推器；评价结果的使用上也力求实现从"结果证明"走向"过程改进"的突破；效应上会影响到如何提高教育管理中的科学性和推进以校为本的质量保障系统的逐步建立，可谓"牵一发而动全身"，即"要从过度注重学科知识成绩转向全面发展的评价；必须重新审视教育质量评价标准，有所取舍，有所更新，更加科学地理解和追求教育质量"。[③]

甚至有学者对国际上影响深远的 PISA 与绿色教育指标比较后发现：PISA 测试是针对 15 岁左右的学生，考察学生的几个方面素养；不是评价

[①]　陈宇卿：《区域教育评价的实践创新》，《上海教育》2011 年第 21 期，第 32—33 页。

[②]　薛明扬：《构建绿色指标是一项有意义的开创性工作》，《上海教育》2011 年第 21 期，第 16 页。

[③]　沈祖芸：《上海基础教育需要定期"健康体检"——访上海市教委副主任尹后庆》，《上海教育》2011 年第 21 期，第 17—19 页。

学生掌握学校课程内容的程度，而是评价学生能否应用所学到的知识技能解决生活中的实际问题；学生只需要理解基本概念，但需要学生灵活运用。PISA 结合了实际生活内容，与学校课程很不一样，一般有 1/3 内容不大接触；PISA 测试的结果是相对参照的，对教学改进的直接指导力度不够；等等。上海的绿色教育指标在吸收已有教育评价相关经验基础上进行了适当改进，探索出了符合上海实际情况的教育发展指标体系，有利于引导教育更好地发展。[①]

的确，上海绿色教育指标的提出，无疑是一场从教育观念到教育实践的革命，它从根本上抛弃了以考试成绩作为唯一标准的传统教育评价方式，代之以绿色教育发展指标。这一指标除测量传统的学业成绩外，还重点测量了学生的人格素质和核心能力，其中人格素质包括爱国好学、诚实守信、崇尚科学、敢于创新等四个方面，核心能力包括沟通、信息技术、与他人共事、问题解决、学会学习等五个方面。在学生成绩基础上增加人格素质与核心能力指标，相对于过去的教育评价而言是一种创新、一种进步，对促进教育的健康发展具有重要的意义。

不过，这套绿色指标体系虽然强调了学生的健康发展，但从指标的分布来看，其归宿在于如何促进学校的均衡发展，促进学校如何改进教学，从而服务于上海这一国际大都市对人才发展的需要。同时，在结果表现上，学生的学业成绩仍占据了相当大的比重，仍是衡量一所学校、一名校长、一名教师的重要标准。这实际上是政府部门对学校进行新型评价的一份主要工具。相对于学生这一对象的健康、全面、真实的发展，还存在一定距离。

（三） 教育成效研究反思

从前述讨论可见，教育的效果是人们一直在探索的中心问题。一方面，学者从不同角度提出了一系列相应的概念，如教育质量、教育效能、

---

① 沈祖芸：《“绿色”之核：上海率先构建义务教育学业质量评价体系述评》，《上海教育》2011 年第 21 期，第 20—23 页。

学校效能、学业成就等；另一方面，一部分世界公益组织、不同国家的教育主管部门也从自己的实际出发先后提出了相应的教育发展指标。无论是学者的研究，还是不同主体的积极实践，其目标均在于试图更好地测量教育的成效，从而推动教育的可持续发展。

但是，我们认为，仍有以下六个方面值得进一步深入研究。

1. 教育成效的内涵不明确

如前所述，学者们提出了一系列与教育成效相关的概念；但是，这些概念的内涵并不相同，侧重的关注点、教育观、价值取向等均存在差异，他们分别代表了教育成效的一个或几个方面。那么，教育的成效到底是什么，即如何界定教育成效？是学校管理的成效？是这一特殊民族政策的成效？是教学本身的成效？是投入与产出的成效？……这些成效体现在哪些方面？教育成效的价值取向是服务于经济社会的发展，还是服务于人自身的发展？……这需要进一步厘清教育成效的内涵。明确教育成效的内涵，是我们讨论教育成效的重要前提条件。

2. 教育成效的主体不清晰

教育成效的主体是谁？这是继内涵之后追问的又一个问题。从对教育效果的需求来看，这里实际上有多个主体，包括国家、政府、民族自身、学校、家庭、个人等，甚至是一项教育政策本身的成效。不同的需求主体从不同的视角出发，对教育效果的追求有着不同诉求和不同的表述。

具体而言，国家层面需要的成效，即国家确立的内地西藏班培养目标。为什么要创设内地西藏班？是否实现了初衷？政府包括中央人民政府、西藏自治区人民政府、内地西藏班所在地人民政府为教育的发展投入了大量的人力和物力，需要教育能够培养出足够多的合格人才和优秀人才，以满足经济、社会发展对人才的需求；民族自身发展需要的成效，即是否促进民族的健康发展，是否实现了民族传统文化的传承与民族现代化；学校作为教育发展的直接责任者，重心是培养人，主要表现为培养人才的数量和质量，数量上表现为入学率、毕业率、升学率、就业率等数据，质量上表现为高毕业率、高升学率或者直接用学生的学业成绩来呈现。当然，还包括学校满意度、教职工的工作情况等来体现学校的成效；每个家庭也为子女进行了直接投入，他们期望的教育成效是子女能学有所成，多数时候直接表现为能成功实现就业和个人的健康发展；作为教育系统中最重要的学生，对教育的成效也有着自己的需求，希望能获得知识、获得健康快乐的成长。

可见，确定教育成效的需求主体，并兼顾不同需求主体的期望，才可能对教育的成效做出合理的测评。这样的测试才有价值和意义。

3. 教育成效的测量不科学

目前，教育成效的测量虽然综合了定量与定性相结合的方法，但从已经提出的教育发展指标来看，主要还是通过定量的方法进行，仍把测量学生的学业成绩作为主要渠道。特别是在学生学业成绩的测量上仍主要通过考试的方法进行，分析的直接数据是学生的考试分数。无论这些分数如何表现，仍只是学生在某次测验中完成考试的结果，并不代表学生现在和将来的发展。这也是很多学者对以考试成绩进行测量的教育评价持批评的主要原因，其根源在于这样的教育评价"只见分数不见学生"，尤其是忽视了学生个性的发展。

今天，虽然教育成效的测量也加入了一些定性的方法，主要用于测量学生的个性、主观学习愿望、学习兴趣、学习方法等，这是对定量测评方法的重要补充。但是，相比定量的测量方法而言，这些定性方法的测量显得少而轻，无论是测量内容，还是最后衡量的比重，均只起到了一个辅助的作用。事实上，我们每一个从事教育的人深知，学生这一测量对象不同于其他任何一个对象，学生是人，他们在各种测量尤其是考试中会受到很多因素的影响。这样的测量结果永远只是一个参照，是基于一定时间、一定环境的测评结果，对一个人一生的发展并不是决定性的。同时，学生本身是不断变化的，任何测量结果只不过是一个暂时的产物，并不能从根本上预测一个人今后的发展。

因此，教育成效的测量还应不断探索和创新，立足人的发展这一原点，探索更科学的测量方法和手段，才能有效地评估内地西藏班的教育成效。

4. 评价指标体系还没确立

无论是国际组织还是部分国家和地区的教育实践，在评价教育时均提出了相应的评价指标，以此作为评价的准绳。

判断内地西藏班的成效如何，这就需要一个清晰的判断标准或者说一个较为完善的评价指标体系。没有标准，只是一味地泛泛而谈，或者随意列举一些数据，会使说服力大打折扣。目前，社会各界对内地西藏班教育效果的评价还没有一个统一的评价标准，各内地西藏班在实际办学过程中对此也感到困惑。虽然内地西藏班实行双重管理，在业务上采用属地管理原则，但由于内地西藏班特殊的办学模式，在实践过程中存在许多矛盾，在一定程度上影响了内地西藏班对自我办学的评价，也在一定程度上模糊了社会对内地西藏班成效的评价。这不利于社会了解内地西藏班的真实效果，不利于彰显内地西藏班的效益。

在内地西藏班办学30周年之际，虽然社会各界从不同角度对内地西藏班取得的成绩进行了梳理，对存在的问题进行了反思，但由于尚没有建立起相应的评价指标体系，不能科学、准确地评价其办学的效果。尽快建立起与之相应的评价指标体系，是我们衡量内地西藏班甚至是内地新疆班教育成效的一件大事，迫在眉睫。

5. 教育成效的影响因素不确定

无论教育成效的内涵从哪个角度进行定义，我们不得不承认，影响教育成效的因素很多且相互影响。这就导致我们在寻找原因、提出对策时针对性不强，在一定程度上影响了教育成效的判定。

从目前的研究来看，主要涉及教育内部和教育外部。教育内部包括教育政策的制定、教育制度的安排、学校校长对学校的定位与设计、教师管理、课程设置等。教育外部包括政府对教育的定位、对教育的投入、对教育培养人才的使用，以及社会产业结构调整及其对自然环境和文化背景差异的适应等。这些内外部因素并不都是独立的，而是相互交叉、相互影响的。

6. 比照对象及其与西藏自治区内教育的关系不清晰

内地西藏班是我国异地办学的一种探索，这一特殊教育制度设计受到多个方面的影响。已有研究多从毕业生视角来呈现内地西藏班办学取得的巨大成就，这是值得肯定和有价值的。但是，这些毕业生后来在工作和学习中所取得的成功，并不完全是内地西藏班的贡献，还包括内地西藏班毕业生所接受的高等教育，尤其是大学阶段教育、所就职单位提供的培养与锻炼以及毕业生个体的努力等。换句话说，今天毕业生在各个领域取得的成功，是多个因素相互联系、相互作用的结果，是典型的"多对一"关系。如果以毕业生为参照对象，就有可能放大内地西藏班取得的成效，显得并不准确。

同时，内地西藏班教育只是西藏教育的一部分，更大的部分还在西藏自治区内教育。毫无疑问，内地西藏班取得的成绩是值得肯定的。但以前研究多数将重心仅仅放在了内地西藏班上，对内地西藏班与西藏自治区内教育的关系却少有深入、系统的研究。事实上，如何借鉴内地西藏班的经验作用于西藏自治区内教育的发展，实现西藏自治区内教育与内地西藏班教育"并驾齐驱"的双赢目标，才是我们发展内地西藏班的最终目标。在研究内地西藏班的教育成效之际，处理好内地西藏班与西藏自治区内教育之间的协调发展，从而促进二者的共同发展也是不可忽视的。

基于此，我们将在借鉴前人研究成果的基础上，试图对以上六个问题进行深入探索，期望更加客观、科学地呈现内地西藏班取得的教育成效，为民族教育研究提供新的思考和丰富的资料，为内地西藏班的可持续发展提供积极的参考和建议。

三 教育成效界定的理论借鉴

讨论内地西藏班的教育成效，其首要的事情是结合内地西藏班的实际界定教育成效的内涵。"教育成效"由"教育"和"成效"两个词组成，前者为限定、修饰成分，表明这里的成效专指教育的成效，而不是其他如经济的成效、某一药物的成效等。同时，这里的"成效"强调的是积极的、正向的成效。可见，理解教育成效的内涵关键在于如何理解"教育"，并且重点讨论积极的、正向的成效。对教育的理解不同，教育成效的内涵就不同，相应的衡量教育成效的标准和测量方式也不相同。内地西藏班的教育成效本质上仍从属于一般意义上的教育成效，只是我们在讨论时需要考虑内地西藏班这一特殊群体的特征。在此，我们选取经典的马克思关于"人的全面发展"理论作为理论依据，并在此理论指导下来理解教育及其成效。

马克思提出的"人的全面发展"理论是衡量一个社会发展程度的重要标尺，强调社会发展的终极目标和最高目标是促进"人的全面发展"。这里的"人"包括个体的人、群体的人和类的人，而且"个体的人"是后两者的基础。[①] 教育历来被视为促进人的全面发展的重要途径。于是，对受教育者施以教育，实现人的全面发展，一直是教育不断追求的重要使命，也是教育发展的关键。

什么是人的全面发展？马克思为什么要提出这一命题？准确回答这一问题成为我们开展教育的先决条件。

事实上，马克思不是一开始就提出了"人的全面发展"这一论断，而是经过了一个漫长的探索过程，并与马克思此前提出的"完整的人"这一概念息息相关。"完整的人"是马克思哲学中的重要范畴，也是后来马克思提出"人的全面发展"理论的重要哲学基础。马克思在提出"完整的人"这一概念之前，一直执着于追问为什么古希腊历史上有众多的"卓越者"，为什么这些"卓越者"不仅遍布在希腊文明的各个领域，而且创造了无数个令人惊叹的"奇迹"。正如勒蒙泰说："我们十分惊异，在古代，一个人既是杰出的哲学家，同时又是诗人、演说家、历史学家、牧师、执政者和战略家。这样多方面的活动使我们吃惊。"[②] 马克思经过深入研究发现，古希腊的"卓越者"群体首先是一个"完整的人"，然后还是一个"与众不同的人"，并且在他们每个人身上实现了"精神和理智之间的平衡"。[③] 在这里，马克思经过大量的、深入的研究发现，古希腊时代之所以群星荟萃，在于古希腊社会系统非常重视这种"完整的人"的培

---

① 俞可平、李慎明、王伟光：《人的基本理论研究》，中央编译出版社，2007，第140页。

② 中共中央马克思恩格斯列宁斯大林著作编译局编译《马克思恩格斯全集》第1卷，人民出版社，1995，第169页。

③ 庞世伟：《论"完整的人"——马克思人学生成论研究》，中央编译出版社，2009，第61页。

育，让人得到了充分的、无限可能的发展。正是这种无限和可能，才使人在社会生活中具有我们今天所说的"创造性"，才使人在人类活动中创造出了若干可能性，从而推动了整个古希腊社会的发展。著名汉学家汉密尔顿进一步研究指出，西方文明的源泉在于整个社会系统中蕴藏着的"希腊精神"。在希腊人看来，只有全面发展的优异个人才会有这种与众不同的个性，这里的个性当然不同于我们今天所说的个性，而是社会的福祉和更高的生存。① 有这种"个性"的人，才是整个希腊文明不竭的动力。

马克思继"完整的人"这一概念之后，进一步提出了"人的全面发展"。马克思认为，人的全面发展归根到底是"作为目的本身的人类能力的发展"。② 马克思明确提出将人自身的发展作为目的，这超出传统的发展观，将人的发展置于任何发展之上。可以说，人的全面发展是后来"以人为本"的思想雏形。社会发展的前提条件是人的全面发展，而不是"单向度的人"（马尔库塞语）。如果没有人的全面发展，社会的发展就会缺乏动力和源泉。从此，"人的全面发展"理论成为影响整个人类社会发展最深远的理论之一。

具体而言，人的全面发展的内涵主要包括三个方面：人的劳动能力的发展以及在此基础之上人的需要和能力的全面发展，人与社会关系的发展，人的个性发展包括人的素质的全面提升和个性的全面发展。③

人的全面发展的这一内涵给教育提出了要求，要求教育的核心在于为人的全面发展服务。美国著名教育家杜威认为，政府、实业、艺术、宗教和一切社会制度都有一个意义、一个目的，即不问种族、性别、阶级或经

---

① 汉密尔顿：《希腊精神：西方文明的源泉》，葛海滨译，辽宁教育出版社，2005，中译本序第Ⅳ页。

② 中共中央马克思恩格斯列宁斯大林著作编译局编译《马克思恩格斯文集》第 7 卷，人民出版社，2009，第 929 页。

③ 李炳炎、向刚：《马克思人的全面发展理论及其在当代中国的现实意义》，载许崇正等《人的发展经济学新进展》，中国经济出版社，2012，第 49—51 页；侯德芳、韩源：《与时俱进的历史丰碑——"三个代表"重要思想研究》，西南财经大学出版社，2003，第 138—140 页。

济地位，解放和发展每个人的能力。这和说它们的价值检验标准就是教育每个人使他的可能性充分发展的程度是完全一致的。[①] 通过教育，让每个人的可能性得到充分发展，才是教育的归宿。希腊人说，正是社会让每个人的可能性得到了发展，人才在社会生活中创造了无限的可能。这些无限的可能就是创新、变革，是推动社会发展的发动机。瑞士著名教育家裴斯泰洛齐明确宣称：教育的目的不是别的，是"促进人的一切天赋能力或力量的和谐发展"。[②] 在夸美纽斯看来，"学校里面所给的教育应该是周全的"，"人都应该受到一种周全的教育"，以服务于学生的全面发展。[③] 我国老一辈教育家瞿葆奎先生也对这种教育很有信心，他指出："现代的人类文明正通过一条曲折而痛苦的道路，转向一个'个人的独创的自由发展不再是一句空话'的高级社会形态迈进。"[④]

可见，教育的成效也可能有很多种，但从根本上讲是要促进每个学生的全面发展，为学生今后的可持续发展打下坚实的基础。

随着人们对马克思"人的全面发展"理论的理解，越来越多的社会团体和精英意识到这一理论在人类社会发展中的作用，在人的一生发展中的作用。教育的使命是促进人的全面发展，这已达成社会共识。1989 年，第44 届联合国大会第 25 号决议通过的《儿童权利公约》第 29 条强调，教育儿童的目的应是：最充分地发展儿童的个性、才智和身心能力；培养对儿童的父母、儿童自身的文化认同、语言和价值观，儿童所居住国家的民族价值观，其原籍国以及不同于其本国的文明的尊重；培养儿童本着各国人民、族裔、民族和宗教群体以及原为土著居民的人之间谅解、和平、宽容、男女平等和友好的精神，在自由社会里过有责任感的生活；等等。[⑤]《儿童权利公约》强调教育要对儿童的全面发展服务，可算是世界组织践行"人的全面发展"理论的一个缩影。

---

① 杜威（J. Dewey）：《杜威教育论著选》，赵祥麟、王承绪译，华东师范大学出版社，1981，第 250 页。

② 罗炳之：《外国教育史》（上），江苏人民出版社，1981，第 200 页。

③ 夸美纽斯：《大教学论》，傅任敢译，人民教育出版社，1979，第 50 页。

④ 瞿葆奎：《教育学文集：教育与人的发展》，人民教育出版社，1984，第 69 页。

⑤ United Nations, Convention on the Rights of the Child, 1989.

但是，我国教育在人的全面发展这条路上却经历了一个漫长的过程。直到 20 世纪 80 年代末 90 年代初，我国教育理论界才开始重视"教育与人的全面发展"关系研究。究其原因主要有以下三个：一是源于对"文革"时期忽视"人"的教育观念的批判与反省。"文革"时期，教育几乎成为政治的工具，成为"左"倾思想意识形态的工具。这种政治意识形态对教育的破坏作用是非常大的。二是出于社会主义现代化建设与人的现代化的客观需要。社会主义的现代化建设至关重要的一点是"人的现代化"。没有现代化的人以及现代化的精神观念，那么物质、经济、政治的现代化则必然缺乏支撑。三是出于中国教育领域对国外教育思潮的开放和回应。从 20 世纪 90 年代开始，西方教育思想开始大量地进入中国。西方教育学研究中尊重人的个性、权利和自由的思想文化传统，在一定程度上引起了中国教育学界的警惕，也促进了教育理论研究者对中国教育无"人"现状的反思和警觉。① 特别是随着市场经济的不断发展，"逐利"思想几乎渗透到社会的每一个角落，教育也不例外。在教育的经济化和商品化的浪潮中，教育出现了"见物不见人，重物不重人"和"权力至上，重权不重人"两种功利化倾向。人的价值本应当是高于一切的，却化为乌有，教育的对象——"人"被遗忘干净了。② 这对教育的影响是巨大的，在很大程度上影响了我国教育的健康发展。老一辈教育家也很早就意识到了这一点，并对教育进行了深刻反思。正如瞿葆奎先生指出的一样：我国过去长期忽视"教育与人"的研究，这是教育理论研究中的一个偏差和缺陷。③ 比贝也曾提出教育评价的本质是价值判断。那我们进行教育成就评价的标准是什么？是学生的成绩还是学生的全面发展？是社会的成功还是学生个体的成功？如果不能解决这些问题，任何策略上的改进都不会带来教育评价的真正进步，因为"价值取向在评价活动中有第一位的重要作用"。④ 只有当

---

① 冯建军：《教育基本理论研究 20 年（1990—2010）》，福建教育出版社，2012，第 374—376 页。

② 胡克英：《"人"在呼唤》，《教育研究》1989 年第 3 期，第 17—19 页。

③ 瞿葆奎、郑金洲：《教育基本理论之研究（1978—1995）》，福建教育出版社，1998，第 464 页。

④ 李秉德、李定仁：《教学论》，人民教育出版社，1999，第 308 页。

我们坚守教育要促进学生的全面发展这一价值判断时，我们才可能引导教育健康发展。

新的历史时期，我国颁布了《国家中长期教育改革和发展规划纲要（2010—2020 年）》，明确提出"把提高质量作为教育改革发展的核心任务"，并提出了一系列教育变革。其中"树立科学的质量观，把促进人的全面发展、适应社会需要作为衡量教育质量的根本标准"值得重视，不仅提出了"科学"的质量观，而且把"促进人的全面发展"与"科学"的质量观联系起来，这就意味着新时期的教育将改变长期以来只重视考试成绩而忽视人的全面发展的"不科学"的教育质量观，促进人的全面发展将成为定义教育质量的新标准。

四　教育成效的主体确认

如前所述，教育成效的主体涉及国家、民族、家庭、社区、个人等多个方面。不同的主体对教育成效的期待是不同的。长期致力于民族教育研究的钟海青教授曾在讨论民族教育质量问题时指出：人们对教育质量及其判定长期以来没有形成共识，事实上也难以达成共识。主要原因在于：一是民族教育质量的判定是一个基于事实判断的价值判断过程，即对教育满足不同主体需要的价值判断。由于不同教育主体的需要各异，人们关于民族教育质量的认识难免林林总总。二是不同的主体评判民族教育质量的维度或角度不同。民族教育系统外往往用民族教育满足社会需要来评价，民族教育系统内通常用民族教育促进人的发展来衡量，不同的角度得出不同的结论。三是不同的主体评判民族教育质量时所关注的重点不同，有的关注质量的本质，有的关注质量的外在表现，有的关注质量过程，有的关注质量结果。[①] 尽管不同主体对教育质量或教育成效的需求存在差异，但是我们必须承认，国家、民族、家庭、社区、个人等不同主体对教育成效的不同追求是合理的，也是有价值的。比如国家当初决定设立内地西藏班，就是为了充分利用内地优秀的教育资源，帮助西藏快速培养西藏社会经济

---

① 钟海青：《质量与特色：民族教育的永恒追求》，《民族教育研究》2011 年第 2 期，第 5—9 页。

发展的各级各类人才。事实证明，内地西藏班的确为西藏培养了许多优秀人才，而且这些优秀人才正在不同的岗位上为西藏的建设奉献自己的力量，很好地支撑和推动了西藏的快速发展。

但是，国家、民族、社区等期待的成效均是通过"人"这一中介来实现的。其关系是教育先培养了全面发展的"人"，这些人投身到国家、民族、社区甚至家庭中去，并通过个人能力的发挥，促进了国家、民族、社会等方面的发展，即才有了国家、民族、家庭等方面的教育成效，具有明显的先后关系。没有前者，就没有后者。遗憾的是，我们常常忘记了其间的先后关系，而是跳过了"人"这一重要中介，直接将人在活动中的成效视为教育的目标。这也是长期以来教育目的存在社会本位论和个人本位论的争论的根源所在。有学者甚至对这种越过"人的发展"谈国家、民族、地区的教育目标提出了尖锐的批评，"造成今天教育困境的原因之一在于我们太注重教育的功利性：为国家强盛与民族振兴发展服务、为经济社会发展服务。这是一种典型的功利主义倾向教育观，将不仅摧毁下一代人对学习的兴趣与创想，还将使我们的国家与社会失去基本的信仰、理想与道德底线。教育首先应该实现的是一种'成其为人'的基本宗旨与道德培养底线"。①

可见，教育成效的关键主体是人的发展或者是学生的全面发展。这一主体的成效实现了，才可能有其他主体期望的成效。

在学术界，关于教育评价中"无人"的讨论一直备受批评。"迄今为止，教育学在教育制度、课程、教材、考试等方面积累了许多知识，但由于严重缺乏人的知识和对教育与人的关系的深入思考，上述种种知识都成为'没有根的知识'。"教育是在人与人之间进行的精神交流和对话。因此，人的知识是教育知识中最重要的知识，教育与人的关系也是教育关系中最根本的关系。② 教育不仅要重视普遍意义上的"人"，更要落实到"具体的人"，指向鲜活的学生。这是一种主体本位意识，从而引导教育回归到人的发展这一教育原点。我国著名教育家叶澜教授指出："就中国目前

---

① 吴遵民：《基础教育如何走出功利主义的怪圈》，《上海教育科研》2012 年第 8 期，第 1 页。
② 石中英：《教育哲学导论》，北京师范大学出版社，2002，第 67 页。

教育学理论的现状来看，在关于'人'的认识上，主要缺失的是'具体个人'的意识，需要实现的理论转换是从'抽象的人'向'具体个人'的转换。"① 事实上，"具体个人"的思想早在 1970 年就由法国教育家保尔·朗格朗首先提出，主张教育的真正对象是全面发展的人，是处在各种环境中的人，是担负着各种责任的人。简言之，是"具体的人"。② 这里的"具体的人"就是相对"抽象的人"这一概念提出的，主张教育应指向"具体个人"才会是"活的教育"，才能关照到现实中每个学生的发展。这是因为以"抽象的人"为基础的传统教育评价在追求客观性、共同性、规范性和追求效率的同时，忽视个体的主动性、独特性、差异性，忽视人的丰富性，忽视人发展的潜在性和长期性。其结果导致工具价值超越本体价值，人的价值被遮蔽，学校教育评价改革陷入困境。③ 这一思想后来也得到了联合国教科文组织的认同，并在其出版的《学会生存》一书中提出："作为一个特殊教育过程的对象的某一特殊个人，显然是一个具体的人，有自己的历史、自己的个性、自己的文化观等。"④

《国家中长期教育改革和发展规划纲要（2010—2020 年）》明确提出"把提高质量作为教育改革发展的核心任务"，并"把促进人的全面发展、适应社会需要作为衡量教育质量的根本标准"。这里的"教育质量"区别于传统的"教育质量"，而是一种科学的教育质量观。在新的历史时期，人们对教育质量的期待，不仅可以帮助学生提高升学和就业能力，更重要的是可以培育学生健全的人格、丰富的个性、良好的价值品格以及服务社会的责任感、永不枯竭的创新精神和未来的想象力等。没有这些目标的达成，教育就很难称得上是高质量的教育，甚至谈不上是有质量的教育。⑤

---

① 叶澜：《教育创新呼唤"具体个人"意识》，《素质教育大参考》2003 年第 4 期，第 6—7 页。
② 〔法〕保尔·朗格朗：《终身教育引论》，周南照、陈树清译，中国对外翻译出版公司，1985，第 88 页。
③ 龚孝华：《从"抽象的人"到"具体个人"：学校教育评价改革的基础》，《教育发展研究》2009 年 Z1 期，第 87—90 页。
④ 联合国教科文组织国际教育发展委员会：《学会生存——教育世界的今天和明天》，教育科学出版社，2006，第 195—196 页。
⑤ 石中英：《提高质量是教育改革发展的核心任务》，《中国教育报》2012 年 11 月 6 日。

可见，从国家层面来讲，发展教育的根本目的是为人的全面发展服务，其成效也通过促进人的全面发展体现出来。否则，无论教育质量多高，如果没有"人的发展"，则是无意义的。

内地西藏班学生是一个特殊的社会群体，讨论内地西藏班的教育成效自然应将重心放在这一特殊的学生群体身上，并体现其特殊性。对内地西藏班学生而言，他们既是一般意义上的"人"，又是有着民族特征的"具体个人"，是来自特殊自然和文化环境里的人，在认知、心理、行为、价值观、宗教信仰、历史等方面具有自己的特征。由于生活及其社会文化背景的差异，学生即使面临同样的问题也常常会做出不同的反应。这里的"不同"本质上是学生对自己所在环境包括自然环境和社会环境的真实性条件反射。学生评价应该尊重并发现不同文化背景下学生发展的差异性，获取更多关于学生发展的信息，并促进学生独特性的发展。[①]

众所周知，西藏在地理条件、生态环境、民族文化、发展历史、国际边境线等多个方面具有不同于内地任何一个省市的特殊性。这就为西藏（含内地西藏班）教育的成效提出了特殊的要求。换句话说，西藏教育的成效除体现为培养一般意义上的"人"外，还应体现为促进这一特殊学生群体的发展。这一学生群体担负着建设西藏、维持西藏稳定与可持续发展的历史使命。他们的健康成长，不仅关系到西藏的稳定和发展，而且关系到西藏周边地区的稳定和发展，关系到整个国家和民族的可持续发展。因此，在研究内地西藏班教育成效时还要重点从"学生特征"上进行区别对待。

基于此，本研究将教育成效的主体界定为学生，即从学生的全面发展角度去讨论教育的成效。这是所有主体所共同期待的教育成效，也是其他主体视野下教育成效得以实现的先决条件。

五 教育成效的测量维度

为了更好地确定教育成效的测量维度，课题组在"人的全面发展"理

---

① 李小融、唐安奎：《多元化学校教育评价》，浙江教育出版社，2009，第260页。

论指导下结合相关文献研究和前期深入研究后提出了五个维度：四个"学会"（学会认知、学会做事、学会共同生活、学会生存）和主观幸福感。接下来，课题组就教育成效测量的五个维度分别向 23 位专家征求了意见，并让专家在"其他"选项中进行增补。专家意见征求结果显示，21 位专家完全同意用这五个维度来测量教育成效，赞同百分比为 91.3%。8 位专家从不同角度提出了增补意见，这些意见主要集中在民族认同、国家认同、合作、民族团结、文化适应等方面。课题组经过充分讨论，认为这些增补意见很有价值，而且我们在相关维度中已对这些问题进行了设计，故不再单列，仍集中在这五个维度。

（一）四个"学会"

人的全面发展是一个宏观的理想，涉及发展的方方面面。这里的"全面"强调的是给人无限可能的发展机会并创造一切条件来满足。当然，这里的"全面"仍只是一个相对的概念，相对过去片面发展观的传统而言的，因为我们不可能在一特定历史时期穷尽人的发展的所有方面。否则，人的全面发展就是一个永远也无法实现的空想目标。

自马克思提出"人的全面发展"理论以后，不少学者开始讨论教育如何才能实现这一目标，并从不同角度进行了更为具体的阐释。1972 年联合国教科文组织国际教育发展委员会出版的《学会生存》一书对人的全面发展做了如下论述：人类发展的目的在于使人日臻完善；使他的人格丰富多彩，表达方式复杂多样；使他作为一个人，作为一个家庭和社会的成员，作为一个公民和生产者、技术发明者和有创造性的思想家，来承担各种不同的责任。进而提出了"培养完人"亦即"为一个新世界培养新人"的口号，并描绘了"完人"的几个方面。① 联合国倡议教育要尽力培养这样的"完人"，即促进人的全面发展。同时，联合国还在另一本书《教育——财富蕴藏其中》进行了补充，"人的全面发展的主要意思是指人的各种潜能

---

① 联合国教科文组织国际教育发展委员会编著《学会生存——教育世界的今天和明天》，华东师范大学比较教育研究所译，教育科学出版社，1996，第 192—198 页。

素质的充分发展，人的个性的丰富完整，人的本质力量的充分显现等。人的全面发展还是一个不断地由片面到全面的过程"①，需要我们不断努力去接近这个目标。

我国学者围绕人的全面发展，提出了人的全面素质的四个基本要素，试图通过这些基本要素来尽可能地代替人的全面发展。这四个要素及其之间的关系分别是："体能和智能是人的素质结构中的生理、心理基础，是人的潜在力量；活动能力是人的素质结构中的核心，是人的实际能力；道德品质是人的素质结构中的社会关系方面的品质，调节着人的活动的社会方向和行为规范；情感、意志、性格是人的素质结构中的能量基础，控制着人的活动的发动和停止，调节着活动的强度、速度与节奏。这四个基本要素相互依存、有机结合，大致构成了人的完整素质的框架。"②当然，无论我们多么强调这些基本要素的一般性、普遍性，在范围上自然无法等同于人的全面发展。但是，这会引导教育更能逼近人的全面发展这一目标。

世界著名的"多元智能理论"提出者加德纳教授认为，每个人都有包括语言智能、音乐智能、逻辑 - 数学智能等在内的八种主要智能。不同的人会有不同的智能组合，各种智能相互独立但又紧密联系。不同智能之间只有领域之别，而无优劣好坏之分。同时，各种智能的发展也是不均衡的，并在发展的不同阶段表现为不同的方式。每个学生都有自己一个或多个方面的发展潜力，切不可以某一方面来代替甚至否定同样为社会所需要的其他方面的发展。③ 教育活动中的人是变化的，谁也无法准确证明他将来能做什么，或证明今天的教育与他未来之间具有一一对应关系。因此，教育只能创造一切条件来促进学生多个方面的发展潜力，给学生未来的发展提供无限可能的机会，为他们在未来创造无限可能提供必要的知识和素养，这才是"全人"的教育观。正如日本教育家小原国芳所提出的："我

---

① 联合国教科文组织编《教育——财富蕴藏其中》，联合国教科文组织总部中文科译，教育科学出版社，1996，第63页。
② 扈中平、李方、张俊洪：《现代教育学》（第2版），高等教育出版社，2005，第126页。
③ 王斌华：《学生评价：夯实双基与培养能力》，上海教育出版社，2012，第64—65页。

只想把出发点归之于'人'。回到人！回到人！只进行'人'的教育。无论主观如何，回到人，进行'人'的教育，便会有真正的教育。"① 苏联著名教育家乌申斯基也一再提醒所有的教育者：人是教育的对象，牢记教育的对象是人，教育的使命是发展人。这些经典论述为教育促进人的全面发展提供了很好的启示。

1996 年，国际 21 世纪教育委员会提出：为了迎接 21 世纪甚至未来的挑战，教育应围绕四种基本学习加以安排，而且这四种学习将是每个人一生中的知识支柱。四种学习分别是：学会认知，即获取理解的手段；学会做事，以便能够对自己所处的环境产生影响；学会共同生活，以便与他人一道参加人的所有活动，并在这些活动中进行合作；学会生存。即这里的四个"学会"。委员会同时强调，我们要充分重视教育在实现人的全面发展中的作用，教育不再是一种单纯的手段，而是达到某种目的（技能、获得各种能力、经济目的）的必经之路。② 委员会首次向全世界提出了教育的四个支柱，引导教育要有助于挖掘隐藏在我们每个人身上的潜力和财富，为每个人的未来做准备。教育的四大支柱——学会认知、学会做事、学会共同生活、学会生存，将贯穿一个人的一生。③

（二）主观幸福感

上述"四大支柱"科学、精炼地提出了新时代教育的使命，重点从教育为人的未来做准备角度提出。同时，这"四大支柱"还强调教育应培养人的这四个方面的能力，以应对未来的挑战。这属于客观的范畴，与人的主观情感无关。事实上，人的全面发展的主体是人，人是我们开展一切教育的前提条件。那么，人在学习过程中是否快乐、是否视学习为一种快乐的体验，这成为检验教育是否成功的一个重要标准。新的历史时期，越来

---

① 瞿葆奎：《教育目的》，人民教育出版社，1989，第 317 页。
② 联合国教科文组织编《教育——财富蕴藏其中》，联合国教科文组织总部中文科译，教育科学出版社，1996，第 49—50 页。
③ 联合国教科文组织编《教育——财富蕴藏其中》（第 2 版），联合国教科文组织总部中文科译，教育科学出版社，2014，第 8—9 页。

越多的人同意将"使人幸福"作为教育、福利等公共政策的主要目标之一。①

近年来，"幸福感"成为社会评价中一个热门词语，不仅运用到衡量个人，而且还运用到衡量一个国家。有的是以生活质量为中心，强调个体对生活满意程度的评价，如总体满意感（General Satisfaction With Life Scale，GSWLS），20世纪80年代由Diener提出；有的是从心理角度阐释，认为幸福不仅仅是获得快乐，而且还包含通过充分发挥自身潜能而达到完美的体验，比如20世纪90年代以瑞夫（Ryff）为代表提出的心理幸福感衡量，主要包括自主、环境驾驭、个人成长、积极的人际关系、生活目的和自我接受等，涉及自主、能力、关系与人的自我实现需要密切相关的三大方面；还有牛津幸福感量表（OHI）等。② 尽管幸福感的界定不一，但这一主观性指标在冷冰冰的实证数据面前显得更有人性，更有温度，更易感觉得到，是一种见人的指标。所以，英国哲学家杰里米·边沁（Jeremy Bentham）认为，判断行为好坏的标准在于能否"使人幸福"。③

于是，人们不断地将主观幸福感作为教育评价的一个重要指标。我国新课改提出了知识与技能、过程与方法、情感态度与价值观的三维目标，目的之一是扭转过多注重学习成绩而忽视其他方面发展的现状，如学生体质下降、学习兴趣缺失、体验消极的情况仍然比较严重。新课标要求教育在关注学生学业质量的同时，更要关注学生的学习生活质量，绝不能以"育分"代替"育人"。④ 换句话说，新课标将学生的主观感受作为生活质量的一项重要内容纳入了目标。教育不仅是让学生获得知识的增量，更要让学生获得内心的幸福感，从而激发学生探究的兴趣。

---

① Linley，P. Alex & S. Joseph，*Positive Psychology in Practice*（New Jersey：John Wiley & Sons，2004），p. 158.

② 邢占军：《中国城市居民主观幸福感量表的制》，《香港社会学学报》2002年第23期，第112页。

③ 邬志辉、马青：《美国农村学校与社区信托基金会的农村教育指标体系及启示》，《外国教育研究》2008年第3期，第29—34页。

④ 王俊山、张燕燕、柯慧：《中小学生学习生活质量调查研究——以上海市静安区为例》，《上海教育科研》2011年第1期，第39—43页。

事实上，即使进行学业成就调查，也仍然包括学生的主观幸福感。从国外的相关学业成就调查来看，多数涵盖了知识与技能、过程与方法、情感态度与价值观三个方面①，而不仅仅是学生的考试成绩。这是因为，学业成就调查的根本目的在于促进学生的发展，促进人的发展，而不仅仅是一些数据。可见，学生的情感态度是反映学生学习主观幸福感受的重要内容。

"课堂内外青少年发展调查中心"在全国范围内进行了一次大规模的公益性教育调查，即"2009—2010年中国青少年成长状态调查"。该调查从"生活状态""教育状态""兴趣爱好""心理状态""假日游玩""消费状态"六个维度对小学、初中和高中三个学段的学生进行了调查。② 这里的心理状态、假日游玩、兴趣爱好、生活状态等多个方面与学生的主观幸福感紧密相关，这与传统调查重在学生学业成就相比有较大的变化，从关注学生的成绩到关注学生的主观感受尤其是在校生活的快乐度。我们还发现，美国著名的PISA调查就在后来的问卷中增加了对"态度"的调查，扩大了学业成就的定义。③ 这也意味着新的学业成就内涵除指学习成绩外，还包括学生内心的主观感受。对学生而言，当我们评价其主观幸福感时，才能让我们看到鲜活的学生，才会有学生的健康快乐成长。一个学生在学校感受不到学习生活的幸福时，他在学校的学习是失败的，他的发展也是不健康的。这与人的全面发展理论是背道而驰的。我国著名的教育家顾明远曾说："办好每一所学校，教好每一个学生，使每一个学生得到成功。"④ 顾老先生说的成功，绝不只是学业成绩的成功，而是包含学生心理健康发展的成功，即人的全面发展。所以，有学者直接将主观幸福感作为衡量人的全面发展的一个具体目标范畴来加以讨论。⑤

---

① 孙智昌：《发展性学业成就调查何以可能》，《教育研究》2010年第12期，第61—65页。

② 程方平：《2009—2010年中国学生成长状态研究（1）——小学生生活状态和教育状态调查的点评》，《教育科学研究》2012年第1期，第43—51页。

③ 王蕾：《教育评价探新》，西安交通大学出版社，2007，第113—114页。

④ 顾明远：《再谈苏霍姆林斯基教育思想在中国的传播及其现实意义——办好每一所学校，教好每一个学生》，《比较教育研究》2010年第3期，第1—4页。

⑤ 万英姿：《人的全面发展：从理论到指标体系》，中央编译出版社，2011，第103页。

对内地西藏班学生而言，他们生活的自然环境和社会环境不同于内地，这种差异主要表现在文化上。在西藏，他们的文化以传统的藏文化为主，生活中的一切几乎与藏文化息息相关。当他们来到内地后，面临的第一个问题便是文化的适应。对内地西藏班适应的研究成果很多，都证明内地西藏班学生来内地求学面临不同程度的文化适应。与此同时，内地西藏班的初中生年龄普遍在13—15岁，在生理和心理上还不成熟，还不完全具备积极主动适应文化的能力。无论是自然环境的差异还是文化背景的差异，均在心理上影响着内地西藏班学生的主观情感，也直接影响着他们的健康成长。按照人的全面发展理论，这里的发展既包括学习知识的发展，又包括人心理的健康发展。因此，将学生的主观幸福感作为一个重要的衡量标准，符合人的全面发展理论，也符合内地西藏班学生的实际情况。

因此，本研究将从四个"学会"和学生的主观幸福感五个维度来讨论内地西藏班的教育成效。

第四章

教育成效评价指标体系构建

教育成效评价的前提便是建立一个科学、合理的评价指标体系，以此作为评价的标准。同时，由于内地西藏班学生是一群特殊的教育对象，该教育成效的评价指标体系除具有一般意义上的要求外，还应在教育对象的特征上有相应的表现。

可见，教育成效的评价一方面要忽略其特殊性，放大到教育的本质——促进人的发展这一起点进行设计。教育成效评价不能因为教育对象属于不同文化的民族，教育的目标就不一样。只要是人，无论文化背景差异如何，教育的目标都是一样的，相应的教育成效评价指标的价值取向也是一样的。另一方面，教育成效的评价还要关注其特殊性，关注这些特殊性如何反映在教育教学活动中，并对教育教学提出了哪些要求。这就要求在具体的教育实施过程中，因文化背景的差异，教育的内容、方式、手段、评价机制等应充分体现其民族文化的个性差异，这也符合因材施教的原则。

一　构建方法

从文献看，评价指标构建通常采用文献法、焦点团体访谈法（Focus Group Interviews）、社会调查法（Social Survey）、德尔菲专家咨询法（Delphi Method）等。其中，德尔菲专家咨询法被视为在意见和价值判断领域内的一种有效方法，并广泛运用于各类关于价值判断的评价指标构建研究中，具有较高的权威性。

本研究将教育成效的内涵界定为四个"学会"和主观幸福感，主要从价值判断角度讨论其教育成效，适用于德尔菲专家咨询法。为了确保教育成效评价指标科学合理，我们将运用德尔菲专家咨询法进行构建。

二 实施过程

构建过程主要通过以下五个步骤来完成。

第一步，初步拟定一级、二级指标体系及主要观测点。在查阅大量文献基础上，课题组多次召开小型座谈会，邀请长于教育哲学、教育学原理、民族教育等方面研究的学者，内地西藏班的教师、教育管理者、藏族学者等围绕教育成效界定的五个维度分别进行释义，初步提出评价内地西藏班教育成效的指标体系，主要包括一级指标5个、二级指标18个、主要观测点75个（见表4-1）。为避免在前期的研究中有所遗漏，我们在每个级别指标后面均设置了"其他"选项，目的在于请专家凭借自己丰富的研究经验和独立的思考对本指标体系进行适当补充，以便于进一步完善。

表4-1　内地西藏班教育成效评价指标及其主要观测点

一级指标	二级指标	主要观测点
1. 学会认知	1.1 学会学习	1.1.1 正确的学习目的 1.1.2 较强的学习动机 1.1.3 较浓的学习兴趣 1.1.4 科学的学习策略 1.1.5 明显的学习效果 1.1.6 较强的学习自信心 1.1.7 具有独立的批判精神
	1.2 学会认识自己	1.2.1 有自己的人生理想 1.2.2 有较强的民族认同 1.2.3 有较强的国家认同 1.2.4 知道自己的优点和缺点 1.2.5 能正确对待失败

续表

一级指标	二级指标	主要观测点
2. 学会做事	2.1 协作能力	2.1.1 积极参加学校集体活动 2.1.2 自愿与其他成员合作互助 2.1.3 积极为团队献计献策 2.1.4 包容其他成员的缺点
	2.2 自我管理能力	2.2.1 能管理好自己的时间 2.2.2 能管理好自己的生活 2.2.3 能控制自己的情绪
	2.3 解决冲突的能力	2.3.1 能倾听别人的批评 2.3.2 能主动向对方道歉 2.3.3 能替别人着想 2.3.4 会考虑冲突的后果 2.3.5 会另想办法处理冲突
	2.4 沟通能力	2.4.1 积极与陌生人相处 2.4.2 能听取不同意见 2.4.3 有矛盾时主动沟通 2.4.4 有困难主动求助
	2.5 交往能力	2.5.1 交往动机较强 2.5.2 能主动与他人分享快乐和痛苦 2.5.3 能体会到与他人交往的乐趣 2.5.4 能快速适应新的人际关系环境 2.5.5 对人际关系的满意度
	2.6 判断能力	2.6.1 能果断处理学习与生活中的事情 2.6.2 相信自己的决定 2.6.3 坚持自己独立的看法 2.6.4 有勤于思考的习惯
	2.7 知识运用能力	2.7.1 学以致用的积极性 2.7.2 完成课本中的小试验 2.7.3 参加社会调查活动

续表

一级指标	二级指标	主要观测点
3. 学会共同生活	3.1 发现他人	3.1.1 坚持世界多样性的观点 3.1.2 承认民族间差异的合理性 3.1.3 包容他民族的弱点 3.1.4 积极学习他民族优秀文化 3.1.5 主动与他民族的同学交往 3.1.6 同意藏、汉之间是相互依存的关系 3.1.7 自愿与他民族同学合作 3.1.8 相信不同民族能够长期共存
	3.2 参与共同计划	3.2.1 积极关注社会公益活动 3.2.2 主动参与关爱他人、关爱社会、关爱自然等公益活动
4. 学会生存	4.1 热爱生活	4.1.1 关爱自己 4.1.2 关爱他人 4.1.3 有明确的生活目标 4.1.4 珍惜生命 4.1.5 乐观自信的生活观
	4.2 懂得生存的相关知识	4.2.1 生病后能根据情况处理或就医 4.2.2 远离并预防生活中的危险 4.2.3 在常见灾害（地震、火灾等）中能正确逃生 4.2.4 积极参加体育锻炼 4.2.5 偶遇突发事件不惊慌失措 4.2.6 学会坚强
	4.3 爱护环境	4.3.1 赞同保护环境 4.3.2 行动中自觉保护环境 4.3.3 会劝说或制止破坏环境的行为
5. 主观幸福感	5.1 身心健康满意感	5.1.1 生活满意度 5.1.2 身体健康 5.1.3 心情舒畅
	5.2 自我实现成就感	5.2.1 做事的积极性 5.2.2 学业成绩满意度 5.2.3 发挥自己潜力的自我评价

续表

一级指标	二级指标	主要观测点
5. 主观幸福感	5.3 内地办学模式认同感	5.3.1 赞成内地办学这种模式 5.3.2 积极向他人介绍内地办学模式的优点
	5.4 家庭幸福感	5.4.1 感受到家庭生活的幸福 5.4.2 亲情关系满意度 5.4.3 能与父母友好沟通

第二步，遴选专家。根据研究主题的需要，我们从高校、相关研究机构、内地西藏中学等遴选了 23 位有代表性的专家（见表 4 - 2）。

表 4 - 2　专家基本情况

编号	姓　名	单　位	职　称
1	滕　星	中央民族大学	教授
2	巴登尼玛	四川师范大学	教授
3	史静寰	清华大学	教授
4	常永才	中央民族大学	教授
5	王　鉴	西北师范大学	教　授
6	孙杰远	广西师范大学	教授
7	程方平	中国人民大学	教授
8	丁　刚	华东师范大学	教　授
9	何景熙	四川大学	教　授
10	旦增伦珠	中国藏学研究中心	研究员
11	李　波	西藏民族大学	教　授
12	么加利	西南大学	教　授
13	孙振东	西南大学	教　授
14	马雷军	中国教育科学研究院	教　授
15	娜木罕	《民族教育研究》编辑部	编审
16	杨昌勇	北京工业学院	教　授
17	张学敏	西南大学	教　授
18	刘冬梅	河南师范大学	教　授
19	纪春梅	西藏大学	教　授
20	侯伯云	武汉西藏中学	高级教师
21	季富群	重庆西藏中学	高级教师
22	张诗亚	西南大学	教　授
23	田宝宏	河南大学	教　授

注：排名不分先后。

从单位来源看：高校18人，内地西藏中学2人，研究机构2人，专业期刊社1人。

从职称上看：教授20人，2人为内地西藏中学高级教师，1人为专业期刊社编审。

从分布范围看：华北、华东、华中、西北、西南均有。

同时，多数专家具有博士学位，是一支高水平的专家评估队伍，且具有代表性。

第三步，通过电子邮件和信件方式向专家发放调查问卷（见附录五）。请专家对提出的指标进行选择并给予补充。

在统计和整理专家意见的基础上，我们对指标构成进行了合并、增加、删除、补充等修改工作，以使表述更明确，并根据专家意见将主要观测点转换为三级指标，进一步完善了指标体系。修改前后对照见表4-3。

表4-3 内地西藏班教育成效评价指标修订前后对照

修 改 前	修 改 后	备 注
1.2.4 知道自己的优点和缺点	1.2.4 知道自己的优点	合并
	1.3 学会认识环境 1.3.1 知道西藏自然环境的特殊性 1.3.2 热爱本民族文化	增加
2.2.1 能管理好自己的时间	2.2.1 能管理好自己的学习计划	补充以使表述更明确
2.3.3 能替别人着想 2.3.4 会考虑冲突的后果		删除
2.4.1 积极与陌生人相处 2.4.2 能听取不同意见 2.4.3 有矛盾时主动沟通 2.4.4 有困难主动求助 2.5.1 交往动机较强 2.5.2 能主动与他人分享快乐和痛苦 2.5.3 能体会到与他人交往的乐趣 2.5.4 能快速适应新的人际关系环境 2.5.5 对人际关系的满意度	2.4.1 积极与陌生人相处 2.4.2 能听取不同意见 2.4.3 有矛盾时主动沟通 2.4.4 能快速适应新的人际关系环境 2.4.5 对人际关系的满意度	合并
2.6.1 能果断处理学习与生活中的事情	2.6.1 能果断处理生活中的事情	删除"学习与"

续表

修改前	修改后	备 注
2.7.1 学以致用的积极性 2.7.2 完成课本中的小试验 2.7.3 参加社会调查活动	2.7.1 将所学知识应用实际生活中 2.7.2 完成课本中的小试验 2.7.3 就感兴趣的问题开展社会调查	补充以使表述更明确
3.1.1 坚持世界多样性的观点	3.1.1 坚持生活方式多样性的观点	补充以使表述更明确
3.1.6 同意藏、汉之间是相互依存的关系 3.1.7 自愿与他民族同学合作 3.1.8 相信不同民族能够长期共存		删除
3.2.1 积极关注社会公益活动		删除
3.2.2 主动参与关爱他人、关爱社会、关爱自然等公益活动	3.2.1 主动参与关爱自然等公益活动	删除"关爱他人、关爱社会"以使表述更明确
	4.1.6 健康的生活方式	增加
4.2.4 积极参加体育锻炼		删除
4.2.5 偶遇突发事件不惊慌失措	4.2.5 正确应对突发事件	完善
4.3.1 赞同保护环境		删除

具体改动如下。

将"学会认识自己"二级指标下的"知道自己的优点和缺点"合并为一个指标，并从积极的角度保留了优点，即"知道自己的优点"。

在"学会认知"一级指标下增加了"学会认识环境"二级指标，并设立了"知道西藏自然环境的特殊性"和"热爱本民族文化"两个三级指标。这里的环境既包括赖以生存的自然环境，也包括人们在这一自然环境基础上反映出来的人与自然的关系、人与人的关系，即社会环境。我们用热爱本民族文化来反映学生对自己所处社会环境的认识。

将"学会做事"一级指标下的"自我管理能力"二级指标中的观测点为"能管理好自己的时间"改为"能管理好自己的学习计划"，使之更具体、可感知。

将"学会做事"一级指标下的"解决冲突的能力"二级指标中的"能替别人着想"和"会考虑冲突的后果"两个观测点进行了删除，专家建议该年龄段学生还不理性，不会像成人一样理性地进行换位思考，不会太多地预测并评估冲突的后果。

将"学会做事"一级指标下的"沟通能力"和"交往能力"两个二级指标合并为"沟通能力"，原因在于二者之间有交叉。一般而言，沟通能力强，与人交往能力相应也较强。

"学会做事"一级指标下的"判断能力"中"能果断处理学习与生活中的事情"这一观测点涉及"学习"和"生活"，表述不准确，不利于学生进行准确选择，故修改为"能果断处理生活中的事情"，删除了"学习与"。

将"学会做事"一级指标下的"知识运用能力"指标中"学以致用的积极性"和"参加社会调查活动"两个观测点分别修改为"将所学知识应用到实际生活中"和"就感兴趣的问题开展社会调查"，以使表述更准确。

"发现他人"二级指标下的两个主要观测点"自愿与他民族同学合作"和"主动与他民族的同学交往"有重复，删除了前者。同时，观测点"同意藏、汉之间是相互依存的关系"和"相信不同民族能够长期共存"对经历简单、涉世不深的学生来说太过理性，该年龄段学生未必有这样的体验和理性的认识，予以删除。另外，将原来的"坚持世界多样性的观点"修改为"坚持生活方式多样性的观点"，使之更具体。

"参与共同计划"二级指标下拟测量学生的认识和行为两个方面，根据专家建议行为本身最能反映学生在这一指标上的得分，而且行为包括思想认识，故删除了"积极关注社会公益活动"。同时，"主动参与关爱他人、关爱社会、关爱自然等公益活动"这一观测点中的"关爱他人"与"热爱生活"二级指标下的观测点重复，故直接删除；"关爱社会"的表述也因为不具体、不可感知而删除。

在"热爱生活"二级指标下增加了"健康的生活方式"观测点。

将"懂得生存的相关知识"二级指标下的"偶遇突发事件不惊慌失措"观测点修改为"正确应对突发事件"，使表述更准确。同时，由于此前"热爱生活"二级指标增加了"健康的生活方式"，与"积极参加体育锻炼"有重复,故将后者予以删除。

在"爱护环境"二级指标下,删除了认识层面的"赞同保护环境"指标,而直接以"行动中自觉保护环境"这一行为进行代替。

这样,修订后的指标体系变成了 5 个一级指标、18 个二级指标、67 个三级指标。从数量上,修订后的一级指标和二级指标没有发生变化,三级指标减少了 8 个,由原来的 75 个减少为 67 个(见表 4 - 4)。

表 4 - 4　内地西藏班教育成效评价指标体系

一级指标	二级指标	三级指标
1. 学会认知	1.1 学会学习	1.1.1 正确的学习目的 1.1.2 较强的学习动机 1.1.3 较浓的学习兴趣 1.1.4 科学的学习策略 1.1.5 明显的学习效果 1.1.6 较强的学习自信心 1.1.7 具有独立的批判精神
	1.2 学会认识自己	1.2.1 有自己的人生理想 1.2.2 有较强的民族认同 1.2.3 有较强的国家认同 1.2.4 知道自己的优点 1.2.5 能正确对待失败
	1.3 学会认识环境	1.3.1 知道西藏自然环境的特殊性 1.3.2 热爱本民族文化
2. 学会做事	2.1 协作能力	2.1.1 积极参加学校集体活动 2.1.2 自愿与其他成员合作互助 2.1.3 积极为团队献计献策 2.1.4 包容其他成员的缺点
	2.2 自我管理能力	2.2.1 能管理好自己的学习计划 2.2.2 能管理好自己的生活 2.2.3 能控制自己的情绪
	2.3 解决冲突的能力	2.3.1 能倾听别人的批评 2.3.2 能主动向对方道歉 2.3.3 会想办法处理冲突

一级指标	二级指标	三级指标
2. 学会做事	2.4 沟通能力	2.4.1 积极与陌生人相处 2.4.2 能听取不同意见 2.4.3 有矛盾时主动沟通 2.4.4 能快速适应新的人际关系环境 2.4.5 人际关系满意度
	2.5 判断能力	2.5.1 能果断处理生活中的事情 2.5.2 相信自己的决定 2.5.3 坚持自己独立的看法 2.5.4 有勤于思考的习惯
	2.6 知识运用能力	2.6.1 将所学知识应用到实际生活中 2.6.2 完成课本中的小试验 2.6.3 就感兴趣的问题开展社会调查
3. 学会共同生活	3.1 发现他人	3.1.1 坚持生活方式多样性的观点 3.1.2 承认民族间差异的合理性 3.1.3 包容他民族的弱点 3.1.4 积极学习他民族优秀文化 3.1.5 主动与他民族的同学交往
	3.2 参与共同计划	3.2.1 主动参与关爱自然等公益活动
4. 学会生存	4.1 热爱生活	4.1.1 关爱自己 4.1.2 关爱他人 4.1.3 有明确的生活目标 4.1.4 珍惜生命 4.1.5 乐观自信的生活观 4.1.6 健康的生活方式
	4.2 懂得生存的相关知识	4.2.1 生病后能根据情况处理或就医 4.2.2 远离并预防生活中的危险 4.2.3 在常见灾害（地震、火灾等）中能正确逃生 4.2.4 正确应对突发事件 4.2.5 学会坚强
	4.3 爱护环境	4.3.1 行动中自觉保护环境 4.3.2 会劝说或制止破坏环境的行为

续表

一级指标	二级指标	三级指标
5. 主观幸福感	5.1 身心健康满意感	5.1.1 生活满意度 5.1.2 身体健康 5.1.3 心情舒畅
	5.2 自我实现成就感	5.2.1 做事的积极性 5.2.2 学业成绩满意度 5.2.3 发挥自己潜力的自我评价
	5.3 内地办学模式认同感	5.3.1 赞成内地办学这种模式 5.3.2 积极向他人介绍内地办学模式的优点
	5.4 家庭幸福感	5.4.1 感受到家庭生活的幸福 5.4.2 亲情关系满意度 5.4.3 能与父母友好沟通

为确保指标体系的科学性，我们邀请社会学、心理学、教育学领域的3位国内权威专家对指标体系的效度进行了测评。将3位专家两两配对成组，分别计算每组中两个专家均认为相关的指标数占总指标数的比值。第一组0.85，第二组0.90，第三组0.80，然后计算所有组的平均值。结果显示，内容效度指数CVI（Content Validity Index）为0.85，这表明修订后的指标体系具有较好的内容效度。

三　评价指标体系的功能

构建的内地西藏班教育成效评价指标体系，不仅体现了马克思的"人的全面发展"理论，而且把联合国教科文组织提出的"四会"化为了中国教育的具体实践；不仅强调了教育的一般意义，而且突出了民族特色，可以较好地对内地西藏班办学效益进行评估。概括起来讲，该评价指标体系主要具有以下功能。

（一）确立科学的教育价值导向

受历史背景的影响，内地西藏班在设立之初确实有明确的政策目标，并有浓厚的政治色彩。基于当时西藏的实际情况，内地西藏班的设立可以帮助西藏快速培养一批西藏社会急需的各级各类人才，更好地服务于西藏经济社会发展的需要。回顾过去30年来的办学历程，这一点是必须要肯定的，这些内地西藏班毕业生的确为西藏经济社会的发展做出了巨大的贡献。对内地西藏班的这种定位和价值导向，具有时代性，并从当时的背景来看是合理的。

但是，我们同时也发现，内地西藏班在办学过程中过多地强调他们的成才，强调藏汉民族的融合等结果性教育目标，而忽视了比结果更重要的过程性目标。众所周知，受文化的影响，内地西藏班学生的文化适应、民族认同、心理健康也一直是社会关心的话题，也容易被国际社会不怀好意的人所利用，给内地西藏班的发展带来不利影响。

具体地说，内地西藏班强调他们在学习上的成绩、升学率等，强调要把他们培养成为各行各业的优秀人才，强调通过他们去为西藏建设发展和民族关系融合做贡献等。如前文所述，无论是内地西藏班的领导，还是教师、家长等，在谈到内地西藏班的成绩时总会把学生的学业成绩放在第一位进行列举，而不是将重点放在关心学生的健康发展上。相当一部分家长甚至直接将学生的学习和升学与内地西藏班的效果简单地画上等号。成绩优秀、能升学，送孩子到内地西藏班学习是值得的；反之，他们会把责任归因于学校办学效果不好，甚至表现出一些对立情绪。我们在调查中对这一点感受很深，也表示了深切的担忧。

这样，我们首先会把每个学生假设为今后的优秀人才，假设他们都能成为各个领域的精英，假设他们都能成为促进民族团结的积极分子等，并以这样的价值观深深地影响了教育主管部门、校长、教师、家长的教育观念和教育定位。这种重结果的教育观在某种程度上与应试教育有着相似之处，主要表现为我们太强调教育的显性的、有用的工具性价值，而忽略了其他隐性的、看似无用实则大用的价值。强调工具理性的人必定在行为中非常重视教育手段的有效性，重视教育成本与效益的精算，重视教育结果的实用价值而忽视更重要的教育过程。当工具理性支配一切的时候，结果就是"理性化导致了非理性的生活方式"，即韦伯的所谓工具理性驱逐价值理性的现象，即理性化的吊诡（paradox of rationality）。[①] 一旦工具理性至上，我们会习惯地按成人世界的"理性"去计算教育的得失，着眼于短期与可见的教育成效。当这种"理性"无限膨胀时，我们常常忘记了内地西藏班初中生这一对象还是一群年龄较小、身体和心理发展并不成熟的未成年人，忘记了他们在异文化环境中内心的快乐和幸福，忘记了更长远的目标是让人成为一个健全的人。在工具理性的教育下，人变成了只会学习的人，"人的全面发展"变成了"单个方面的发展"。这是典型的"舍本逐末"的做法，对个人今后的健康发展、社会的和谐、民族与国家的发展等形成负面影响。

著名教育家杨东平教授曾指出："当教育被视为一种人力资源的开发手段时，被赋予了强烈的技术主义、国家功利主义价值，个人往往会成为实现国家目标的被动工具。"[②] 内地西藏班办学的目的之一必然是为西藏培养人才，但担负起建设西藏、促进西藏可持续发展这一任务的前提条件是把每一个学生培养成为"全面发展的人"。没有这个前提，即使他们学业成绩再优秀，也难以完成这一历史使命。恰恰教育评估指标就是一个很好的导向，当教育评估方向指向了人的全面发展，这有利于内地西藏班的办学确立科学的教育价值取向，更好地促进每一位学生的发展。蔡元培先生也曾大力倡导："教育是帮助被教育的人，给他能发展自己的能力，完成他的人格，于人类文化上能尽一分的责任；不是把被教育的人造成一种特别器具，给抱有他种目的的人去应用。"[③]

因此，以人的全面发展构建起来的教育评价指标体系，与以往重视学校硬件软件、重视学生学业成绩等的评价指标体系不同，指向的是学生的全面发展。这样的教育评价指标体系有利于引导内地西藏班确立更为科学、合理的教育价值定位，将内地西藏班教育的核心放在每一个学生的发展上。这样的定位，并不因哪一个民族而有差异，对全人类的教育而言均

---

① 杨善华、谢立中：《西方社会学理论》（下），北京大学出版社，2006，第 188 页。
② 杨东平：《寻找现代中国的教育哲学与教育文化》，《文化纵横》2009 年第 3 期，第 27—28 页。
③ 蔡元培：《蔡元培散文》，上海科学技术文献出版社，2013，第 69 页。

是相同的和适用的。我国著名教育学家蒋梦麟认为："教育要定出产品的标准，即造就活泼泼的个人，能改良社会的个人，能生产的个人。"① 显然，蒋梦麟明确指出教育产品的重要标准是人的发展，而且具体到人要成为活泼泼、能改良社会、能生产的人。在这样的教育观指导下，内地西藏班教育就和其他教育一样没有本质上的差别，其目的均是促进人的全面发展。唯一不同的是，全面发展的形式会因不同民族的差异有所变化，这也符合因材施教的原则。形式虽然变化了，但全面发展的内涵没有发生变化，而且也与联合国教科文组织的目标一致。

（二） 建立统一且可比较的评价指标体系

内地西藏班的教育成效如何评价，一直是令人困惑的问题。

尽管此前有不同的方案和评估标准，但要么从政府角度出发重在评估学校的硬件和软件建设情况，目的是促进学校的发展；要么从学校角度出发重在评估学生的学业成绩，目的是单一测量学生在这种办学模式上取得的学业成就。同时，由于内地西藏班的特殊身份，其教育教学实行西藏与内地双重管理。西藏的管理较单一，内地的管理因学校所在地区不同而存在差异。不同地区的教育主管部门、教育管理者对内地西藏班的定位和导向存在差异，内地西藏班在发展过程中也必然会受到属地化管理差异的影响。这就使得不同地区的内地西藏班在评估其教育教学成效时缺乏一个统一的、可比较的评价指标体系，也缺乏一个具体的部门对相关学校在教育教学等方方面面进行指导。由于没有一个统一的标准，全国不同地区的内地西藏班在教学上也只有几个学校民间组织的初中联考，高中则因各种因素连这种联考的方式也没有。

内地西藏班教育始终是西藏教育的一部分，其终极目标仍是发展西藏教育。换句话说，内地西藏班教育不能与西藏自治区内教育形成"两张皮"，而是要相互整合、相互取长补短，最终实现区内教育的可持续发展。因此，这就需要在内地西藏班和区内学校教育之间建立起可供比较的评价

---

① 蒋梦麟：《蒋梦麟教育论著选》，人民教育出版社，1995，第153页。

指标体系，通过比较来发现内地西藏班办学的优势，来反思这种优势如何用于区内教育的发展。显然，比较学生的学业成绩是不科学、不合理的。众所周知，西藏自治区内学校与内地西藏班无论是在办学硬件还是软件方面均存在较大的差异，二者在学业成绩这一点上不具有可比性。

以人的全面发展为立足点构建的教育成效评价指标体系，评估的重点是人的发展，无论是西藏自治区内教育还是内地西藏班在这一点上是相同的，也是可以比较的。有了这个指标体系，就可以在内地不同地区的西藏班之间，在西藏自治区内学校与内地西藏班之间建立起一个统一的、可比较的标准，有利于推动不同地区内地西藏班之间的互动，推动内地西藏班与西藏自治区内学校的互动，从而整体上推动西藏教育的快速发展。

（三） 彰显成绩成为对外宣传的窗口

受政治、历史等因素影响，内地西藏班的办学也一直为外媒所关注。一些不怀好意的人总是拿藏民族学生的文化认同、学生的健康成长甚至人权等说事，不断放大这种异地办学模式给藏民族学生形成的消极影响，试图否定内地西藏班办学取得的成绩。对于这一点，我们当然不能答应，总是会通过多种渠道来列举招收了多少学生、培养了多少人才、有多少人才正在西藏建设的岗位上做贡献等，以此来说明取得了巨大成绩。显然，这里我们的立场与西方的立场存在差异：我们偏重关注学生的学业成绩，而他们偏重关注学生的成长。

构建内地西藏班教育成效评价指标体系，有利于我们在学业成绩之外更好地展现学生的全面发展，有利于全面地反映学生的健康成长。同时，我们可以通过举办主题讲座、图片展览、人物访谈等多种形式把评估结果向全社会开放，从而引导社会深入地、全方位地了解内地西藏班办学的真实情况。不仅如此，还可以运用信息技术手段，以多种语言向世界展出，在世界范围内宣传西藏学生的成长、展示西藏教育的成就，增强海外各界对西藏教育事业的了解，消除国际社会对西藏发展的偏见和疑虑，赢得世界对我国发展西藏各项事业的认同和肯定。用铁的事实消除"藏独"势力抹黑西藏发展的不利影响，积极树立西藏和国家的良好形象。

（四） 发现问题推动教育教学改革

每一种评价指标体系均有一定的价值指向和目标定位，不同的评价指标其功能各不相同。以人的全面发展为基础构建的内地西藏班教育成效评价指标体系，其价值指向的是人的全面发展，不同于其他指向学校硬软件建设、指向学业成绩等价值取向的评价标准。

本研究构建的这一标准，既考量了一般意义上的教育价值，又关注了藏民族自身的文化特点和内地西藏班的特殊文化背景，可以真实地反映内地西藏班办学的实际情况。这在本质上讲是一种"情境性评价"，即在学生个体所处的社会文化环境和具体的现实生活环境中对其真实的实践活动和创造活动进行评价，有助于更加客观、真实地了解学生，并为其今后的发展提供有力的指导。[1] 这样，我们可以及时发现存在的问题，并有针对性地采取相应的措施，从而推动内地西藏班的教育教学改革，为内地西藏班今后的发展提供科学的引导。

---

① 李小融、唐安奎：《多元化学校教育评价》，浙江教育出版社，2009，第260页。

第五章

教育成效评价的研究设计

一 研究思路

内地西藏班的教育成效，本质上与一般意义上的教育成效没有太大的差别，唯一有差异的是内地西藏班学生这一群体的特殊性。研究内地西藏班的教育成效，我们仍然需要紧扣"教育成效"这一核心关键词。同时，本研究不仅仅停留在内地西藏班的教育成效这一点，更重要的是通过内地西藏班教育成效的研究，试图为西藏自治区内教育提供可资借鉴的经验，避免可能出现的问题，推动区内教育的可持续发展。这样，西藏教育就能实现区内教育与内地西藏班教育协调发展的目标。

如前所述，本研究将教育成效的需求主体确定为教育的对象——学生，于是衡量教育成效的基本尺度是促进人的发展，而不仅是入学率、升学率、毕业生数等冷冰冰的数据和服务于国家政治、经济发展等方面的宏大意义。因此，本研究以"谁需要成效—需要什么样的成效—评价成效的指标体系如何构建—对内地西藏班的教育成效进行测量并分析—比较区内与内地西藏班的差异—西藏教育实现区内教育与内地西藏班协调发展"为主线开展深入研究。同时，为了便于比较，我们将分三次进行调查：第一次是内地西藏班学生入学一个月以后，主要检验内地西藏班学生和区内学生是否在进入中学以前就存在显著差异；第二次是在一年后，即 7 年级结束前，主要是进行前测；第三次是在三年后，即 9 年级结束前，主要进行后测。

二 研究假设

根据研究目的，我们将主要讨论学生的个人背景因素与内地西藏班教育成效之间的关系，并提出如下研究假设。

（1）不同性别的学生，其教育成效有显著差异；

（2）不同年级的学生，其教育成效有显著差异；

（3）父母的民族构成不同，其教育成效有显著差异；

（4）学生的居住地不同，其教育成效有显著差异；

（5）父母的受教育程度不同，其教育成效有显著差异；

（6）父母的职业构成不同，其教育成效有显著差异。

三 研究对象

（一）内地西藏班和区内学校的初中生

如今，内地西藏班学生包括初中生和高中生（含普通高中和职业高中）。内地西藏班高中生的来源一部分是内地西藏初中班毕业学生，一部分来自西藏自治区内学校毕业的初中生。如果以内地西藏班高中生为研究对象，其测量的成效可能会因为学生的初中学习背景不同而存在差异。

为了更好地说明学生在内地西藏班接受教育后的成效，本研究将研究对象限定为初中学生，原因有二。

第一，所有内地西藏班学生均有着相似的小学学习经历，便于纵向比较。

在内地西藏班接受教育前，他们的学习年限、学习内容、课程设置、教材使用、学习环境、生活环境等是相同或相似的，有着相同的文化背景、宗教信仰、民族心理等。也就是说，在到内地西藏班学习之前，他们在上述多个方面的表现是相同或相似的。这些来自西藏自治区内不同地区的学生，虽然也存在地区、城乡、家庭背景等方面的差异，但从根本上来讲，这并不影响他们在内地西藏班的学习差异。或者说，这些差异不会从根本上影响他们在内地西藏班的受教育效果，这就为我们开展讨论内地西藏班引起学生的变化提供了前提条件。

为了检验这种差异，我们在开学一个月后①对内地西藏班的 7 年级学生进行了初测，发现来自西藏自治区内不同地区的学生在本研究的五个维度（四个"学会"和主观满意度）上均没有显著的差异。这样，我们可以在学生进入学校一年后和三年后分别进行前测和后测，即对 7 年级和 9 年级学生进行测试，从纵向角度讨论该群体进入内地西藏班学习一年后和三年后的增量变化来揭示其教育的成效，即比较 9 年级与 7 年级的变化。

第二，内地西藏班学生与区内学生有着相同的小学教育背景，便于横向比较。

内地西藏班学生是从区内小学毕业生中选拔出来的，这些学生只在小学毕业考试成绩上与区内学生有差异。我们在开学第一个月后分别对内地西藏班和区内学校的 7 年级学生进行了初测，发现二者在本研究设定的五个维度上不存在显著差异。成绩差异恰恰不是本次研究的重点，从而可以忽略这种差异。这样，我们可以对区内样本学校的 7 年级和 9 年级学生分别实施前测和后测，以与内地西藏班进行比较，从而讨论二者是否有明显的差异。如果比较研究发现内地西藏班与区内学校教育成效存在明显差异，则可以证明其成效是显著的。需要说明的是，由于区内样本学校的 9 年级学生与 7 年级相比有着很大的变化：一部分学生因为各种原因短暂性辍学，致使 9 年级后测时的学生样本并非全部是前测的 7 年级学生样本。不过，我们比较的是群体的变化，个别样本的不对应并不会对测量结果产生较大的影响。

---

① 设定初测时间为开学一个月后，主要考虑了两个因素：一是学生经过一个月的适应，不会因为从小学到中学这一新环境而影响本次测量的维度；二是一个月的时间相对较短，学校教育对学生在本次测量的结果影响较小。

（二）　首届内地西藏班毕业生

内地西藏班毕业生是内地西藏班教育成效研究的重要对象。已有研究中的多数成果通过内地西藏班毕业生进入大学的比例、他们在经济社会发展中的岗位尤其是领导岗位的分布、取得的成功等来揭示内地西藏班的教育成效。这是研究教育成效的很好选择，他们今天的表现在很大程度上体现了内地西藏班的成效。"如果没有考上内地西藏班的话，我从墨脱走出来的概率可能很小，也不会得到这么多——视野、知识、经历、友谊……"西藏墨脱县背崩乡的门巴族小伙桑杰次旺在接受中国西藏网采访时说："这个机会，可能会改变我未来的生活轨迹。"① 很多内地西藏班毕业生也一再强调："如果当初没有进入内地西藏班，我不可能有今天的成就"，"内地西藏班改变了我的一生"。

但是，内地西藏班毕业生后来的成功并不完全取决于内地西藏班的教育，而是受到很多因素的影响，比如自己的努力、家庭的支持、大学的学习经历、工作岗位的历练、职前职后培训、领导的模范等均会对这些毕业生今天的成功产生直接和间接的影响。换句话说，内地西藏班教育是毕业生群体后来在诸多方面取得成功的充分条件，而不是必要条件，即内地西藏班教育并不是毕业生群体后来取得成功的唯一因素，甚至有可能不是决定性因素。不仅如此，前期调查发现，不同时期、不同学校、不同年龄段的毕业生对内地西藏班教育成效的评价还存在差异，也具有很多不确定因素。直接用毕业生群体的成功来讨论内地西藏班的教育成效显得并不准确，也不科学。

那么，如何避免上述问题呢？我们发现，1985 年首届内地西藏班学生有一个共同的特征，那就是其子女多数正处于上中学的年龄。我们可以通过他们是否积极送自己的子女进入内地西藏班这一具体行为来检测。一般而言，他们如果认同内地西藏班教育是有成效的，他们会在行为上鼓励自

① 冯登宁、赵钊：《内地西藏班受牧民家长欢迎，成学生命运转折点》，2014 年 7 月 12 日，http://www.chinanews.com/edu/2014/07 – 12/6378947.shtml。

己的子女进入内地西藏班学习，接过父母这一辈的"接力棒"，继续到内地西藏班接受教育。反之，如果他们认为内地西藏班教育是低效甚至是无效的，他们会在行为上阻止自己的子女重走自己的路。每个家长做出是否送子女到内地西藏班学习的决策，实际上是一种"理性行为"。不仅如此，我们还可通过毕业生个体的这种理性决策行为来进行叠加，从而在更大范围内看该群体的理性决策行为，更好地解释和理解内地西藏班的教育成效。

四 研究方法

无论是内地西藏班学生还是西藏自治区内学生，他们中的绝大多数属于藏族，还有一小部分属于其他民族。该群体具有显著的民族特征，如民族语言、民族文化、民族心理等，这就决定了研究这一群体的方法除问卷调查法外，还应积极运用人类学的田野调查法，通过长时间的参与观察和深度访谈更加客观、全面、深入地了解被调查者。

（一） 问卷调查法

1. 问卷编制

教育成效内涵的界定是编制内地西藏班教育成效的依据，即调查问卷的价值指向是人的全面发展。同时，根据研究设计，研究要通过与区内学生进行比较来揭示其教育成效，问卷在设计过程中还应根据实际情况形成两个略有差异的版本，即问卷为"一纲两本"。

在全面梳理和借鉴已有相关教育成效研究调查问卷的基础上，依据构建的内地西藏班教育成效指标体系，围绕"学会认知、学会做事、学会共同生活、学会生存和主观幸福感"五个维度初步编制了"内地西藏班初中学生发展调查问卷"。另外，为方便调查和比较，我们将"内地西藏班初中学生调查问卷"中凡是涉及内地西藏班的问题全部进行了适当修改，以利于西藏学生回答，从而形成"西藏初中学生发展调查问卷"。问题的设计紧扣指标体系中的"三级指标"进行，多数问题与三级指标一一对应。整个问卷编制的焦点始终突出"人的全面发展"这一指导思想，并依据这一指导思想对每个问题进行了深入的思考和反复的修订工作，使之能明晰地揭示内地西藏班学生在五个维度上的真实情况。

2. 开展预调研

在开展正式调研之前，我们选取了其中一所内地西藏班的 7 年级学生进行了测试，共回收有效问卷 73 份。调查之前，我们给学生讲明了调查的目的，并严格遵守学术伦理，保护其隐私不受侵犯，要求被调查者如实作答。如果遇到不明白、难以理解、不知道如何选择及其语言表述存在歧义的问题，请他们把相应的问题写在该题旁边，或者现场咨询研究人员。问卷填写结束后，研究人员还对部分被试进行了访谈，了解其在填写问卷过程的想法和对问卷的评价。同时，还分别向一位长期在内地西藏班工作的班主任和任课老师进行了咨询，并就问卷中涉及的诸多问题进行了深入讨论。在此基础之上，我们对问卷进行了进一步的修正，并最终形成了正式的"内地西藏班初中学生发展调查问卷"（见附录五）和"西藏初中学生发展调查问卷"（见附录六）。两个版本的问卷内容没有大的变化，只是对个别题目做了适当的修改，以分别有利于学生根据自己的实际情况作答。

问卷的 Cronbach α 系数为 0.902。α 系数越高，则问卷的内部一致性越高。总体而言，当 α 值 ≥ 0.70 时，属于高信度。可见，该问卷的内部一致性较好，这与前面我们精心构建的内地西藏班教育成效指标体系息息相关。同时，问卷以充分的文献资料为基础，并经过相关专家和内地西藏班教师指导和修改，具有较好的内容和结构效度。

3. 样本选取与抽样

调查样本分别来自内地西藏班和西藏自治区内学校。

样本学校的选取采取分地区随机抽样确定。在确定样本学校后，我们分别从 7 年级和 9 年级①学生中抽取学号单号学生填写问卷。值得说明的

---

① 为了更好地观测内地西藏班学生的教育成效，调查时间选在了 7 年级即将结束的 5 月进行。这个时间恰好是这些来自西藏的学生在内地学习近一年的时间。我们试图调查他们和区内孩子分别在内地和西藏学习一年的结果，通过比较来发现二者是否有明显差异。

是，由于西藏自治区内部分学校的 7 年级学生汉语水平不高，在填写问卷时我们专门请藏文教师对问卷的题目和答案进行了翻译，以帮助学生更好地理解问题和选项。在内地西藏班，我们前期发现学生的汉语水平能够独立作答问卷，只是对学生填写问卷进行了指导，并没有提供藏文翻译服务。

在西藏，我们从昌都、山南、林芝、拉萨分别抽取了 12 所中学（由于内地西藏班 70% 的学生来自农牧区，故西藏学校样本我们主要选取了以牧业、半农半牧为主的县及以下中学）作为样本学校，分别对 7 年级和 9 年级学生进行调查，共发放问卷 755 份，收回有效问卷 735 份，回收率 97.4%；在内地，由于并不是每个省份都设立了内地西藏班，我们采取了按地区抽样的方法进行，即分别从东部、中部、西部共选取了 4 所内地西藏中学作为样本学校，其中东部 2 所（东部地区分布的内地西藏班数量最多）、中部和西部各 1 所，仍然分别对 7 年级和 9 年级学生进行调查。所有调查均由研究人员组织被试现场统一填写、统一收回。共发放问卷 1037份，回收有效问卷 992 份，回收率 95.7%。问卷统计采用 SPSS 19.0 进行统计和分析。

4. 缺失值的处理

问卷回收后，进行了一系列整理工作。首先剔除废卷，以保持资料的完整性和可靠性。主要剔除问卷答案严重缺失者，如缺答率在 10% 以上或者胡乱作答问卷以及答案一样或者有规律等，然后进行编码与数据录入工作。

每次问卷调查均面临数据缺失值的正确处理问题。系统缺失值通常包括系统缺失值和随机性缺失值。在问卷数据录入过程中，我们采用两两一组且交换检查的方式，尽可能避免因输入错误导致的系统性缺失值。于是，这里要处理的主要是随机性缺失的数据。

对随机性缺失值的处理常常采用删除法和替代法。如果发现被试者在问卷中有多个题目没有作答，则直接删除该样本数据。如果少部分题目没有作答，我们直接通过 SPSS 中的"邻近点的均值"（mean of nearly point）替换功能对缺失值进行替换。这样的缺失值处理影响的只是样本数的多少，对统计分析的影响不大。

（二） 田野调查法

众所周知，内地西藏班学生大多为藏族，且有着独特的文化背景。同时，本研究涉及的调查指标在于四个"学会"和主观幸福感，指向的是人自身的发展。因此，仅仅依靠问卷调查法难以真实、客观地反映他们在这五个维度上的表现，还需要借助田野调查法对调查结果进行丰富和完善。

田野调查法将重点围绕两个方面进行。一是调查内地西藏班在校学生。以内地西藏班为田野调查点，对内地西藏班学生在校的学习、生活等多个方面进行长时间的参与式观察和深度访谈，全面、立体地了解学生在内地成长的情况，真实地揭示内地西藏班这一重要平台对每个个体发展的影响，即内地西藏班教育的成效。二是调查内地西藏班首届学生。如前所述，这一特定群体无疑是成功的，这种成效的取得来自多个方面的影响，并不仅仅受内地西藏班的影响。但他们的孩子大多正处于上中学的年龄，可以通过了解他们是否愿意送孩子入学这一显性行为来揭示内地西藏班的教育成效。对特定群体的深度访谈和参与观察，有利于我们从时间跨度上了解内地西藏班的教育成效。

（三） 比较研究法

运用比较研究法，可以更好地讨论内地西藏班的教育成效。这里的比较，包括以下两个方面。一是时间上的纵向比较。比较学生在内地西藏班接受一年和三年教育之后的变化，从时间上揭示内地西藏班的教育成效。需要说明的是，与7年级相比，9年级学生在上述维度上的变化有可能与学生自身的努力因素有关。但在这里，我们把学生个人的努力也归因于内地学校的影响，即个体正是因为到了内地这一特殊环境，才有了更大的努力行动。事实上，一个人的行为变化，在很大程度上来源于其所处环境的变化。二是通过空间上的横向比较。如前所述，内地西藏班学生与西藏区内学生有着相同的小学教育经历、相同或相似的生活背景和文化背景，唯一不同的是一个在区内接受教育，另一个在内地。于是，我们可以通过横向比较二者从 7 年级到 9 年级的增幅，以此揭示内地西藏班的教育成效。

五 样本的基本信息

为了进一步了解样本的基本信息，以便更好地开展统计分析，我们首先对内地西藏班的样本构成与分布情况进行描述性统计，主要报告人数和占比两个值（见表 5 - 1）。

表 5 - 1 内地西藏班样本基本情况

个人背景		人数（人）	占比（%）
性别	男	459	46.3
	女	533	53.7
年级	7 年级	463	46.7
	9 年级	529	53.3
父母民族构成	均为藏族	847	85.4
	均为汉族	102	10.3
	一藏一汉	34	3.4
	其他	9	0.9
到内地西藏班学习前的常住地	内地	106	10.7
	西藏	886	89.3
父亲受教育程度	未上过学	121	12.2
	小学	311	31.4
	初中	114	11.5
	高中	120	12.1
	大专及以上	326	32.9
父亲的职业构成	公务员	355	35.8
	农牧民	276	27.8
	经商	92	9.3
	其他	269	27.1

从表 5 - 1 我们可看出，内地西藏班样本构成与分布情况如下。

（1）性别分布方面：内地西藏班有效样本总数为 992 个。其中男性样本 459 个，占 46.3%；女性样本为 533 个，占 53.7%。大致各占一半，性别比例较为均衡。

（2）年级分布方面：7 年级样本数为 463 个，占 46.7%；9 年级为 529 个，占 53.3%。与性别分布基本一致。值得说明的是，在问卷发放过程中，7 年级与 9 年级的数量相当。只是回收后的有效问卷数 7 年级比 9 年级少一些，这与 7 年级学生在内地学习时间并不长的经历相关。受西藏自治区内教育发展不均衡的影响，这些学生的基础差异较大，尤其是农牧区家庭子女，如阿里地区。这些学生在理解问卷中的问题时存在部分困难或较少遇到问卷填写这种方式，造成一部分学生要么多题没有作答，要么多题选择同一答案，要么随意作答，导致无效问卷比 9 年级要多。

（3）在父母民族构成上：父母双方均为藏族的占了绝大多数，有 847 人，占 85.4%；均为汉族的有 102 人，占 10.3%，这部分学生的父母主要是援藏干部或在藏从事各种工作的汉族劳动者；父母中一方为藏族或汉族的比例不高，只有 34 人，占 3.4%；父母民族构成属于其他的只有 9 人，仅占 0.9%。

（4）在到内地西藏班学习前的常住地方面：生活在内地的 106 人，占 10% 多一点，这部分学生也多为援藏干部子女，还有一部分为出生在西藏但在内地接受幼儿和小学教育。随着西藏经济社会的发展，一部分人也开始离开西藏到内地工作，甚至在内地购房长期居住；大多数学生在到内地西藏班接受教育之前长期生活在西藏，有 886 人，占 89.3%。

（5）在父亲的受教育程度上：大专及以上的有 326 人，占 32.9%；未上过学、小学、初中、高中分别占 12.2%、31.4%、11.5%、12.1%。如果把这四类合并为大专以下，则父亲受教育程度为大专以下的共占 67.1%，是受教育程度为大专及以上的近 1 倍。

（6）在父亲的职业构成方面：父亲是公务员的学生有 355 人，占 35.8%；父亲是农牧民的有 276 人，占 27.8%；父亲经商的有 92 人；其他，269 人。可见，父亲的职业是公务员、农牧民的学生几乎各占 1/3。

同时，为了与区内进行比较，除"到内地西藏班学习前的常住地"

一项属于内地西藏班外，我们将样本个人背景的其余选项进行逐一比较（见表 5 – 2）。

表 5 – 2 西藏与内地西藏班样本情况比较

单位：%

个人背景变项		西藏	内地西藏班
性别	男	47.8	46.3
	女	52.2	53.7
年级	7 年级	55.8	46.7
	9 年级	44.2	53.3
父母民族构成	均为藏族	96.9	85.4
	均为汉族	0.4	10.3
	一藏一汉	2.3	3.4
	其他	0.4	0.9
父亲受教育程度	未上过学	21.8	12.2
	小学	43.1	31.4
	初中	19.2	11.5
	高中	3.9	12.1
	大专及以上	12.0	32.9
父亲的职业构成	公务员	6.8	35.8
	农牧民	71.6	27.8
	经商	5.7	9.3
	其他	15.9	27.1

（1）在性别构成方面：西藏样本中的男性 351 人，占 47.8%；女性 384 人，占 52.2%。与内地西藏班相比，二者没有太大差别，几乎各占一半。

（2）年级分组方面：西藏样本中 7 年级 410 人、9 年级 325 人，分别占 55.8% 和 44.2%；而内地样本中的比例分别为 46.7% 和 53.3%。西藏样本中 9 年级较少，源于县中学 9 年级时往往会有相当一部分学生已不在学校。

（3）在父母民族构成方面：西藏样本中父母双方均系藏族的学生占了绝大多数，有 712 人，占 96.9%；均为汉族的仅有 3 人；父母双方为"一藏一汉"的有17人，占2.3%。这与内地西藏班学生相比，有一定差异：西藏样本中学生父母双方均为藏族的比例高于内地西藏班学生近10个百分点，与此同时，后者中学生父母均为汉族的比例高于前者近10个百分点。

（4）在父亲受教育程度方面：西藏样本中父亲受教育程度整体水平较低，在"未上过学""小学""初中"三个层次上的比例均高于内地西藏班学生父亲的受教育程度。相反，在"高中"和"大专及其以上"两个层次上均低于内地。以高中及其以上学历进行统计发现，内地西藏班样本占45%，即接近一半的学生家长接受过高中及其以上学历的教育。相反，西藏样本占15.9%，几乎只有内地西藏班的1/3。这表明，内地西藏班学生父亲的受教育程度整体上高于西藏自治区内。

（5）从父亲的职业构成看，在"公务员"和"农牧民"两项上具有明显的反差。西藏样本中父亲的职业是公务员和农牧民的比例分别为6.8%和71.6%，以农牧民为主体；而相应的内地西藏班样本分别为35.8%和27.8%。横向比较看，在父亲是公务员的选项上，内地西藏班高出西藏近30个百分点；在父亲是农牧民的选项上，西藏高出内地43.8个百分点，几乎比内地高出近一半。可见，西藏样本中父亲的职业构成以农牧民为主，而内地西藏班学生父亲的职业构成主要为公务员和农牧民，约各占1/3。

第六章

统计结果及其分析

结合文献研究，我们把内地西藏班的教育成效界定为以下五个方面，即学会认知、学会做事、学会共同生活、学会生存和主观幸福感。于是，我们将采取先分后总的方式，即分别对这五个方面的成效进行讨论后，最后将这五个方面的成效汇总进行讨论。

在方法上，本部分内容主要采用描述性统计的方法，以便于从整体上了解内地西藏班在上述五个维度上的表现。由于部分选项涉及多个题目，为便于统计和分析，对该类选项的得分采用各小题得分加总除以题目数的方法进行计算，然后对其得分进行讨论。

一 教育成效之一：学会认知

"学会认知"是联合国教科文组织提出的"四大支柱"之一。"学会认知"强调的不是获得经过分类的系统化知识，而是掌握知识的手段。这种手段既可将其视为一种人生手段，也可将其视为一种人生目的。作为手段，它应使每个人学会了解他周围的世界，至少是使他能够有尊严地生活，能够提高自己的专业能力和进行交往的能力。作为目的，其基础是乐于理解、认识和发现。① 为了适应未来社会的发展，无论是作为

---

① 联合国教科文组织编《教育——财富蕴藏其中》，联合国教科文组织总部中文科译，教育科学出版社，1996，第76页。

手段还是作为目的，"学会认知"对一个人的发展均具有重要的价值。结合相关文献，"学会认知"大致包含以下三个方面的内容，即学会学习、学会认识自己、学会认识环境。从这三个方面理解学会认知，可以引导每个人学会学习的方法，激发学习兴趣，进而让越来越多的人去感受知识和个人自学带来的乐趣；引导每个人学会认识自己，清楚自己的优势与劣势，客观、准确地为自己的发展进行定位；引导每个人了解周围的世界包括自然环境和社会环境，以便更好地适应环境并在与环境的互动中和谐地发展。

（一）学会学习

当今世界已迈入信息化时代，知识的获得途径与方式等已大大超越传统时期。要求一个人穷尽所有的知识变得越来越不可能，而且也没有这个必要。今天我们掌握的知识正在不断被新的知识、新的发现所替代，甚至今天我们认为是正确的知识，明天可能就变成错误的知识了。在信息化时代，"那种想在早年时期一劳永逸地获得一套终身有用的知识或技术的想法已经过时了。传统教育的这个根本准则正在崩溃。面对快速发展的社会，我们必须教会学生学会生活、学会如何去学习，这样便可以终身吸收新的知识"。[1] 从长远看，学习多少知识在一个人的发展中并不那么重要，重要的是学会学习的方法并掌握学会学习的能力，以便在一生中持续不断地学习和更新自己的知识体系，从而适应未来社会的快速发展。美国著名的未来学家保尔·朗格朗指出："未来的文盲不再是不识字的人，而是没有学会学习的人。"[2] 有"近代科学始祖"之称的法国哲学家、数学家、神学家笛卡尔曾指出：最有价值的知识就是关于方法的知识。中国古训中"授人以鱼，不如授之以渔"强调的是同样的道理，即方法才是解决一切问题的根本。结合已有文献，学会学习包括要有明确的学习目的、较强的学习动机、科学的学习策略、明显的学习效果、较强的学习自信心、独立

---

① 联合国教科文组织国际教育发展委员会编著《学会生存——教育世界的今天和明天》，华东师范大学比较教育研究所译，职工教育出版社，1989，第108页。

② 国家教育发展研究中心：《面向21世纪的教育》，求实出版社，1989，第20页。

的批判精神等。[1]

由于学习目的和期望学习目标属于分类变量，我们先通过描述其百分比来对其进行说明。调查发现，内地西藏班学生的学习目的非常明确且有着很高的学习目标。尽管他们年龄较小，但也许是受父母或社会其他因素影响，学生到内地西藏班以后均明确表示希望今后能升上大学。调查结果显示，明确自己今后的目标是升学的比例高达82.76%，占绝大多数。事实上，虽然有17.24%的学生选择了"否"，但从后面一题"我希望自己读书读到：（1）初中；（2）高中（含高职）；（3）大学；（4）研究生"的结果看，学生的目标不仅仅满足于升学，还有更高的目标。没有人希望只完成初中学业，选择高中的也仅为0.5%，更多的学生选择了大学和研究生，两项高达95%。可见，学生的学习期望目标高，这是他们在内地西藏班学习的动力。

不仅如此，内地西藏班学生在学习动机、学习兴趣、学习策略、学习效果、批判精神等多个方面有着良好的表现，其平均得分均在3分以上（根据李克特量表5点计分法每题最低得分1分，最高得分为5分。平均得分分数越高，表明学生在该选项上表现越好）。以3分为中位数，我们发现，内地西藏班学生在上述所有方面均超过3分。其中"学习效果"一项表现最为突出，得分为4.16分（见表6-1）。

表6-1 内地西藏班学生学会学习的成效分析

学会学习	题数	极小值	极大值	平均得分	标准差
学习动机	2	2	10	3.99	0.80249
学习兴趣	1	1	5	3.63	1.058
学习策略	9	9	45	3.70	0.68344
学习效果	2	2	10	4.16	0.82055
批判精神	1	1	5	3.34	1.283

[1] 裴娣娜：《教学论》，教育科学出版社，2007，第388页；姜继为：《教育的常识：关于教育价值与方法的思考》，中央编译出版社，2014，第26页；毛亚庆：《从两极到中介》，北京师范大学出版社，1999，第145页。

进一步分析发现，内地西藏班学生在"学会学习"各题平均得分均高于 3 分。最高分 4.18 分，绝大多数学生评价自己在内地西藏班的学习收获很大，且均有较强的学习自信心，在"我对学习充满自信"题目上的得分为 4.14 分。最低分为 3.20 分，仍高于 3 分（见表 6-2）。

表 6-2 内地西藏班学生学会学习的得分情况统计

学会学习成效	题目	均值	标准差
学习动机	9. 我制订了自己的学习计划	4.02	1.040
	10. 我有较强的学习积极性和主动性	3.97	0.999
学习兴趣	11. 我对学习有较浓的学习兴趣	3.63	1.058
学习策略	12. 除老师指定的作业外，我会在课外积极学习	3.20	1.172
	13. 我能做到上课认真听讲并做好课堂笔记	3.90	0.997
	14. 上课时我能积极思考并回答老师的问题	3.72	1.005
	15. 我能做到每天及时复习和总结	4.03	1.007
	16. 遇到难题时我会积极求助老师和同学	4.02	1.015
	17. 我会及时总结错题原因并力争下次不再犯错	3.80	1.027
	18. 我会积极利用网络、图书室等帮助学习	3.38	1.383
	19. 我常常提出一些问题并试图去寻找答案	3.74	1.276
	20. 我有较强的自学能力	3.47	1.091
学习效果	21. 我在内地西藏班学习的收获很大	4.18	0.961
	22. 我对学习充满自信	4.14	1.004
批判精神	23. 我有时会对老师的答案表示怀疑	3.34	1.283

从表 6-2 我们还可以发现，最能体现学会学习的"学习策略"既涉及课前、课中、课后的多个环节，又涉及课内与课外、跟老师学与自学以及利用信息技术等，集中衡量了学生是否掌握了科学的学习方法。从统计结果看，学生在"学习策略"项上的得分均在 3 分以上，其中"我能做到每天及时复习总结"的得分为 4.03 分，"遇到难题时我会积极求助老师和同学"的得分为 4.02 分，"我能做到上课认真听讲并做好课堂笔记"的平均得分为 3.90 分，"除老师指定的作业外，我会在课外积极学习"的得分稍低，为 3.20 分，仍高于 3 分。这表明，学生在"学会学习"方面表现出了明显的成效，学生基本上掌握了"学会学习"的能力。这将

在很大程度上影响学生一生的发展。

不仅如此，相关分析发现，内地西藏班学生在学习动机、学习兴趣、学习策略、学习效果四个方面表现为两两相关，均在 0.01 水平上显著相关；批判精神只与学习策略和学习效果相关（见表 6 - 3）。这表明，学习动机越强，学习兴趣越浓，反映在学会学习上的策略也运用得较好，从而越能获得较好的学习效果。

表 6 - 3　内地西藏班学生学会学习的相关分析

		学习动机	学习兴趣	学习策略	学习效果	批判精神
学习动机	pearson 相关性	1	0.424 **	0.522 **	0.360 **	0.020
	显著性（双侧）		0.000	0.000	0.000	0.527
学习兴趣	pearson 相关性	0.424 **	1	0.607 **	0.453 **	0.037
	显著性（双侧）	0.000		0.000	0.000	0.246
学习策略	pearson 相关性	0.522 **	0.607 **	1	0.542 **	0.137 **
	显著性（双侧）	0.000	0.000		0.000	0.000
学习效果	pearson 相关性	0.360 **	0.453 **	0.542 **	1	0.160 **
	显著性（双侧）	0.000	0.000	0.000		0.000
批判精神	pearson 相关性	0.020	0.037	0.137 **	0.160 **	1
	显著性（双侧）	0.527	0.246	0.000	0.000	

注：＊＊表示在 0.01 水平（双侧）上显著相关。

（二）学会认识自己

众所周知，在古希腊戴尔菲神庙的入口处，很早就刻着一句话：认识你自己！这是古希腊教育的核心。伴随世界的不断变化，我们很容易在变化中迷失自己，从而找不到出路。教会一个人"学会认识自己"比知识本身更重要，只有正确认识自己，他才可能在今后的工作和学习生活中充分发挥自己的长处和优势服务于社会的发展。否则，"人不尊，则转而尊器物。人之为学，则惟学于器物，而技能乃更尊于知识"[①]。一旦人被置放在

[①]　刘云杉：《"知识改变命运"还是"教育使人不被命运所摆布"》，《探索与争鸣》2015 年第 6 期，第 85—91 页。

外在的、物质的世界中时，人就不知道自己为何物了，也就被这些外在的东西所控制了。美国著名音乐家麦克约瑟说："你自己与自己的心交流，要赞美它，让它感到你对它的赏识，那时候它才向你释放灵感。"[①] 学会欣赏自己，才能增强自信，才能最大限度地发挥自己的潜力和优势。卡耐基也曾指出："发现你自己，你就是你。记住，地球上没有和你一样的人……在这个世界上，你是一种独特的存在……你是由你的经验、你的环境、你的遗传造就的你。"[②] 可见，教会一个人学会认识自己，是教育从古至今不变的真理。

对内地西藏班学生而言，到内地读书必然面临与自己不一样的自然环境和社会环境，必然要与不同民族的人们进行交流与沟通。在现代社会背景下，这些来自西藏的各族学生很可能会表现出民族自卑，并在不断的比较中迷失自我。这就背离了设立内地西藏班的初衷，也背离了教育的方向。因此，内地西藏班的重要使命之一便是帮助该群体正确地处理不同文化背景、不同自然环境、不同社会环境之间的关系，并积极培养民族自信心，增强民族自豪感。通过教育让学生意识到藏民族具有自己鲜明的民族特征和民族文化特色，同其他所有民族一样有着相同的地位；意识到既要欣赏自己的民族文化，又要欣赏其他民族的文化；意识到世界文化的多样性，积极培养自己的包容性心理；等等。一句话，内地西藏班的重要成效之一就是教会学生"学会认识自己"，并在与世界不同民族交往过程中增强民族自信心，不断彰显本民族的特色和优势，共同促进世界的和平与发展。

从已有文献看，学会认识自己主要表现为：有自己的人生理想，有较强的民族认同，有较强的国家认同，知道自己的优点，能正确对待失败。

调查发现，在有自己的人生理想选项上，选择"是"的比例高达88.2%，人生理想还不明确的学生占11.8%。绝大多数内地西藏班学生对

---

① 罗健：《人生充满波折，你要学会淡定》，华夏出版社，2012，第170页。
② 熊英：《有一种幸福叫珍惜》，内蒙古人民出版社，2009，第31页。

未来有清晰的规划，有明确的人生理想。

同时，表6-4显示，内地西藏班学生在民族认同、国家认同、清楚自己的优点、正确对待失败四个方面均获得了较高的分数，其均值分别为3.83分、3.30分、3.69分、3.48分，均超过3分。这表明，内地西藏班学生不仅能在宏观层面认识自己的民族、认识自己的国家，而且能在微观层面清楚自己的优点，在遇到失败和挫折时能正确处理，对自己有着清晰的认识。总之，调查结果显示，内地西藏班学生在"学会认识自己"上同样有着良好的表现。

表6-4　内地西藏班学生学会认识自己的情况统计

	均值	标准差
民族认同	3.83	0.241
国家认同	3.30	0.484
清楚自己的优点	3.69	0.887
正确对待失败	3.48	0.976

在上述四个方面中，"民族认同"和"国家认同"是最受关注的两项。下面围绕这两个方面具体进行讨论。

第一，这里的"民族认同"包括本民族认同和中华民族认同。围绕"民族认同"我们共设计了关于传承本民族文化的多选题1题和关于民族认同的单选题4题。在传承本民族文化方面，我们选取了藏民族文化最具有代表性的5项：能讲《格萨尔王传》的故事、看过藏戏、画过唐卡、编过卡垫、跳过锅庄。《格萨尔王传》是藏族人民在漫长历史发展过程中集体创作的一部英雄史诗和百科全书，有"东方的荷马史诗"之称，是藏族文化的典型代表和杰作。2009年，"格萨尔史诗传统"入选联合国教科文组织《人类非物质文化遗产代表作名录》。其他如藏戏、唐卡、卡垫、跳锅庄均是藏民族特色文化的代表，从不同角度呈现了藏民族的民族特色。

表6-5显示，在内地西藏班调查的992个样本学生中，有989个学生（3个缺失值）总共进行了2784次选择。其中，选择"能讲《格萨尔王

传》的故事"的有639人次，占总回答次数2784次的23.0%；选择"看过藏戏"的有859人次，占总回答次数的30.9%；选择"跳过锅庄"的有949人次，占总回答次数的34.1%；"画过唐卡"和"编过卡垫"分别占6.0%和6.1%。

表6-5　内地西藏班学生传承本民族文化情况统计

		人次	占比（%）	累计占比（%）
传承本民族文化	能讲《格萨尔王传》的故事	639	23.0	64.6
	看过藏戏	859	30.9	86.9
	画过唐卡	167	6.0	16.9
	编过卡垫	170	6.1	17.2
	跳过锅庄	949	34.1	96.0
总　计		2784	100.0	281.5

表6-5显示，在989个有效样本中，有64.6%的学生选择了"能讲《格萨尔王传》的故事"，选择"看过藏戏"的学生占86.9%，选择"跳过锅庄"的占96.0%，"画过唐卡"和"编过卡垫"的比例相对较低，分别为16.9%和17.2%。可见，内地西藏班学生在上述五项中的表现并不均衡，存在较大的差异。总体来看，"跳锅庄"是学生们表现最好的，在"画过唐卡"和"编过卡垫"两个方面还需要进一步加强。

同时，表6-6显示，内地西藏班学生有着强烈的民族认同感。他们同意"藏民族创造了优秀的文化，我们应继承和发扬"的比例为92.9%，如果将"比较同意"与"同意"合并，则同意的比例高达98%；同理，同意"无论何时我均会自豪地表明自己的藏族身份"的比例高达94.5%，同意"藏族人磕长头、转经轮等宗教行为可以理解和接受"的比例高达92.1%，同意"我是藏民族的一员，更是中华民族的一员"的比例高达97.6%。该群体在上述四项中的认同比例均在90%以上，最高达98%。这表明，内地西藏班学生在异文化背景的内地接受教育后，学生在比较中增强了民族自信，增强了对本民族的认同；在与不同民族交往过程中，增强了民族间的理解和信任，增强了对中华民族的认同。"56个民族是一家"的思想更深入人心。

表6-6 内地西藏班学生民族认同结果统计

单位：%

	不同意	不太同意	不确定	比较同意	同意
26. 藏民族创造了优秀的文化，我们应继承和发扬	0.6	0.4	0.9	5.1	92.9
27. 无论何时我均会自豪地表明自己的藏族身份	1.2	1.1	3.2	6.9	87.6
28. 藏族人磕长头、转经轮等宗教行为可以理解和接受	1.5	2.0	4.3	12.5	79.6
29. 我是藏民族的一员，更是中华民族的一员	0.7	0.2	1.4	5.7	91.9

第二，在"国家认同"方面，我们参照上海市教育绿色指标体系设计了两道题，主要考查学生是否积极主动关心国家发生的重大事件。在"你会积极关注并与同学讨论这些国家大事吗"的回答中，超过2/3的学生表示会积极关注国家大事并主动与同学进行讨论交流，选择"会"的比例达73.3%（见表6-7）。这表明，大多数学生能在生活中积极关心国家大事，增强对国家大政方针政策的了解。内地西藏班的每个教室都装有电视，个别学校还安装了大屏幕的电视机，组织学生定时收看新闻联播节目。当学生养成习惯后，即使周六的晚上不上课，很多同学仍愿意回到教室收看新闻联播节目。有些时候，老师还会通过班会或课前汇报的方式组织学生围绕当天新闻中的重大事件进行讨论和交流。

表6-7 内地西藏班学生个体关注国家大事的情况统计

	人次	占比（%）	有效占比（%）	累积占比（%）
不会	265	26.7	26.7	26.7
会	727	73.3	73.3	100.0

除了解学生个体对发生在生活中的国家大事关注程度外，研究还调查了该群体对国家大事的关注程度。表 6-8 显示，"几乎所有人"会参与讨论的比例为 41.3%，"大部分人"会参与讨论的比例为 23.7%，"约一半人"会参与讨论的占 10.3%。如果把这三项加起来，我们可以清晰地看到积极讨论国家大事的学生占 75.3%，即多数同学会积极关心国家大事，并将国家的发展融入自己的生活。"几乎没有人"的比例仅为 5.7%。可见，学生越是关心国家的重大事件，越有着较高的国家认同。

表 6-8 内地西藏班学生群体讨论国家大事的情况统计

	频次	占比（%）	有效占比（%）	累积占比（%）
几乎没有人	57	5.7	5.7	5.7
小部分	188	19.0	19.0	24.7
约一半人	102	10.3	10.3	35.0
大部分人	235	23.7	23.7	58.7
几乎所有人	410	41.3	41.3	100.0

（三）学会认识环境

学生除了认识自己外，还需要认识自己所生活的环境。这里的环境不仅包括自然环境，还包括社会环境；不仅包括西藏独特的自然和社会环境，还包括内地西藏班所在地的自然和社会环境。

考虑到这些学生在内地完成学业后，绝大多数会回到西藏各行各业中工作，我们重点关注西藏独特的自然环境和具有鲜明特征的民族文化两个方面，试图知晓学生对自己所处自然环境和社会环境的了解程度。这是因为，认识这一环境是他们在西藏贡献自己青春和热血的前提条件。否则，他们在内地学习的很多内容回到西藏后就会出现"水土不服"。

1972 年，《联合国人类环境会议宣言》提出"人类享有自然、平等和舒适的生活条件，有在尊严和舒适的环境中生活的基本权利。同时，负有为当代人类及其子孙后代保护和改善环境的庄严义务"[①]。保护环境的第一步便是认识环境。

不管我们身处何种环境，我们都必须在认识环境的基础上去适应环境。在环境中的任何人类活动首先依赖于对环境的清晰认识，了解环境的特征，并根据特征制定相应的发展政策和措施，这才能从根本上促进地区的持续发展。否则，随意照抄照搬、全面移植其他地区的经验做法，那就背离"从实际出发"的原则，其结果必然走向反面。在历史发展过程中，我们在这方面经历了太多的教训，也付出了沉重的代价。尤其是在西藏这样的独特的环境中，如果我们不了解西藏地区的自然环境和社会环境，总是用我们头脑中固定的思维模式去思考问题，就会出现"好心办坏事"的结果，这是一定要避免的。

调查发现，内地西藏班学生在认识自然环境方面的均值为 3.74 分，在认识社会环境方面的均值为 3.95 分（见表 6-9），均超过 3 分，处于中等偏上水平。多数学生能意识到西藏环境的独特性，能通过列举生活中的很多事例来证明，表明学生从内心真正意识到了这种环境的特殊性。同时，他们也能在很大程度上理解生活这一特殊自然环境中的人类活动的特征，能理解西藏这一环境中的先民们创造出来的与环境相适应的藏文化。一旦学生认识了自己脚下的环境，当他们从内地学成回到西藏贡献自己的力量时，他们便会从实际情况出发积极探索与之相应的各种行动，从而推动西藏的可持续发展。随着西藏发展进入新的历史时期，西藏的发展道路越来越清晰，那就是要走一条有"中国特色、西藏特点"的发展之路。这里的"中国特色、西藏特点"在本质上是认识西藏环境并合理科学利用西藏环境的表现。

表 6-9 内地西藏班学生学会认识环境结果统计

	题数	极小值	极大值	均值	标准差
自然环境特殊性	1	1	5	3.74	0.969
热爱民族文化	4	4	20	3.95	0.371

[①] 方世南：《马克思环境思想与环境友好型社会研究》，三联书店，2014，第 369 页。

小　结

表 6 - 10 显示，内地西藏班学生在"学会认知"方面的均值为 3.74
分。其中，在学会学习方面的均值为 4.08 分，在学会认识自己方面的均值
为 4.26 分，但在学会认识环境方面的均值略低于中位数水平，为 2.88 分。
这表明，内地西藏班学生在学会认知方面的整体水平处于中上水平，但在
学会学习、学会认识自己、学会认识环境这三个方面并不均衡，前两者较
高，后者较低。今后，内地西藏班学生在学会认识环境方面的教育还有待
加强，进一步提高学生在认识环境方面的能力。

表 6 - 10　内地西藏班学生学会认知的成效分析

	均值	标准差
学会认知	3.74	0.329
学会学习	4.08	0.616
学会认识自己	4.26	0.373
学会认识环境	2.88	0.361

二　教育成效之二：学会做事

"学会做事"是联合国教科文组织提出的未来教育又一重要支柱，并
强调与学会认知在很大程度上是不可分的。

随着社会的不断变革，教育越来越要求培养学生学会做事的能力，要
求教会学生如何实践他所学的知识，要求与学生未来的工作相适应。学生
未来的工作能力取决于它们能否把知识的进步转化为能开创新企业和新的
就业机会的革新。因此，已经不能再像过去那样简单地理解学会做事的含
义就是为了培养某人去从事某一特定的具体工作，使他参加生产某种东
西。学习应有相应的发展变化，不能再被看作单纯地传授多少有些重复不
变的实践方法，即使这些方法仍具有一定的不应忽略的教育作用。[1]

---

[1] 联合国教科文组织编《教育——财富蕴藏其中》（第 2 版），联合国教科文组织总部中文
科译，教育科学出版社，2014，第 52 页。

　　这就需要教育对学会做事进行与时俱进的理解，并对教育的内容与方法、手段等适时进行调整，从而培养学生学会做事所需要的能力和素质。

　　未来社会到底需要哪些能力和素质？这主要依赖于未来社会所具有的特点，尤其是区别于传统社会的特点。未来是一个高度技术化的社会，各种经济活动中的"非物质化"特点越来越明显，即未来的很多行业尤其是服务行业关心的重点不再是生产具体的物质产品，而是在生产这些物质产品中处理人际关系的能力。联合国教科文组织在报告中进一步指出，未来经济社会发展中，"能力"概念将超越传统的"资格"概念，并越来越要求人们把资格、社会行为、协作能力、首创能力和冒险精神结合在一起。除此之外，还要求被视为变革参与者的劳动者将知识和实际本领结合在一起，共同构成所需要的能力，而这种能力应由教育来加以维持。在这些能力中，个人交往能力、与他人共事的能力、管理和解决冲突的能力等极其重要，并在很大程度上决定着一个人在未来社会中的工作能力和社会地位。[①]

　　此后，不断有学者围绕"学会做事"进行深入的讨论，并对"学会做事"从多个角度和层面进行了界定。有学者认为"学会做事"既有传统意义上的掌握某种劳动技能的含义，又有培养人的综合能力之意。具体而言，学会做事主要包括学习掌握智力技能、行为技能以及处理人际关系、解决人际矛盾等能力。[②] 还有学者认为"学会做事"实际上包括"做正确事"和"正确做事"两个方面。"做正确事"属人生观、价值观范畴，"正确做事"属方法论范畴。如何才能"正确做事"？既要培养学生的创新精神和探究问题、独立思考的能力，又要有良好的心态，能有效地与他人进行沟通，团结协作，善于交流，有良好的人际关系等。[③]

---

① 联合国教科文组织编《教育——财富蕴藏其中》（第 2 版），联合国教科文组织总部中文科译，教育科学出版社，2014，第 53 页。

② 林森：《教育走向改变：加拿大中小学素质教育面面观》，吉林大学出版社，2012，第 8 页。

③ 中国国情研究会编《中国国情研究报告 2002》，当代中国出版社，2002，第 262 页。

未来社会的变革将对学习产生深远影响，在很大程度上引领教育的变革。这就迫使人们必须培养提高人的那些不一定是由传统教育反复灌输的那些素质，这些素质与人与人之间建立稳定而有效的关系的能力是相一致的。① 现代教育必须教会学生学会做事，为学生未来能很好地胜任工作做好准备。

为此，结合相关文献和专家意见，我们把学会做事细化为协作能力、自我管理能力、解决冲突能力、沟通能力、判断能力、知识运用能力等六个方面，试图搭建起学会做事所需能力的基本框架，也为我们评价内地西藏班学生在学会做事方面的成效提供积极的参考。

（一） 协作能力

未来社会决定了多数事情不是仅仅凭个人的力量可以完成的，而是需要不同个体间相互协作、共同完成一项工作。"协作能力"是"学会做事"的重要组成部分。诺贝尔奖获得者杨振宁教授曾在多个场合的讲话中指出："如果说在过去还有可能一人独立完成诺贝尔奖项工作的话，那么，进入信息社会以来，没有人们的共同参与、相互合作，任何重大发明创造都是不可能的。"教会学生积极与他人合作，并在合作中不断提高自己与他人的协作能力，将是今后教育面临的全新课题。② 积极与他人协作是学会做事的重要表现。

结合学生的实际情况，我们将协作能力细分为"积极参加学校集体活动""自愿与其他成员合作互助""积极为团队献计献策""当发现别人的缺点时，我能容忍并提出建议"四个方面。教育应积极鼓励学生参加集体活动，并引导学生在活动中主动与不同文化背景的同学相互协作，不断强化协作意识。这是培养学生协作意识与责任感的重要渠道。同时，教育还应积极鼓励学生在集体活动中献计献策，并以为集体提意见和建议的方式来培养学生的协作意识。当然，在协作中，

---

① 联合国教科文组织编《教育——财富蕴藏其中》（第 2 版），联合国教科文组织总部中文科译，教育科学出版社，2014，第 54 页。

② 中国国情研究会编《中国国情研究报告 2002》，当代中国出版社，2002，第 262 页。

不可避免地会面对其他成员的缺点。教育还应教会学生学会包容其他成员的缺点，并养成相互包容的积极心理，为协作做事建立起良好的心理基础。

当前，内地西藏班办学有两种模式。一是集中办学，将来自西藏的学生集中在一个学校学习。这种模式的学生构成相对单一，以藏族为主。二是散插班办学，将来自西藏的学生分散插入内地学校的常规班级中。这种模式的学生构成与前者截然不同，藏族或来自西藏的其他民族是少数，以汉族学生为主。但无论哪种模式，内地西藏班学生均面临与不同背景、不同民族的同学进行交往的情况。可见，培养他们的协作能力本身就是增强民族间互利互信、增强民族团结的重要内容，更是内地西藏班教育成效的重要内容。

表 6 – 11 显示，内地西藏班学生的协作能力均值为 3.71 分，高于中等水平，属于中等偏上水平。

表 6 – 11　内地西藏班学生协作能力得分情况统计

	极小值	极大值	均值	标准差
协作能力	1	5	3.71	0.756

具体来讲，学生在协作能力四个方面的表现是积极的。表 6 – 12 显示，学生在"从不"选项上的比例均很低，除在"当发现别人的缺点时，我能容忍并提出建议"方面超过 1% 达 2.6% 以外，其他三个方面均在 1% 左右，即只有 1% 左右的人"从不"积极参加学校集体活动、"从不"自愿与他人合作、"从不"为团队献策，其余约 99% 的人均能在这三个方面表现出较强的协作能力。如果把"常常"和"总是"两项进行合并，我们发现，内地西藏班学生在这四个方面的表现较好，分别占 56.3%、67.6%、60.3%、49.6%。可见，内地西藏班有差不多超过一半的学生在协作能力方面取得了较好的教育成效，在"自愿与其他成员合作互助"和"积极为团队献计献策"两个方面选择"常常"和"总是"的比例还超过了 2/3。

表 6 – 12　内地西藏班学生协作能力具体表现情况统计

单位：%

	从不	很少	有时	常常	总是
积极参加学校集体活动	1.0	11.9	30.7	29.2	27.1
自愿与其他成员合作互助	1.0	5.9	25.5	35.9	31.7
积极为团队献计献策	1.1	8.4	30.2	34.0	26.3
当发现别人的缺点时，我能容忍并提出建议	2.6	13.5	34.3	31.4	18.2

（二）自我管理能力

自我管理能力（self-management competency）看似属于管理学范畴，多用于讨论成年人的成长和就业等话题，更是讨论雇主用人标准时不可回避的重要话题。人们就如何培养学生的自我管理能力达成了共识——通过教育来实现。在现代社会，由于知识的激增、教育周期的延长，学生的主要时间和精力都花在了接受教育和学习上。这就更需要教会学生管理好自己的学习与日常生活，引导学生从日益繁忙的学习中跳出来，通过管理来提高自己的学习效率，增强对生活的信心，从而不断培养自我管理能力。可以说，教育是形成学生自我管理能力的主要因素，形成学生自我管理能力的关键在于教育。[1] 内地西藏班学生正处于人生成长的关键时期，且远离父母的指导和帮助，他们更需要学会在陌生的环境里自我管理自己的生活和学习，以保障其在内地这一环境中得到健康、全面的发展。

目前，学术界对自我管理能力的界定还没有统一的、标准的概念。但多数研究者认为，自我管理能力主要包括四个方面：诚实正直的品德和合乎道德标准的行为；个人驱动力和适应能力；平衡工作和生活；自我意识和发展（见表 6 – 13）。另有学者提出自我管理能力应当包括对自己优点和缺点的评价能力，制定、实现自己工作、生活目标的能力，对工作和生活进行平衡调节的能力，对时间、压力的管理能力等。[2]

---

[1]　王德清：《课堂教学管理学》，西南师范大学出版社，2009，第 279 页。

[2]　张一纯、王蕴、陈葵晞：《组织行为学》（第 3 版），清华大学出版社，2014，第 13 页。

表 6 – 13　自我管理能力内容要点

诚实正直的品德和合乎道德标准的行为
● 具有清晰的个人标准，这是保持诚实正直的品德和合乎道德标准的行为的基础
● 勇于承认错误
● 为自己的行为负责
个人驱动力和适应能力
● 主动承担责任，并且有激情和动力完成既定目标
● 勤奋努力，保证完成工作
● 在困难面前和接连失败后仍然坚持不懈
平衡工作和生活
● 找到工作和生活平衡点，不忽视生命的任何一方面
● 保持精神和身体健康，用积极的方法发泄挫折感，减轻压力
● 正确评价和建立生活与工作的目标
自我意识和发展
● 有明确的个人和事业目标
● 善于利用自己的长处取得进步或者弥补自己的不足
● 分析工作和生活经验，并从中吸取教训

　　资料来源：参见丹·海瑞格尔、苏珊·E. 杰克逊、小约翰·W. 斯洛卡姆《管理学：基于能力的方法》（第10版），杨振凯、李庚等译，清华大学出版社，2009，第24页。

　　尽管自我管理能力的内涵与外延还没有达到一致，但这丝毫不影响整个社会对自我管理能力的高度重视。自我管理能力已被视为一种广泛意义上的人力资本，并明显区别于物质资本：人可以管理控制自己，但是机器不能自我控制。将自我管理能力纳入人力资本的范畴，表明自我管理能力已是人力资本的重要组成部分，不仅会影响个体的经济和社会地位，还会影响整个社会经济及其多个方面的发展。12 个 OECD 成员国曾经定义了他们认为在工作、家庭和团体生活各方面都比较重要的能力。在这些能力中，所有的国家都把"学习能力/终身学习"和"自我胜任/自我管理能力"看成最重要的，并指出后者主要包括"为自己确定目标，为自定目标制定计划并实施，克服困难并调整重新确定目标"。这有助于解释教育的更广泛的（非经济）效益，有助于更广泛地解释教育产出。[1] 马云曾在淘宝 10 周年庆典的

---

① 范文曜、谢维和：《教育政策分析2002》，教育科学出版社，2006，第128页。

讲话中指出："21 世纪的价值观是自我管理。20 世纪是我管理别人的能力，这个世纪是自我管理的能力。在知识经济时代，我坚信是自己管理自己的能力最重要。"① 无独有偶，香港著名实业家李嘉诚在一次关于"怎样使孩子成为一个好的管理者"的演讲中也强调，教育孩子的首要任务是自我管理，在变化万千的世界中，帮助孩子发现自己是谁、了解自己要成为什么模样、积极建立个人尊严等②，这对一个人的发展至关重要。

事实上，世界大多数国家的教育也非常重视学生自我管理能力的培养。美国向来重视孩子自我管理能力的培养，并将自我管理能力细化为具备生活自理能力、计划执行力、情绪自制力、耐力等，这些能力可以提高孩子的自我管理力。③ 所以我们会发现，世界上多数发达国家，即使在幼儿园阶段，学校老师也会通过各种手段来培养孩子的自我管理能力，从而培养学生的领导能力和组织能力。到了中学以后，学校教育不仅通过课堂，还积极在课堂之外通过各种各样的活动来不断训练学生的自我管理能力。很多公益性社团和组织甚至专门成立"领导力"或"自我管理能力"俱乐部，为青年人提供机会和实践，培养学生的自我管理能力。韩国创立的"五维全面教育法"也将自我管理能力放在重要的位置，以使受教育的人通过有效地利用时间的训练来提高生活效率。"五维全面教育法"强调，不会自己管理自己的人是没有实际能力的人。因为缺少自我管理能力的人是节制不了生活的，而不会节制生活的人是做不出什么贡献的。只有具备自我管理能力的人，才能节制生活并做出贡献，才能驾驭自己的命运。因此，具备自我管理能力是一个十分重要的因素。具备自我管理能力的人，才具有有所成就的力量。④ 我国教育名师魏书生也曾在教学中高度重视学生自我管理能力的培养，培养学生的自我教育能力和自学能力，并采用四种方法，即自我控制、整体控制、制度控制与等级控制⑤来实现。

---

① 朱甫：《马云口述：我的管理哲学》，海天出版社，2014，第 175 页。
② 刘燕敏：《素质教育在美国》，黑龙江科学技术出版社，2013，第 123 页。
③ 刘燕敏：《素质教育在美国》，黑龙江科学技术出版社，2013，第 122 页。
④ 元东渊：《五维全面教育法：培养 21 世纪全面发展人才》，周沛校，科学技术文献出版社，1999，第 54 页。
⑤ 王玉琛：《魏书生教育思想研究》，辽宁教育出版社，1995，第 203 页。

内地西藏班学校针对学生的实际情况，也积极采取了多种措施来培养学生的自我管理能力。为便于讨论，我们结合文献和专家的意见，这里重点从"我能管理好自己的学习计划""能管理好自己的生活""遇到失败、挫折时我能冷静对待"三个方面来考察内地西藏班学生的自我管理能力，考察学生在学习、生活、情绪方面的管理能力。表6-14显示，内地西藏班学生在自我管理能力上的均值为3.74分，高于中等水平，属于中等偏上水平。

表6-14　内地西藏班学生自我管理能力得分情况统计

	极小值	极大值	均值	标准差
自我管理能力	1	5	3.74	0.754

具体来看，内地西藏班学生在"我能管理好自己的学习计划"项上选择"常常"和"总是"的比例分别为29.1%和18.1%，合计占47.2%，接近一半；在"能管理好自己的生活"项上选择"常常"和"总是"的比例分别为36.6%和38.0%，合计占74.6%，差不多3/4的内地西藏班学生能在没有父母监督的情况下管理好自己的生活；在"遇到失败、挫折时我能冷静对待"项上选择"常常"和"总是"的比例分别为34.8%和23.5%，合计占58.3%，说明超过一半的学生能在遭遇挫折和失败时冷静地应对，能较好地控制自己的情绪（见表6-15）。

表6-15　内地西藏班学生自我管理能力具体表现情况统计

单位:%

	从不	很少	有时	常常	总是
我能管理好自己的学习计划	1.4	15.6	35.7	29.1	18.1
能管理好自己的生活	0.6	4.8	20.0	36.6	38.0
遇到失败、挫折时我能冷静对待	1.6	9.1	31.0	34.8	23.5

（三）解决冲突能力

在"世界是平的"时代，不同国家、不同民族、不同文化之间的交流越来越频繁。

但是，这种频繁的交流必然会让人经常面临因文化、种族等多种因素而产生的冲突，影响人与人之间、国与国之间的关系，影响人类社会的和谐发展。跨文化研究结果表明，在跨文化社会里，避免冲突的关键是要具有有效沟通的能力和解决冲突的能力。具备这样的能力，就可以在生活和工作中将冲突最小化甚至化解冲突，建立起一种平等与尊重的合作关系，形成一种和睦相处、团结友好的氛围。① 可见，教会学生正确解决各种冲突，有利于推动世界的和平。

事实表明，学校积极开展解决冲突能力培养的教育取得了明显的成效。美国约翰森教授及其同事曾对美国中学冲突教育效果的研究显示：在经过创造性冲突解决和同辈协调活动以后，参与此类活动的学生中有88%的人能够找出3种以上和平解决冲突的方式，而没有参与的却只有1%的学生能够做到这一点；同时，参与活动的学生中有50%的人能选择谈判与合作的方式解决所面临的冲突，而未参与活动的学生中只有不到1%能这样做。关于小学阶段的活动效果调查也得出了相似的结论：参与到创造性冲突解决与同辈协商的小学生更倾向于通过"商量"来降低冲突水平或解决冲突，愿意帮助同伴化解冲突，而且嘲笑同伴、绰号侮辱同伴等行为也明显减少。② 其他相关研究也证明，学校开展此类教育，不仅极大地减少了校园内的暴力行为，校园氛围明显改善，冲突和惩罚行为明显减少。③

内地西藏班学生到内地学习后必然会与不同民族、不同地区的学生进行交流，受文化和环境等因素影响，冲突在所难免。内地西藏班学生今后要回到西藏，积极参与西藏的经济与社会发展建设，他们解决冲突的能力直接影响西藏的发展。积极培养内地西藏班学生解决冲突的能力，有利于

---

① 边文霞、赵丽红：《有效沟通，缔造非凡人际关系的能力》，机械工业出版社，2014，第229页。

② David W. Johnson & Roger T. Johnson, "Implementing the Teaching Students to be Peacemakers Program," *Theory into Practice*, 2004, 43 (1), pp. 68 – 79.

③ 王正青：《社会冲突中的和平教育：学校层面的目标与策略》，人民出版社，2014，第222页。

帮助他们树立包容的价值观，并在教育实践活动中教会学生正确处理冲突的方法，不断提高学生解决冲突的能力。

　　解决冲突的能力体现在多个方面。结合文献和学生的实际情况，我们重点从"能倾听别人的批评""我错误时能主动向对方道歉""会想办法处理冲突"三个方面进行讨论。"能倾听别人的批评"，表明一个人具有包容的心态。在面对别人的批评时，最容易因不能接受批评而与对方产生直接或间接的冲突。能主动向对方道歉，表明一个人具有可以包容别人的行为；当自己有错时，主动向对方道歉本身就是一种化解冲突的有效方式。"会想办法处理冲突"，实际上已变成一种处理冲突的能力。在生活中或工作中，当我们面对冲突时，能积极主动想办法处理冲突，就能在很大程度上化解冲突。这三个方面从不同角度体现了一个人处理冲突的基本能力。

　　表6－16显示，内地西藏班学生在解决冲突能力项上的均值为3.84分，高于中等水平，属于中等偏上水平。这表明，他们虽然在异文化环境中学习，但具有较好的解决冲突的能力。

表6－16　内地西藏班学生解决冲突能力得分情况统计

	极小值	极大值	均值	标准差
解决冲突能力	1	5	3.84	0.750

　　具体而言，内地西藏班学生在"能倾听别人的批评"项上选择"常常"和"总是"的比例分别为38.3%和30.9%，合计占69.2%，近7成学生能积极倾听他人批评；在"我错误时能主动向对方道歉"项上选择"常常"和"总是"的比例分别为30.5%和37.1%，合计占67.6%；在"会想办法处理冲突"项上选择"常常"和"总是"的比例分别为32.5%和23.2%，合计占55.7%，超过一半。可见，内地西藏班学生在上述三个方面表现都比较好。不过，学生在"会想办法处理冲突"项上的比例相对前两项较低。教会学生在遇到冲突时自觉想办法化解冲突还需要继续努力。

表 6 – 17　内地西藏班学生解决冲突的能力具体表现情况统计

单位：%

	从不	很少	有时	常常	总是
能倾听别人的批评	0.9	4.7	25.1	38.3	30.9
我错误时能主动向对方道歉	1.7	6.1	24.5	30.5	37.1
会想办法处理冲突	2.9	10.5	30.9	32.5	23.2

（四）　沟通能力

沟通能力与解决冲突的能力紧密相关。当我们遇到冲突时，如果能很好地进行沟通，冲突就可以减小或避免。如果我们具有较好的沟通能力，在工作和生活中就会较少遇到冲突。可见，沟通是解决一切问题和冲突的良药，不仅能有效化解矛盾、创造和谐，而且能增进团体的凝聚力，对个体或团体均具有较大的益处。

随着国际交流的不断加强，每个个体工作和生活不再局限于过去那种狭小的时间和空间，而是可能会与来自不同国家、不同民族、不同文化背景、不同宗教信仰的群体共事。在这样的背景下，加强沟通尤其是跨文化沟通能力就显得异常重要。很多跨国组织或企业在选人用人时均会将跨文化沟通能力作为一项必备内容加以培训，以提升员工的跨文化沟通能力。研究指出，跨文化沟通能力是指在思维和行动中能够领会并尊重各种文化差异。除了拥有其他许多能力之外，文化层面的沟通能手还必须对文化差异保持高度敏感，并努力从不同角度去理解世界。[①]

事实上，内地西藏班学生在内地的学习就是从一种文化背景到另一种文化背景的适应性学习活动。培养学生的跨文化沟通能力，有助于学生尽快适应内地的环境，并在这一新的文化环境中健康快乐地成长。与此同时，伴随西藏的不断开放，西藏与周边地区的交往越来越频繁，内地西藏班学生将不仅面临不同民族文化间的差异，而且还会面临不同国家、不同种族、不同自然环境和社会环境、不同宗教信仰等多方面的差异。无论是

---

① 卢卡斯：《演讲的艺术》（第 10 版），顾秋蓓译，外语教学与研究出版社，2014，第 6 页。

前者还是后者，均要求他们需要具备跨文化的沟通能力。实践证明，主动接受跨文化的教育培训是防止和解决冲突的有效途径。通过跨文化教育，学生既可以学习到不同文化背景下的、政治、经济、历史、地理、音乐、艺术等方面的知识，还可以深层次地了解不同文化中的风俗习惯、行为举止、价值观念、道德规范和社交准则等；既能从理论上使自己得到全方位的知识提升，又可以在实践中防止和减轻因"文化冲突"而形成的人际关系压力，从而提升个体的沟通能力。① 当内地西藏班学生这一群体的沟通能力提高后，他们便能很好地在工作与生活中与不同文化背景的人合作共事，更有利于他们将内地学习的成果用于西藏自身的发展。

不仅如此，传播学学者布兰特·博利森（Brant Burleson）和温蒂·萨姆特（Wendy Samter）认为以下人际沟通技巧对于发展和保持人际关系十分重要：会话技巧（开始、保持、结束令人愉快的对话的能力）；咨询技巧（清楚地传达信息的能力）；自我支持技巧（让他人自我感觉良好的能力）；安抚技巧（当他人感到沮丧、悲伤、难过时安慰他人的能力）；叙述技巧（用故事、八卦或其他事情娱乐他人的能力）；说服技巧（改变他人想法和行为的能力）；管理技巧（帮助违反规则的人有效改正错误的能力）。② 内地西藏班作为一种特殊的教育，更应结合学生的实际情况采取多种措施积极开展沟通能力教育，不断提升学生的沟通能力尤其是跨文化沟通能力。

尽管沟通能力涉及多个方面，一些研究甚至设计了沟通能力的测评体系，但这主要是针对成人而设计的，多用于研究成人的工作能力等相关话题。从内地西藏班实际情况来看，考察他们的沟通能力主要从"积极与陌生人相处""能听取不同意见""有矛盾时主动沟通""能快速适应新的人际关系环境""人际关系满意度"五个方面进行讨论。这主要基于两个方面：一是内地西藏班学生的年龄特点及其心理特点；二是内地西藏班学生从西藏来到内地后前后环境形成的差异。

---

① 孙时进、卢会志：《管理心理学》（第 2 版），立信会计出版社，2013，第 154 页。
② 瑟勒、贝尔、梅泽：《沟通力》（第 9 版），丁郡瑜、赵宇、杨亚杰译，机械工业出版社，2014，第 382 页。

表 6－18 显示，内地西藏班学生的沟通能力均值为 3.55 分，属于中等偏上水平。

表 6－18　内地西藏班学生沟通能力得分情况统计

	极小值	极大值	均值	标准差
沟通能力	1	5	3.55	0.642

具体来讲，在"积极与陌生人相处"项上选取"常常"和"总是"的比例分别是 14.5% 和 8.7%，合计约占 1/3。这表明内地西藏班学生无论是由于年龄还是文化背景的差异，他们在与陌生人相处时还存在一些障碍，主动交往的比例并不高。选择"从不"和"很少"的比例分别高达 18.6% 和 32.4%，即超过一半的学生在陌生人面前显得有些怯场或是被动。但在"能听取不同意见"和"有矛盾时主动沟通"两项上情况要好得多。前者选取"常常"和"总是"的比例分别是 34.6% 和 21.9%，合计占 56.5%；后者的比例分别为 28.3% 和 20.2%，合计占 48.5%，近一半学生能在有矛盾时主动沟通（见表 6－19）。

表 6－19　内地西藏班学生沟通能力表现情况统计

单位：%

	从不	很少	有时	常常	总是
积极与陌生人相处	18.6	32.4	25.8	14.5	8.7
能听取不同意见	1.9	8.7	33.0	34.6	21.9
有矛盾时主动沟通	2.9	17.0	31.6	28.3	20.2

同时，内地学校环境对这些来自西藏的学生而言是陌生和有差异的，尤其是人际关系环境与小学阶段有着较大的差异。当他们来到新的环境中，在学校教育的引导和帮助下，大多数学生能很快地适应人际关系。表 6－20 显示，内地西藏班学生能"适应"和"很快适应"的比例分别为 47.8% 和 34.9%，合计占 82.7%。有超过 80% 的学生能适应内地学校的人际关系，积极主动地与不同民族、不同地区的人进行交往。

表 6 – 20　内地西藏班学生人际关系环境适应情况统计

		人次	占比（%）	有效占比（%）	累积占比（%）
适应人际关系环境	不适应	11	1.1	1.1	1.1
	适应较慢	127	12.8	12.8	13.9
	不确定	34	3.4	3.4	17.3
	适应	474	47.8	47.8	65.1
	很快适应	346	34.9	34.9	100.0
	合计	992	100.0	100.0	

结合表 6 – 21 可进一步发现，正是由于学生能适应内地学校人际关系环境，他们在人与人沟通方面并不存在困难或障碍，而是能积极地与生活中的不同人群进行沟通。内地西藏班学生对自己的人际关系满意度较高，选择"比较符合"和"符合"的比例分别为 40.7% 和 36.6%，合计占 77.3%。尽管他们在生活中会遭遇文化不适应的情况，要学会与不同民族的师生或其他人交往，但仍有超过 3/4 的学生对自己的人际关系表示满意。

表 6 – 21　内地西藏班学生人际关系满意度情况统计

		人次	占比（%）	有效占比（%）	累积占比（%）
对自己在班上的人际关系满意	不符合	34	3.4	3.4	3.4
	不太符合	69	7.0	7.0	10.4
	不确定	122	12.3	12.3	22.7
	比较符合	404	40.7	40.7	63.4
	符合	363	36.6	36.6	100.0
	合计	992	100.0	100.0	

（五）判断能力

表 6 – 22 显示，内地西藏班学生判断能力均值为 3.66 分，属于中等偏上水平。

表 6 – 22　内地西藏班学生判断能力得分情况统计

	极小值	极大值	均值	标准差
判断能力	1	5	3.66	0.741

表 6 - 23 显示，内地西藏班学生的判断能力具体表现为：在"我能果断处理生活中的事情"项上选择"比较符合"和"符合"的比例分别为 42.2% 和 22.7%，合计占 64.9%，即近 7 成的学生能在生活中果断处理相关事情，基本养成了做事果断的习惯；在"我总是相信自己的决定"项上选择"比较符合"和"符合"的比例分别为 33.2% 和 22.2%，合计占 55.4%；在"即使有人反对，只要我认为是正确的我就会坚持"项上选择"比较符合"和"符合"的比例分别为 32.2% 和 23.8%，合计占 56%；在"有勤于思考的习惯"项上选择"比较符合"和"符合"的比例分别为 36.1% 和 22.4%，合计占 58.5%。可见，内地西藏班学生的判断能力总体较好，在上述四个方面的"比较符合"和"符合"两项之和均超过一半。

表 6 - 23　内地西藏班学生判断能力具体表现情况统计

单位：%

	不符合	不太符合	不确定	比较符合	符合
我能果断处理生活中的事情	1.3	6.9	26.9	42.2	22.7
我总是相信自己的决定	2.5	9.8	32.4	33.2	22.2
即使有人反对，只要我认为是正确的我就会坚持	4.8	13.6	25.6	32.2	23.8
有勤于思考的习惯	2.2	11.1	28.2	36.1	22.4

（六）　知识运用能力

教育成效虽然体现在不同方面，但说到底是让学生将学习的知识运用于实践，运用于自己的生活和工作，促进个人自身的健康发展和社会的发展。换句话说，教育应重在培养学生知识运用的能力，教会学生"学以致用"。否则，无论学得再多、学得再好，也是没有益处的。内地西藏班的成效自然包括学生的知识运用能力，或者更看重这一点，因为他们中的多数还将回到西藏，服务于西藏的社会各方面事业的发展。

"学以致用"的思想很早就为我国先辈提出，主要鼓励人们应将所学知识很好地运用于生活实践。《论语·子路第十三》载："诵《诗》三百，授之以政，不达；使于四方，不能专对；虽多，亦奚以为？"翻译过来的意思是："熟读《诗》三百篇，派他从政做官，却不会处理政务；派他当外交使节，却不能独立地办理外事交涉；书读得再多，又有什么用？"① 在这里，孔子就以通俗易懂的事例说明学习的目的在于运用，且要活学活用；学了不会用，等于没学或白学。"学以致用"虽不是孔子直接提出来的，但可以说孔子的整个思想皆有"学以致用"的特点。他在道德方面强调"修己以敬人""修己以安人"，都表明给老百姓与国君带来好处才是最终目的。后来提出的"修身、齐家、治国、平天下"的逻辑，真的表明孔子希望人人都能在生活中"学以致用"。②《荀子·儒效》记载："不闻不若闻之，闻之不若见之，见之不若知之，知之不若行之。学至于行之而止矣。行之，明也……故闻之而不见，虽博必谬；见之而不知，虽识必妄；知之而不行，虽敦必困。"意思是说"没有听到不如听到，听到不如见到，见到不如理解，理解不如实行。学习到了实践运用也就达到了终极目标……所以听到了而没有见到，即使听到了很多，也必然有谬误；见到了而不理解，即使记住了，也必然虚妄；理解了而不实行，即使知识丰富，也必然会陷入困境"。③"学以致用"的思想对后来历朝历代的人们影响深远。明代著名哲学家王阳明就曾提出"知行合一"说，强调"知是认识，行是实践，知行合一即是认识与实践的统一。实践是认识的基础，又是判断认识正确与否的标准。学习知识是为了更好地利用知识，如果有知识却不知道如何运用到实际的生活中，那么拥有的知识就是死的知识，不但没有益处，有时还可能有害"。④ 宋代著名诗人陆游用诗句"纸上得来终觉浅，绝知此事要躬行"也表达了知行合一这一朴素的道理。

如何引导人们将所学知识运用于实践？如何培养学生的知识运用能力？许多教育家对此提出了相应的观点。比较著名的是杜威及其学生陶行知先生。

杜威针对当时教育只重知识不重实践、脱离学生和社会实际、满堂灌等问题，提出了"从做中学"的教育观点，旨在引导教育从教学思想和教

---

① 薛金学：《〈论语〉之道》，山东人民出版社，2014，第242页。
② 黄文莱：《中国名人大传·孔子传》，北京联合出版公司，2013，第23页。
③ 安继民：《荀子》，中州古籍出版社，2006，第100页。
④ 梁素娟：《〈挺经〉中的修身成事智慧》，中国纺织出版社，2014，第115页。

育方法上进行改革和创新。杜威鼓励学校教育积极引导学生走出教室，参与生活中的各种实践，并通过实践活动来识记、体验、理解知识。① 引导学生"从做中学"是一种面向未来的教育，旨在帮助学生在实践中增强对知识的理解和运用。

后来，陶行知先生在吸收其老师杜威"从做中学"的思想基础上，结合中国的实际提出了"教学做合一"的观点，并进一步强调"教""学"均以"做"为中心。具体而言，教的方法根据学的方法；学的方法根据做的方法。事怎样做便怎样学，怎样学便怎样教。教与学都以做为中心。在做上教的是先生，在做上学的是学生。在这个定义下，先生与学生失去了通常的严格的区别，在做上相教相学倒成了人生普遍的现象。② 陶行知也像他的老师杜威一样，不仅提出了新的教育观点，而且还创办学校并在自己创办的学校进行实践。陶行知的这些行动本身就是一个学以致用的榜样。同时，陶行知先生还专门对"做"字的定义进行了解释："在劳力上劳心。单纯的劳力，只是蛮干，不能算做；单纯的劳心，只是空想，也不能算做；真正的做，只是在劳力上劳心。我们做一件事便要想如何可以把这件事做好，如何运用书本、如何运用别人的经验、如何改造用得着的一切工具，使这件事做得最好。我们还要想到这事和别事的关系，想到这事和别事的相互影响。我们要从具体想到原理，从我相想到共想，从片断想到系统。"③ 在陶行知看来，将所学的知识不仅要积极运用于实践中，还要有思想、有创造地运用于实践，要取得积极的成效。

强调学生的知识运用能力，是今后教育发展的必然趋势，也是教育永远追求的主题。20世纪90年代以来，从各发达国家对调课程的总体设计和改革来看，各国的课程更加综合化，课程重心已转移到学生的知识运用能力和良好的思维习惯的培养上来。④

---

① 陈锋、王丹、曹莹等：《爱与自由：外国十大教育家经典教育理念》，北京大学出版社，2014，第177页。

② 陶行知：《陶行知全集》第2卷，湖南教育出版社，1985，第289页。

③ 陶行知：《陶行知全集》第5卷，湖南教育出版社，1985，第204页。

④ 王静：《世界发达国家基础教育课程改革的特点和趋势》，《外国中小学教育》2002年第2期，第1—4页。

结合内地西藏班学生的实际情况，我们重点从"我喜欢把书上学到的知识与我的生活联系起来""喜欢做课本中的小试验""曾经就我关心的话题做过调查"三个方面进行讨论。表 6-24 显示，内地西藏班学生在知识运用能力方面的得分均值为 3.57 分，属于中等偏上水平。

表 6-24　内地西藏班学生知识运用能力得分情况统计

	n	极小值	极大值	均值	标准差
知识运用能力	992	1	5	3.57	0.881

具体而言，内地西藏班学生在"我喜欢把书上学到的知识与我的生活联系起来"项上选择"比较符合"和"符合"的比例分别为 38.2% 和 31.3%，合计占 69.5%，近 7 成的人能积极主动将自己在课堂所学知识应用到生活中。比如，学生将在物理课堂上学习到的关于电的知识，运用到各种电器及其线路的检测，将数学知识运用于商店购物，将地理知识运用于规划自己的旅游计划等。更让人欣喜的是，由于内地西藏班经常会组织学生参加相关社会实践活动，给学生提供了更多的知识运用机会，他们对知识运用的体验、理解越深刻，越容易激发他们在课堂上的学习兴趣和积极性，二者相辅相成。在"喜欢做课本中的小试验"项上选择"比较符合"和"符合"的比例分别为 28.4% 和 23.3%，合计占 51.7%；在"曾经就我关心的话题做过调查"项上选择"比较符合"和"符合"的比例分别为 30.4% 和 20.6%，合计占 51%（见表 6-25）。

表 6-25　内地西藏班学生知识运用能力具体表现情况统计

单位:%

	不符合	不太符合	不确定	比较符合	符合
我喜欢把书上学到的知识与我的生活联系起来	1.8	7.6	21.2	38.2	31.3
喜欢做课本中的小试验	7.1	16.2	25.0	28.4	23.3
曾经就我关心的话题做过调查	10.5	13.7	24.8	30.4	20.6

小　结

综合来看，内地西藏班学生在学会做事方面的成效整体较好，均值为

3.68 分，高于中等水平。同时，构成学会做事的六个方面的均值均在 3.5 分以上（见表 6－26）。这表明，内地西藏班学生虽然孤身在异乡，但是在学校教育的引导下仍具有较强的学会做事能力。正是这样的环境，很好地培养了他们独立管理自己生活和学习的能力、自我处理各种困难的能力、学会与身边不同的人沟通与协作的能力等。

表 6－26　内地西藏班学生学会做事的成效分析

	n	极小值	极大值	均值	标准差
学会做事	992	1	5	3.68	0.542
协作能力	992	1	5	3.71	0.756
自我管理能力	992	1	5	3.74	0.754
解决冲突的能力	992	1	5	3.84	0.750
沟通能力	992	1	5	3.55	0.642
判断能力	992	1	5	3.66	0.741
知识运用能力	992	1	5	3.57	0.881

三　教育成效之三：学会共同生活

今天的世界并不太平，充满着竞争、偏见、敌对情绪甚至战争。迄今为止，教育并未能为改变这种状况做多少事情。于是，人们开始设想，能否设计出一种能使人们通过扩大对其他人及其文化和精神价值的认识，来避免冲突或以和平方式解决冲突的教育呢？联合国教科文组织正是基于这一设想，将"学会共同生活"列为未来教育的四大支柱之一，主张通过教育来引导人们在一种平等的氛围中进行接触和交往，着眼于共同的目标和计划，从而消除偏见和潜在的敌对情绪。教育似乎应该采取两种相互补充的方法。首先是逐步去发现他人；然后是在一生当中从事一些共同的计划，这似乎是避免或解决潜在冲突的一种有效方法。[1]

未来的世界是一个多元的世界，这是世界发展的必然趋势。积极开展多元文化教育，以引导人们学会共同生活，已成为共识。如何让学生在平

---

[1]　联合国教科文组织编《教育——财富蕴藏其中》，联合国教科文组织总部中文科译，教育科学出版社，1996，第 83 页。

等民主的基础上与他人合作，发挥同学间相互吸引、相互启发的教育作用，让学生在主动参与的活动中完成合作意识的内化与协作能力的提高，已成为摆在我们面前的全新课题。① 我国是一个多民族国家，而且与世界的交往正在不断增强，教育理应引导学生认识和理解人类的多样性，意识到这些多元文化的民族不仅在过去相互依存，今后仍将相互依存并长期存在下去。因此，未来的教育要为这个多元的世界做好准备，积极改革教育以引导学生学会共同生活，不断增强学生学会共同生活的能力。这主要包括教育要关涉多元民族文化的独特价值，要引入多民族与多元文化共存的理念，从而消除对少数民族及其文化的偏见，让国民能够在了解、认同本民族文化的基础上，平等地包容、理解、珍惜其他民族的文化，并从中吸取精华部分，促进不同民族间的相互了解与尊重，更好地理解并促进与其他文化间的交流与合作。②

内地西藏班特殊的办学模式，很好地契合了这一点。这些来自西藏的各民族学生在内地学习期间，不仅要学会各种相关知识，更要学会与不同民族进行友好沟通和交流，学会与不同文化背景的人共同生活。这也是内地西藏班办学的一项特殊使命，促进藏民族与其他民族之间相互了解，深刻理解费孝通先生提出的"中华民族多元一体"的思想，共同维护国家的统一。

联合国教科文组织认为，教育的使命是教学生懂得人类的多样性，同时还要教他们认识到地球上所有人之间既具有相似性，又是相互依存的。因此，从幼儿开始，学校就应抓住各种机会来进行这一双重教育。③ 通过这种教育，引导学生意识到自己生活的世界是一个多样性的世界，不同民族之间是有差异的，且有差异是正常的，要以欣赏和包容的心态积极主动地与不同的人群进行交往、合作，一起共同生活。

---

① 中国国情研究会编《中国国情研究报告 2002》，当代中国出版社，2002，第 262 页。
② 彭泽平：《变革与反思：改革开放以来我国基础教育课程改革研究》，电子科技大学出版社，2014，第 167 页。
③ 联合国教科文组织编《教育——财富蕴藏其中》，联合国教科文组织总部中文科译，教育科学出版社，1996，第 83 页。

当然，要做到这一点，重要的是发现他人的存在、他人的优点，并尊重、理解、欣赏他人。这也是自己得到他人尊重、理解和欣赏的前提条件。若人与人之间在相互交往过程中尽可能地接受对方的差异，很多偏见、误解甚至仇恨都会化解，有利于不同的人共同生活在一起。与此同时，还需要引导人们共同参与一些活动，在参与共同活动时把关注焦点放在共同的目标上，而不是彼此的差异上。经验表明，当人们为一些能使自己摆脱日常习惯、值得一做的项目共同努力时，人与人之间的分歧甚至是冲突就会逐步减弱，有时就消失了。从这些有助于人们超越个人陈规和突出共同点而不是不同点的项目中，能产生出一种新的鉴别方式。① 这种新的鉴别方式可以让不同的人在合作中始终重视求同存异，更有助于引导不同的人一起共同生活。

可见，教会内地西藏班学生从传统的封闭世界走出来，引导他们积极发现他人的优点，积极参与一些共同计划，与不同民族的人共同生活，是内地西藏班教育的重要内容。这主要包括引导学生"坚持生活方式多样性的观点""承认民族间差异的合理性""包容他民族的弱点""积极学习他民族的优秀文化""主动与他民族的同学交往""积极主动参与一些公益活动"。

表 6-27 显示，内地西藏班学生在学会共同生活项上，"发现他人"的均值得分为 4.53 分，"参与共同计划"的均值得分为 4.69 分，均大大超过中等水平。这表明，内地西藏班学生在学会共同生活上表现非常好。内地西藏班给学生提供了与不同人共同生活的大舞台，在与大家共事、共处的过程中增强了对共同生活的体验，提高了共同生活的意识。

表 6-27 内地西藏班学生学会共同生活的得分情况统计

	n	极小值	极大值	均值	标准差
发现他人	992	1	5	4.53	0.572
参与共同计划	992	1	5	4.69	0.625

---

① 联合国教科文组织编《教育——财富蕴藏其中》，联合国教科文组织总部中文科译，教育科学出版社，1996，第 84 页。

具体来看，内地西藏班在"世界虽然各不相同，但均是人类社会的一部分"项上选择"比较同意"和"同意"的比例分别为 26.3% 和 60.2%，合计为 86.5%；在"不同民族间的差异是合理的"项上选择"比较同意"和"同意"的比例分别为 24.8% 和 65.0%，合计为 89.8%；在"一个民族应积极学习他民族的优秀文化"项上选择"比较同意"和"同意"的比例分别为 16.8% 和 76.8%，合计为 93.6%；在"主动与他民族的同学交往"项上选择"比较同意"和"同意"的比例分别为 22.9% 和 69.8%，合计为 92.7%；在"在公益活动中做过志愿者"项上选择"比较同意"和"同意"的比例分别为 16.9% 和 76.8%，合计为 93.7%（见表 6 - 28）。前两项总计接近 90%，后面三项均超过 90%。

表 6 - 28　内地西藏班学生学会共同生活具体表现情况统计

单位：%

	不同意	不太同意	不确定	比较同意	同意
世界虽然各不相同，但均是人类社会的一部分	2.6	2.1	8.8	26.3	60.2
不同民族间的差异是合理的	1.3	3.1	5.7	24.8	65.0
一个民族应积极学习他民族的优秀文化	0.1	1.2	5.0	16.8	76.8
主动与他民族的同学交往	0.4	1.2	5.7	22.9	69.8
在公益活动中做过志愿者	0.2	0.8	5.2	16.9	76.8

小　结

环境的差异并没有影响内地西藏班学生与周围不同民族共同生活。在学校教育的引导下，多数学生具有较强的共同生活能力，表 6 - 29 显示，均值均超过 4.5 分。这表明，内地西藏班学生无论是在发现他人，还是在参与共同计划方面，均有较好的成效，有较强的学会共同生活的能力。

表 6 - 29　内地西藏班学生学会共同生活的成效分析

	n	极小值	极大值	均值	标准差
学会共同生活	992	1	5	4.61	0.515
发现他人	992	1	5	4.53	0.572
参与共同计划	992	1	5	4.69	0.625

四　教育成效之四：学会生存

"学会生存"是国际教育发展委员会提出的第四个支柱。从某种程度上而言，学会生存应是这四个支柱的归宿。无论是学会认知、学会做事、学会共同生活，说到底是学会生存，学会在未来不断变化的社会中能够通过不断的学习找到应对社会变化的策略，从而更好地发挥个人的潜力和优势，为社会的发展担负起相应的责任。教育应当促进每个人的全面发展，使每个人借助教育能够形成一种独立自主的、富有批判精神的思想意识，以及培养自己的判断能力，以便由他自己确定在人生的各种不同情况下应该做的事情。① 教会人们在未来各不相同的情况下自由地做出决策以应对各种变化，这便是"学会"了生存。

国际教育发展委员会在向联合国教科文组织提交的报告中提到了从一开始便构成他们工作基础的四个设想，其中第三个和第四个设想对教育进行了新的理解。第三个设想是，人类发展的目的在于使人日臻完善，使他的人格丰富多彩，表达方式复杂多样，使他作为一个人，作为一个家庭和社会的成员，作为一个公民和生产者、技术发明者和有创造性的理想家，来承担各种不同的责任。第四个设想是，唯有全面的终身教育才能够培养完善的人，而这种需要正随着使个人分裂的日益严重的紧张状态而逐渐增加。我们再也不能刻苦地、一劳永逸地获取知识了，而需要终身学习如何去建立一个不断演进的知识体系——"学会生存"。② 显然，委员会将终身

---

① 联合国教科文组织编《教育——财富蕴藏其中》，联合国教科文组织总部中文科译，教育科学出版社，1996，第 85 页。
② 联合国教科文组织国际教育发展委员会编著《学会生存——教育世界的今天和明天》，上海师范大学外国教育研究室译，上海译文出版社，1979，第 4 页。

学习体系构建与学会生存联系了起来，旨在强调未来社会中教育应引导人们建立终身学习的理念，不断学习新的知识、新的方法、新的技术、新的理念等，才能在未来不断变化的社会中"生存"。

"学会生存"理念的提出使我们不得不重新理解教育，重新思考教育到底应为受教育者提供哪些内容，以什么样的方式提供，最终要达到什么样的教育目标等。委员会提出，教育不再是培养儿童为某一特定的社会做好准备。教育的基本作用，似乎比任何时候都更在于保证人人享有他们为充分发挥自己的才能和尽可能牢牢掌握自己的命运而需要的思想、判断、感情和想象方面的自由。[①]教育的作用不再是服务于经济、社会的发展，不再是服务于政治的需要，而是服务于个体的全面发展。因此，教会每个人学会生存，教育就应着眼于未来，促进学生的全面发展。因为我们并不知道也无法预测，未来社会会如何变化，未来社会需要哪些知识和哪些能力，唯一能做的就是尽可能地全面培养学生，并教会他们离开学校教育后仍能继续学习，以在未来社会中能自由地根据实际情况采取相应的对策。

可见，学会生存中的"生存"不同于我们传统意义上的含义，如存活下来或者让生命延续下来，也不是我们常说的某种生存能力，而是指唯有通过学习才能够实现"生存"，即人只有不断地学习才能够跟上时代的发展，人只有不断地学习才能够获得多方面的发展，人只有不断地学习才能够在一生之中都有发展。人的生存过程就是一个不断学习的过程，不断接受他人影响的过程，不断参与教育并自我教育的过程。[②]

但是，从内地西藏班学生的年龄特点和心理特点来看，他们中的多数应当还不能完全理解国际教育发展委员会提出的"生存"之内涵，还不完全具备上升到终身学习基础上来理解"学会生存"的能力。同时，由于西藏环境的独特性，其生态环境相当脆弱，一旦破坏很难恢复，严重影响其赖以生存的环境。于是，在借鉴国内教育界曾积极讨论的"珍惜生命、学

---

① 联合国教科文组织编《教育——财富蕴藏其中》，联合国教科文组织总部中文科译，教育科学出版社，1996，第85页。
② 李家成：《当代教育名选读》，华东师范大学出版社，2009，第45页。

会生存、热爱生活”的“三生教育”① 观点基础上，这里仍取大家熟知的
“生存”内涵，并从热爱生活、懂得生存的相关知识、爱护环境三个方面
来讨论内地西藏班学生在“学会生存”方面的成效。

当然，这并不意味着内地西藏班的教育成效不需要从建立终身学习体
系角度来界定“学会生存”的内涵。内地西藏班会像所有学校一样，将终
身学习的理念贯穿于学校教育的每一个环节。不仅如此，这种成效还会体
现在多个方面。之所以选取传统意义上的“生存”来进行检验，主要是从
内地西藏班学生的年龄和心理特点来考虑的。

（一） 热爱生活

伴随现代社会的不断发展和竞争的不断加剧，青少年的身心健康
问题日益突出。学生这一群体的不幸事件经常发生，并屡屡刺痛我们
的神经。根据中国儿童自杀报告，中国儿童自杀率为世界第一。中国
儿童在自杀原因的排列中，学习压力过重占第一位（45.5%），第二为
早恋（22.7%），第三是父母离异（13.6%）。在自杀者的年龄排列中，12 岁
占第一位（40.3%），其次为 14 岁（22.7%）、11 岁和 13 岁（13.6%）。②
11 岁至 14 岁是儿童自杀的最高危阶段，而这一阶段正是学生上中学的
阶段。可见，在儿童自杀的人群中，中学生是最需要关心和引导的重点
人群。

尽管自杀的原因多种多样，但导致他们最终选择结束生命的动机是共
同的，那就是对生活彻底绝望，对未来也极度失望。青少年自杀原因的共
同点是没有正确的人生价值观，不懂得人为什么活着以及怎样对待生活中
的困难和挫折。预防自杀最根本的是要使青少年懂得人生的意义，树立远
大的理想，以先进人物的人生价值观来指导自己的行动。③ 可见，如果教

---

① 本书编写组编《人类教育新启航——评罗崇敏教育思想》，云南人民出版社，2012，
第 44 页。
② 卫裕峰：《决定孩子一生幸福的财商教育》，中华工商联合出版社，2012，第 132 页。
③ 许在华：《青春防火墙：青少年安全健康与防护》，中国人民公安大学出版社，2010，第
141 页。

育能教会学生意识到生命的价值、意识到生活是美好的，并自幼培养学生热爱生活的健康心态，学生就可能少一些阴暗面的想法，少一些对生活的抱怨和对生命的绝望，从而通过自我调整和外在干预在一定程度上减少或阻止此类悲剧的发生。

2016 年里约奥运会期间，中国游泳队员傅园慧虽然只摘得一枚铜牌，却因为充满欢乐、自我调侃式的微博和赛后采访中笑对比赛结果而"走红"网络。之所以能迅速"走红"网络，是因为傅园慧在高压力环境下表现出来了乐观、豁达、超脱和单纯、爽朗的个性。有评论把网友对这种"清新"的认可视为整个网民甚至国民"脱俗"的表现，运动员不再是争金机器，奥运会是一个舞台，有竞技之美，也有人们对生活的热爱。[①] "对生活的热爱"可谓道出了大家的心声，也显示了我们对奥运精神的理解已发生转变——正在从过去重点关注运动员夺金、为国家或民族争取荣誉转变为关注他们对生活的热爱。只要有一颗热爱生活的心，就会坦然面对任何结果，笑对人生中的各种困难、曲折。

因此，尽管人们对青少年自杀提出了许多预防措施，但最关键的仍在于引导一个人热爱生活，以阳光的心态面对生活中的每一天，才可能在逆境中珍惜生命。一个真正懂得珍惜生命的人，一定是一个热爱生活的人。因为生命的可贵之处，就在于你活着，继续你的生活。一个人如果不热爱生活，而是虚度光阴、无所事事，那么他的生命也一定是苍白的。这样的人怎么谈得上珍惜生命呢？[②]

内地西藏班学生大多 13—15 岁，正处于高危期年龄阶段。加上内地学习与生活环境的变化，他们极易在学习、生活、人际关系等多个方面出现不适应的情况，甚至遭遇挫折或失败等。长期以来，内地西藏班的教职员工很重视学生的健康成长，采取多种措施培养学生的抗逆能力，培养学生健康、乐观向上的心理，引导学生正确面对挫折、失败甚至种种不

如意，勇敢地面对生活，进而感受生活的美好。表 6 - 30 显示，内地西藏班学生在热爱生活方面的均值得分为 4.69 分，高于中等水平，属于优秀水平。

表 6 - 30　内地西藏班学生热爱生活得分情况统计

	n	极小值	极大值	均值	标准差
热爱生活	992	1	5	4.69	0.447

热爱生活表现在生活的方方面面，根据文献我们选取"关爱自己""关爱他人""有明确的生活目标""珍惜生命""乐观自信的生活观""健康的生活方式"六个方面进行观测。表 6 - 31 显示，内地西藏班学生在"我们要首先学会关爱自己"项上选择"比较同意"和"同意"的比例分别为 23.9% 和 68.2%，合计占 92.1%，超过 9 成的学生懂得在生活中学会关爱自己、照顾自己；在"主动为贫困儿童、灾区群众等捐款捐物"项上选择"比较同意"和"同意"的比例分别为 14.4% 和 82.7%，合计占 97.1%。绝大多数学生能自觉地"关爱他人"，能在他人有困难时积极主动给予帮助。在"每个人都要有明确的生活目标"项上选择"比较同意"和"同意"的比例分别为 15.2% 和 78.6%，合计占 93.8%；在"善待自己、他人甚至一切动植物的生命"项上选择"比较同意"和"同意"的比例分别为 13.4% 和 82.4%，合计占 95.8%。对深受藏传佛教影响的内地西藏班学生而言，他们非常重视生命的价值，不仅关注人的生命，而且还关注动植物的生命。在"无论多大的困难、挫折，均应乐观自信"项上选择"比较同意"和"同意"的比例分别为 20.4% 和 72.5%，合计占 92.9%。绝大多数内地西藏班学生能在遇到困难和挫折时表现出乐观自信的健康心理，能在困境中进行自我调适，看到生活中的阳光和希望。正是这种乐观自信，他们才在这里学会了独立、坚强，并在生活、学习多个方面有差异的情况下学会了适应。他们中的大多数在毕业后回忆这段内地西藏班的学习经历时强调，最大的收获便是学会了乐观自信。在身边没有爹妈、亲友照顾的情况下，每个人必须对生活保持乐观、保持自信。

表 6 - 31　内地西藏班学生热爱生活具体表现情况统计

单位:%

	不同意	不太同意	不确定	比较同意	同意
我们要首先学会关爱自己	1.3	2.3	4.2	23.9	68.2
主动为贫困儿童、灾区群众等捐款捐物	0.2	0.5	2.2	14.4	82.7
每个人都要有明确的生活目标	0.3	1.1	4.7	15.2	78.6
善待自己、他人甚至一切动植物的生命	0.3	1.0	2.9	13.4	82.4
无论多大的困难、挫折、均应乐观自信	0.6	0.9	5.6	20.4	72.5

　　同时，在"健康的生活方式"上我们用"每天体育活动时间"来进行讨论。一个人能坚持每天进行一定时间的体育锻炼，这在一定程度上体现一个人的积极健康心态。热爱运动，不仅有利于身体素质的提升，更有利于他们在体育活动中释放心理压力，从困境中转移注意力，形成健康的心态。表6 - 32显示，每天坚持参加"1小时以上"体育活动的比例为28.5%，"小于1小时"的比例为64.1%，"没有"参加体育活动的比例为7.4%。显然，学生在体育活动时间项上的表现并不乐观，积极参加体育活动的比例并不高。此前教育部制定并印发了《切实保证中小学生每天1小时校园体育活动的规定》，要求各地制定具体实施细则，严格执行国家关于保证中小学生每天1小时校园体育活动的规定。2016年5月，教育部再次印发《关于强化学校体育促进学生身心健康全面发展的意见》，要求各地各学校严禁削减、挤占体育课时间，确保学生每天一小时的校园活动时间，对于学生体质健康水平持续三年下降的地区和学校，将在教育工作评估中实行一票否决。所以，内地西藏班今后还应积极采取措施，引导学生积极参加体育活动，从而促进学生身心健康全面发展。

表6-32 内地西藏班学生每天体育活动时间

		人次	占比	有效占比（%）	累积占比（%）
每天体育活动时间	没有	73	7.4	7.4	7.4
	少于1小时	636	64.1	64.1	71.5
	1小时以上	283	28.5	28.5	100.0

（二） 懂得生存的相关知识

热爱生活只是"学会生存"的第一步，表明一个人有着健康、阳光的心态。但真正在面临生存危险时，还需要懂得一些生存相关的知识。生活中因为不懂相关知识而死伤的案例不计其数，这些死伤者中，相当一部分还是学生。比如在深水边戏水，雷电天气时在大树下避雨，随意私接电线，火灾地震灾害中不知道正确逃生的办法等，从而酿成悲剧。减少或避免类似悲剧的方法是教会学生相关的生存知识。

表6-33显示，内地西藏班学生在懂得生存的知识项上的均值为4.08分，高于中等水平。

表6-33 内地西藏班学生懂得生存的知识得分情况

	n	极小值	极大值	均值	标准差
学会生存	992	2	5	4.08	0.410

具体来看，学生对生病后及时看医生的态度持"赞成"和"非常赞成"的比例还是很高，分别为50.5%和13.7%，合计占64.2%。西藏学生深受藏传佛教影响，许多人以前生病后的第一件事情是去寺庙请喇嘛打卦念经，通过喇嘛念经来祈福消灾。有的人因此错过了最好的治疗时机，给病人本人和家庭带来痛苦。至今，这种现象在一些偏远的农牧区仍然存在。60%以上的内地西藏班学生会在生病时根据情况及时选择到医院就医。

同时，对该年龄段学生日常生活中的危险行为调查的结果显示，"从不"和"很少"有"在宿舍私自乱拉电线、在马路上打闹、森林中玩火等危险行为"的比例分别为57.8%和35.1%，合计占92.9%。

　　另外，我们还选取"懂得常见灾害（地震、火灾等）中的逃生方法""遇到同学突然倒地时我能冷静地呼救或施救""无论面对任何事故都应学会坚强"三个方面来考察学生在生存知识方面的掌握程度。表 6 - 34 显示，在"懂得常见灾害（地震、火灾等）中的逃生方法"项上选择"比较符合"和"符合"的比例分别为 40.4% 和 47.4%，合计占 87.8%。这表明绝大多数学生能在地震、火灾等常见灾害中正确逃生。在"遇到同学突然倒地时我能冷静地呼救或施救"项上选择"比较符合"和"符合"的比例分别为 30.8% 和 41.2%，合计占 72%。这里虽然选取了日常生活中同学突然倒地这一代表性案例，但仍能看出学生在类似突发事件发生时显得较为冷静，表现为及时呼救或施救，并没有显得惊慌失措。在"无论面对任何事故都应学会坚强"项上选择"比较符合"和"符合"的比例分别为 31.9% 和 53.1%，合计占 85%。多个案例表明，在事故中学会坚强，能更多地获得生存的机会。

表 6 - 34　内地西藏班学生懂得生存的知识具体表现情况统计

单位：%

	不符合	不太符合	不确定	比较符合	符合
懂得常见灾害（地震、火灾等）中的逃生方法	1.7	1.3	9.2	40.4	47.4
遇到同学突然倒地时我能冷静地呼救或施救	1.3	4.5	22.1	30.8	41.2
无论面对任何事故都应学会坚强	0.9	2.4	11.7	31.9	53.1

（三）　爱护环境

　　环境是人类赖以生存的基础，保护好环境就是保护了人类自己的生存之地。无数经验和教训表明，没有环境，人类就失去了发展的动力，甚至威胁到人类的生存。从这一角度而言，保护环境是学会生存的必修课。每个人都有义务自觉地保护环境，并自幼树立强烈的环境保护意识。

　　早在 1986 年 5 月，在渥太华召开的世界环境与发展委员会公众听证会就指出："当我们乐观地宣布经济发展和环境保护可以同时并举时，我们必须加上这样一个条件，即必须将生态圈的保护放在首位。经济发展必须放在第二位，必须有严格的生态标准作指导。这些基本思想还远远未被人们普遍接受。"① 伴随人类经济的快速发展，环境问题越来越受到重视。如今，越来越多的人在环境保护上基本达成了共识，在保护环境的基础上促进经济的快速发展，以区别于过去以牺牲环境而获得经济发展。新的时期，良好的生态环境本身就是生产力，就是发展后劲，就是核心竞争力②，这已成为经济发展的指导思想。

西藏具有独特的地理位置和气候条件，其生态环境具有不稳定性和脆弱性等特点。这种经过长期适应下来的生态环境一旦遭到破坏，恢复与重建的难度大③，也会给西藏及其周边地区的经济社会发展带来严重的负面影响。西藏独特的生态环境决定了西藏的发展路径必须具有"西藏特点"，也决定了参与建设西藏的人必须有环境意识。换句话说，西藏的建设不是任何人都可以参与的，而是要求参与者了解、熟悉西藏生态环境的脆弱性并具有较强的环境保护意识。于是，社会应通过各种渠道尤其是教育来培养这样的人，引导每个人积极确立环境保护的意识和观念。

内地西藏班学生中的多数会回到西藏积极参与西藏的建设，也必将成为西藏建设的主力军。对西藏脆弱的生态环境而言，人们更应珍惜和保护这里的环境，具有更强的环境保护意识，从而正确处理好人与自然的共生关系，实现人与自然的和谐发展。因此，培养他们的环境保护意识，树立科学的发展观，是西藏未来实现可持续发展的重要前提条件。对内地西藏班学生强化环境基础教育，提高全民保护环境的自觉性和主动性，真正使生态文明建设观念内化为人们的朴素思想，外化为人们的具体行动。④

表6-35显示，内地西藏班学生在爱护环境方面的均值得分为4.14分，高于中等水平。

---

① 世界环境与发展委员会：《我们共同的未来》，王之佳译，吉林人民出版社，1997，第384页。
② 本书编写组编《学习十二届全国人大二次会议文件问答》，中共中央党校出版社，2014，第126页。
③ 国家环境保护总局：《全国生态现状调查与评估：西南卷》，中国环境科学出版社，2006，第473页。
④ 严耕：《中国省域生态文明建设评价报告》，社会科学文献出版社，2013，第281页。

表 6 – 35　内地西藏班学生爱护环境得分情况统计

	n	极小值	极大值	均值	标准差
爱护环境	992	1	5	4.14	0.711

　　具体来看，内地西藏班学生在"关注气候变暖、环境污染等，人人有责"项上选择"比较符合"和"符合"的比例分别为 27.0% 和 62.9%，合计占 89.9%，这表明他们的环境保护意识强烈，有着较强的责任感；在"我没有乱扔垃圾、乱涂乱画等破坏环境的行为"项上选择"比较符合"和"符合"的比例分别为 37.2% 和 34.4%，合计占 71.6%；在"我会劝说或制止破坏环境的行为"项上选择"比较符合"和"符合"的比例分别为 34.5% 和 36.1%，合计占 70.6%（见表 6 – 36）。可见，内地西藏班学生不仅具有较强的环保意识，而且行为表现为自觉保护环境并及时对破坏环境的行为进行制止。

表 6 – 36　内地西藏班学生爱护环境具体表现情况统计

单位：%

	不符合	不太符合	不确定	比较符合	符合
关注气候变暖、环境污染等，人人有责	0.7	2.1	7.3	27.0	62.9
我没有乱扔垃圾乱涂乱画等破坏环境的行为	2.3	6.3	19.9	37.2	34.4
我会劝说或制止破坏环境的行为	1.7	5.2	22.5	34.5	36.1

小　结

　　总体来看，内地西藏班学生在"学会生存"方面的表现是良好的，均值为 4.08 分，高于中等水平。在"热爱生活""懂得生存的相关知识""爱护环境"三个方面的均值分别为 4.69 分、3.83 分、4.14 分，均高于中等水平（见表 6 – 37）。

表 6 – 37　内地西藏班学生学会生存得分情况统计

	n	极小值	极大值	均值	标准差
学会生存	992	1	5	4.08	0.410
热爱生活	992	1	5	4.69	0.447
懂得生存的相关知识	992	1	5	3.83	0.476
爱护环境	992	1	5	4.14	0.711

五　教育成效之五：主观幸福感

内地西藏班的教育成效，最终将体现为学生的全面发展。这既包括学生在四个"学会"方面的表现，又包括学生个体自身的健康成长。对内地西藏班学生而言，受年龄特点和环境变化的影响，他们在内地这一异文化环境中的健康成长更为整个社会所关注，且直接关系到内地西藏班政策的可持续发展。他们在内地的生活是否快乐和幸福，不仅会影响到他们的学习，而且会影响到他们今后投身社会发展的主动性和积极性。可见，学生在内地环境中的快乐和幸福，是我们研究教育成效必不可少的内容，也是教育成效的重要组成部分。

主观幸福感（subjective well-being，简称 SWB）是近年来伴随积极心理学发展而提出的一个热门话题，主要是指个体依据自己设定的标准，对其生活质量所做的整体评价，包括生活满意感和情感体验两个基本成分。①这里有两点值得注意：一是个体依据自己设定的标准，而不是别人的标准。换句话说，主观幸福感主要考量的是自我评价，这种评价更直观、真实、可靠、可信，区别于研究者根据相关材料分析推断出来的结论。二是对生活质量所做的整体评价，而不是局部评价。用主观幸福感来评价内地西藏班的教育成效，正是基于上述两点来考虑的，旨在通过内地西藏班政策直接参与者的自身判断，通过他们对自己生活质量的整体性评价来检验政策的效果。聚焦政策直接参与者的主观评价，实际上是通过"他者的眼光"来真实地反映政策的实际效果。

当然，主观幸福感在很多时候主要是针对成年人而言的，并主要涵盖总体生活满意度、某一领域的满意度（如工作满意度、婚姻满意度等）、积极情感、消极情感以及短期的情绪和心情等几个方面。②同时，主观幸福感受多种因素影响，大致可分为情境因素和个体因素。情境因素包括经

---

① 于海琴：《心理成长与生涯发展》，华中科技大学出版社，2008，第 75 页。
② 谢宇、张晓波、李建新等：《中国民生发展报告 2014》，北京大学出版社，2014，第 142 页。

济、文化、社会支持、工作与家庭等方面的因素，个体因素包括人格特质、自我效能、应对方式、控制点及成就动机等。① 当然，不同国家、地区、民族等，这些影响因素的作用存在差异。

不过，无论是对主观幸福感的构成还是影响因素的讨论，已有研究主要是基于成年人进行的。这里讨论的内地西藏班学生还是中学生，在多个方面具有区别于成年人的特征，不可能简单套用成年人的主观幸福感来研究中学生。Katja 等对芬兰中学生的调查发现，在学校获得的满足和愉快是影响中学生主观幸福感的重要因素之一。反之，在学校中的挫折失意是引起中学生尤其是女中学生不幸福感觉的重要因素之一。② 影响中学生主观幸福感的不是个人收入水平、社会地位等，而是学生在学校获得的满足和愉快感受。这里的满足和愉快既包括物质生活上的满意，又包括学生精神生活上的快乐程度。对内地西藏班学生而言，他们在内地学校的生活费用主要来源于国家财政的补贴，不会为生活费而担忧，需要考察的是他们对学校生活条件的满意程度，包括用餐、住宿、洗衣洗澡等基本生活条件。不仅如此，还需要考察他们在校的精神生活，是否适应内地的学习环境，与其他民族的交往是否愉快，是否积极向上，是否在学习上有较强的成就感和获得感等。

有专门针对中学生的研究发现，中学生的主观幸福感不同于成年人，而是重点体现在以下方面：①家庭幸福，有朋友的陪伴；②简简单单，无忧无虑，开开心心；③有追求与梦想，并为之奋斗；④做自己，不要在意他人的看法；⑤爱，家人的爱、朋友的爱、大家的爱；⑥一种有被需要而存在来证明自己是有价值的；⑦整个大社会的安逸稳定；⑧幸福就是生活在一个互相关爱、公平、平等、安然的社会中；⑨物质上的满足。③ 这些方面在很大程度上与中学生的年龄和心理特点息息相关，他们关注的重点

---

① 张建卫：《成功与幸福：企业家均衡发展的理论与实践》，北京师范大学出版社，2010，第111—115页。
② 于海琴：《心理成长与生涯发展》，华中科技大学出版社，2008，第75页。
③ 叶慧瑾：《中学生主观幸福感的心理调查、分析与引导》，载广州市青少年科技教育协会编《第二十一届广州市青少科技创新大赛获奖作品集》，广州出版社，2008，第212页。

在于自己是否开心，是否有理想和朋友，是否有人关心和爱护，是否在意他的存在等。国内研究中学生幸福感的代表人物万明钢教授曾经专门对藏族、回族、汉族等不同民族中学生的主观幸福感进行了实证研究，利用探索性因素分析提出了中学生主观幸福感的七维度模型：家庭满意、友谊满意、信仰满意、学校满意、学业满意、自由满意和环境满意。[①] 这与已有关于中学生主观幸福感的构成基本一致，与他们的日常生活紧密相关，充分体现了中学生这一特殊群体的特点。他们在生活中的各种体验可以很好地解释其主观幸福感。有研究进一步发现，中学生学业体验和学业能力对他们的主观幸福感整体以及主观幸福感各因子有较强的预测力。[②]

因此，我们在借鉴相关文献的基础上充分征求专家意见后提出，内地西藏班学生的主观幸福感主要表现在以下四个方面：身心健康满意感、自我实现成就感、内地办学模式认同感、家庭幸福感。身心健康满意感重在考察内地西藏班学生在内地这一异文化环境中的身体和心理的健康成长状况，以回应相关文献对该群体在内地环境中的适应性问题；自我实现成就感重在考察他们在内地接受教育的效果；内地办学模式认同感主要考察学生通过亲身体验和感受对这一模式的接受程度；家庭幸福感主要考察这些远离自己家庭的学生对亲情的体验。这四个方面涉及学生在内地学校中的学习、生活、娱乐、亲情等多个方面，能较为全面地反映他们的主观幸福感。

（一） 身心健康满意感

由于环境的差异，相当一部分学生到内地后会出现种种不适，进而引发身体和心理疾病。这种不适应包括自然环境、生活方式、人际关系等。在自然环境方面，内地多处于平原地区，不仅含氧量与西藏不同，而且气候条件也不一样，这在一定程度会对学生的身体和心理产生负面影响。在生活方式上，学生尤其是农牧区学生食物以传统的糌粑、酥油茶、牛肉等

---

① 万明钢：《多元文化视野：价值观与民族认同研究》，民族出版社，2006，第187页。

② 张大均：《发展与教育心理学研究综述》，载阳奎兴主编《重庆社会科学年鉴2009》，重庆出版集团，2011，第315页。

为主，而在内地一日三餐有较大的差异。除此之外，更重要的是他们的人际关系环境发生了巨大的变化，在内地学校中他们面临的是陌生的人际关系环境，且需要与不同民族的师生进行交往。这往往会在心理上给内地西藏班学生造成影响，以至于一部分学生不自信，从而影响学生身心的健康发展。研究表明，身心健康是个人感知幸福的重要前提，尤其心理健康是主观幸福感的重要影响因素。[①] 因此，内地西藏班学生身心健康方面的满意度直接关系着学生的主观幸福感，这里重点从生活满意度、身体健康、心情舒畅三个方面进行讨论。

表 6-38 显示，内地西藏班学生身心健康满意感的均值为 4.04 分，高于中等水平。

表 6-38　内地西藏班学生身心健康满意感得分情况统计

	n	极小值	极大值	均值	标准差
身心健康满意感	992	1	5	4.04	0.836

具体来看，内地西藏班学生的身心健康满意感主要表现在三个方面，即生活满意度、身体健康程度、心情快乐程度，分别从物质生活和精神生活两个方面进行衡量。这里的"生活满意度"主要指物质生活，设立这一观测点主要考虑该群体有着自己的生活习惯和生活方式，与内地存在差异。生活满意度一方面反映了他们是否适应内地的生活方式，另一方面也反映了他们对学校生活的满意程度，这是他们对内地学校是否满意的最直接表现。同时，由于环境的差异，一部分学生到内地后会出现身体不适或生病，甚至个别学生不得不退学回到西藏。内地西藏班学生的身体健康情况是每个家庭关注的重要内容，也是社会检验这种办学模式是否成功的一个重要前提条件。另外，作为未成年人的内地西藏班学生，虽然他们在内地的学习是有理想有抱负的，但他们的许多想法并不像成年人一样具有理性色彩。调查他们在内地西藏班的心情快乐程度应是直接、真实和有说服力的，可以直观地呈现内地西藏班学生的主观幸福感。

---

① 谢耘耕：《中国民生调查报告 2014》，社会科学文献出版社，2014，第 63 页。

表 6 - 39 显示，内地西藏班学生在"在内地西藏班的生活我感到满意"方面选择"比较符合"和"符合"的比例分别占 28.4% 和 53.1%，合计占 81.5%；在"我很少生病"方面选择"比较符合"和"符合"的比例分别占 33.7% 和 31.7%，合计占 65.4%；在"我在内地西藏班很快乐"方面选择"比较符合"和"符合"的比例分别占 31.7% 和 45.2%，合计占 76.9%。这表明，内地西藏班学生对在内地的物质生活和精神生活满意度均比较高，且身体健康。对学生而言，身体健康和心情舒畅是他们最愿意留在内地西藏班认真学习的主要动力，也为他们提供了良好的成长环境。

表 6 - 39　内地西藏班学生身心健康满意感具体表现情况统计

单位:%

	不符合	不太符合	不确定	比较符合	符合
在内地西藏班的生活我感到满意	2.3	4.5	11.6	28.4	53.1
我很少生病	4.4	11.2	19.1	33.7	31.7
我在内地西藏班很快乐	3.0	6.1	14.0	31.7	45.2

（二）自我实现成就感

除了满足基本的生活外，内地西藏班学生正处于从少年到青年过渡的阶段，他们开始追求自己的人生理想，希望充分发挥自己的潜力，以充分展示自己的才能。马斯洛的需求层次理论将自我实现的需要列为人类最高层次的需要，强调一个人在满足基本的生理、安全、情感与归属、尊重的需要基础上，还希望实现个人理想、抱负，发挥个人的能力到最大程度，即满足自我实现的需要。内地西藏班学生的自我实现需要与成年人不完全一样，结合相关文献和专家意见，这里主要从做事的积极性、学业成就满意度、发挥自己潜力的自我评价三个方面来讨论。

表 6 - 40 显示，内地西藏班学生自我实现成就感的均值得分为 3.68 分，高于中等水平。

表 6 - 40　内地西藏班学生自我实现成就感得分情况统计

	n	极小值	极大值	均值	标准差
自我成就感	992	1	5	3.68	0.820

具体来看，内地西藏班学生在"我总是积极地做好每一件事"项上选择"比较符合"和"符合"的比例分别为 24.8% 和 65.3%，合计占 90.1%，超过 9 成的学生具有积极向上的心态，有目标、有希望、有动力，在生活与学习等多个方面表现出较强的积极性和主动性。在"我对自己学业成绩满意"项上选择"比较符合"和"符合"的比例分别为 31.1% 和 13.9%，合计占 45%。这表明，尽管学生的积极性较高，但由于小学阶段的基础不均衡、文化背景差异等多种因素影响，学生实际的学习成绩并不理想。他们对自己的学业成绩满意度并不高，与"做事的积极性"形成较大的反差。在"在内地西藏班，我觉得充分发挥了自己的潜力"项上选择"比较符合"和"符合"的比例分别为 27.5% 和 22.5%，合计占 50%，即一半的学生认为在内地学习过程中发挥了自己的潜力（见表 6–41）。

表 6–41 内地西藏班学生自我实现成就感具体表现情况统计

单位:%

	不符合	不太符合	不确定	比较符合	符合
我总是积极地做好每一件事	0.7	2.4	6.8	24.8	65.3
我对自己的学业成绩满意	12.6	19.7	22.7	31.1	13.9
在内地西藏班，我觉得充分发挥了自己的潜力	7.5	19.3	23.3	27.5	22.5

（三） 内地办学模式认同感

内地西藏班办学模式的成效要通过学生的评价来检验。无论外人说得再好，如果置身其中的人不持赞同、肯定态度，那也只是一句空话。他们是政策的直接受益者，如果认为这种办学模式好，他们便会认同；否则，他们会抗拒。

为了考察他们对内地西藏班办学模式的认同情况，我们选择了两个观测点：一是直接调查学生是否赞成内地办学模式，调查他们对内地西藏班办学模式的态度；二是间接调查学生对内地西藏班办学模式的支持情况，通过他们是否向自己周围的人介绍内地西藏班办学模式的优点或是否推荐自己的亲友到内地读书来从侧面进行分析。如果他们积极向自己的亲友推荐，则表明他们是认同的；反之，则是不接受的。

表 6 - 42 显示，内地西藏班学生在办学模式认同感方面的得分均值为 4.13 分，高于中等水平。

表 6 - 42　内地办学模式认同感得分情况统计

	n	极小值	极大值	均值	标准差
办学模式认同	992	1.00	5.00	4.13	0.962

具体来看，内地西藏班学生在"内地办学这种模式很好"项上选择"比较符合"和"符合"的比例分别为 28.6% 和 49.8%，合计占 78.4%，即接近 8 成的学生持"赞同"态度，认同度较高。在"我会积极推荐别人就读内地西藏班"项上选择"比较符合"和"符合"的比例分别为 28.8% 和 46.0%，合计占 74.8%（见表 6 - 43）。

表 6 - 43　内地办学模式认同感具体表现情况统计

单位:%

	不符合	不太符合	不确定	比较符合	符合
内地办学这种模式很好	2.9	4.4	14.2	28.6	49.8
我会积极推荐别人就读内地西藏班	4.1	5.4	15.6	28.8	46.0

（四）家庭幸福感

内地西藏班设立之初，受交通条件的限制，大多数学生来到内地后往往 4 年（当时初中 3 年加上预科 1 年）才回趟家，有的学生甚至读完高中后 7 年才回家。当然，今天的交通条件和过去相比有了较大的改善，但学生在内地学习期间仍然面临远离自己的家庭、社区这一现实，这必然给学生尤其是入学之初的学生带来一定负面影响。他们能否感受到来自家庭的幸福，能否与家庭成员间保持亲密的感情，家庭幸福感是构成主观幸福感的重要内容。研究表明，家庭幸福感与主观幸福感具有较强的相关性，且家庭成员关系和睦是幸福感的第一要素。[1] 考察内地西藏班学生的家庭幸福感可以让我们更好地了解他们在内地学习与生活的主观幸福感。

---

[1]　谢耘耕：《中国民生调查报告 2014》，社会科学文献出版社，2014，第 60 页。

结合文献和专家意见，家庭幸福感主要围绕"我能感受到家庭生活的幸福""我和父母、兄弟姐妹的关系很好""能与父母进行友好沟通"三个方面进行讨论。表 6 - 44 显示，内地西藏班学生的家庭幸福感均值得分为 4. 61 分，高于中等水平。

表 6 - 44　内地西藏班学生家庭幸福感得分情况统计

	n	极小值	极大值	均值	标准差
家庭幸福感	992	1	5	4. 61	0. 642

具体来看，内地西藏班学生在"我能感受到家庭生活的幸福"项上选择"比较符合"和"符合"的比例分别为 17. 9% 和 68. 9% ，合计占 86. 8% ；在"我和父母、兄弟姐妹的关系很好"项上选择"比较符合"和"符合"的比例分别为 14. 3% 和 79. 9% ，合计占 94. 2% ；在"能与父母进行友好沟通"项上选择"比较符合"和"符合"的比例分别为 14. 9% 和 77. 0% ，合计占 91. 9% （见表 6 - 45）。可见，虽然学生远离家庭，但由于现代通信、交通和网络技术的发展，学生不再像过去那样与家庭处于相互隔离的状态。时间和空间并没有成为阻碍学生与家庭互动交流的因素。一位分管德育工作的老师告诉我们，现在内地西藏班学生拥有手机的比例在 95% 以上，手机已成为他们与家庭成员交流的主要工具。每天晚自习后，是学生与父母通话的主要时间。不仅如此，伴随网络技术的发展，学生与家庭还可以通过网络视频进行面对面的交流。另外，一部分家长在有空时还可到内地西藏班看望自己的孩子。正是由于有这样的便利条件，内地西藏班学生虽然与家庭成员在空间上有距离，但他们彼此的内心没有距离。这也是他们在内地西藏班仍有很强的家庭幸福感的重要原因，与以前的情况相比已发生很大的变化。

表 6 -45　内地西藏班学生家庭幸福感具体表现情况统计

单位:%

	不符合	不太符合	不确定	比较符合	符合
我能感受到家庭生活的幸福	2. 6	3. 1	7. 5	17. 9	68. 9
我和父母、兄弟姐妹的关系很好	1. 2	1. 5	3. 0	14. 3	79. 9
能与父母进行友好沟通	1. 3	1. 2	5. 5	14. 9	77. 0

小　结

伴随西藏交通和经济条件的不断改善，西藏与内地的距离在缩短，交通条件越来越便捷。与此同时，网络技术的不断发展，也在很大程度上拉近了内地西藏班学生与家庭成员之间的心理距离。特别是内地西藏班持续加大人力、物力和财力投入，也大大地改善了学校的物质条件和学习条件，给内地西藏班学生提供了一个良好的生活环境和学习环境，真正让每一个学生能"出得来、留得住、学得好"。这将有利于学生安心、快乐地学习和生活，增强他们在内地的归属感和认同感，进一步激发他们学习的积极性和主动性。

表 6 - 46 显示，内地西藏班学生的主观幸福感均值为 3.91 分，超过中位数 3。同时，主观幸福感下的四个观测点的均值分别为 4.04 分、3.68 分、4.12 分、4.61 分，均超过中位数 3。这表明内地西藏班学生具有较强的主观幸福感，他们在内地的学习和生活是快乐和幸福的，得到了健康成长。这与另一研究的结果基本相同：内地西藏班初中生的总体主观幸福感、总体生活满意度及正性情感水平较高。[①]

表 6 - 46　内地西藏班学生主观幸福感得分情况统计

	n	极小值	极大值	均值	标准差
主观幸福感	991	1	5	3.91	0.561
身心健康满意感	992	1	5	4.04	0.836
自我成就感	992	1	5	3.68	0.820
办学模式认同感	992	1	5	4.12	0.962
家庭幸福感	992	1	5	4.61	0.642

六　内地西藏班教育成效总结

内地西藏班办学是我国政府实施的一项特殊的民族教育政策，是我国

---

① 冉苒、张长英：《内地西藏班（校）初中生主观幸福感研究》，《贵州民族研究》2013 年第 1 期，第 206—210 页。

民族教育的一次大胆尝试。办学 30 年来，中央政府和各级地方政府均投入了大量的人力、物力和财力，其成效是显著的。最显而易见的成效，便是绝大多数学生通过内地的学习大大提高了学业成绩，相继考上了高中、大学，而且他们中的多数回到了西藏，为西藏的社会经济发展积极贡献自己的力量。仅从成绩这一角度看，内地西藏班这种特殊的办学模式是成功的。

中国工程院院士、原华中科技大学校长李培根教授曾在剑桥大学的一次演讲中指出："当我们强调教育是要把人培养成社会主义的建设者时，这是从工具意义上在理解教育，希望学生成为社会主义建设的工具，不自觉地把学生当成了生产线上的产品。但这不能够成为教育的最高目的，教育的最高目的应是'人的自由发展'。只有人自由发展了，他才能够更好地为社会主义建设服务，而不是反过来。不是他成为社会主义建设的接班人之后他才能自由发展，这个观点是错误的。"[1] 作为一个工科出身的专家，能说出这番话是很值得让人回味的。用这个思想来讨论内地西藏班的教育成效仍具有借鉴价值。于是，我们也可顺理成章地得出，内地西藏班的教育成效不只是培养西藏建设的服务者，不只是要培养成西藏稳定和社会经济发展的接班人，而首先是每个学生的全面发展。只有人的全面发展，每个人才能成为一个健全的人，才能将自己的主观能动性用于西藏的社会经济发展。没有这一点，即使我们培养出了许多成绩好的学生，如果他们在回到西藏工作后无视西藏的实际情况一味照抄照搬或者缺乏应有的人文关怀，那最后的结果不仅不能促进西藏的可持续发展，反而会起到阻碍作用。这不是我们想要的，也是需要我们尽早预防的。

学生的学业成绩是衡量教育成效的重要指标，是最具可行性的指标。毫无疑问，这只是学生全面发展中的一个方面，我们还需要从多个角度来反映学生的全面发展。借鉴联合国教科文组织提出的"四会"和主观幸福感构建起来的教育成效评价指标体系，有利于我们在学业成绩的数字之外

---

[1]　李培根：《呼唤理性》，2016 年 8 月 21 日，http：//www. ihuawen. com/hw/article/30099. html。

更具体地看到学生的全面发展情况，更能让我们感受到内地西藏班学生作为一个人的发展。有了人的全面发展，就可以为西藏的可持续发展提供源源不断的人才支持和智力支持。

那么，内地西藏班学生的发展到底如何呢？表 6 – 47 显示，内地西藏班教育成效均值得分为 4.26 分，高于中等水平。教育成效所包括的五个一级指标学会认知、学会做事、学会共同生活、学会生存、主观幸福感的均值得分分别为 3.74 分、3.68 分、4.61 分、4.08 分、3.91 分，均高于中等水平。从均值得分看，无论是总成效还是五个方面细分的成效均高于中等水平。这表明，内地西藏班的成效是显著的，且总体处于中等偏上水平。

表 6 – 47　内地西藏班教育成效得分情况统计

	n	极小值	极大值	均值	标准差
教育成效	991	1	5	4.26	0.360
1. 学会认知	992	1	5	3.74	0.329
2. 学会做事	992	1	5	3.68	0.542
3. 学会共同生活	992	1	5	4.61	0.515
4. 学会生存	992	1	5	4.08	0.410
5. 主观幸福感	991	1	5	3.91	0.561

第七章

内地西藏班学生背景与教育成效的差异性分析

　　内地西藏班学生虽然都来自西藏，但其学生背景构成比较复杂。从民族构成看，包括藏族、门巴族、珞巴族、汉族等。[①] 从父母双方民族构成看，有的双方均为藏族或其他少数民族，有的双方均为汉族，有的一方为藏族或其他少数民族而另一方为汉族。从生源地构成看，有的来自农牧区，有的来自城镇。从生源地在藏分布看，虽然遍及西藏各地区，但各地区间的教育差异较大，如对阿里地区、那曲考生进行适当倾斜照顾。从他们到内地读书前的常住地看，有的世代居住在西藏，有的多数时间生活在内地。从入学考试的试卷看，有的参加了藏语文考试，有的参加了汉语文考试。从父母的受教育程度和职业构成看，也各不相同。学生的这些个人背景会在一定程度上影响学生个体在内地受教育的效果，并从内地西藏班的教育成效上反映出来。于是，我们运用独立样本 T 检验的方法，讨论学生个人背景因素对内地西藏班教育成效之差异，从而为我们更聚焦内地西藏班学校相关因素的影响提供参考。这里，我们主要从学生的性别、年级、父母的民族构成、到内地学习前的常住地、父母的受教育程度和职业构成等六个方面进行分析。

---

① 　按照内地西藏班招生规定，每年均要招收 10% 左右的援藏干部子女。

一 学生性别在教育成效上的差异

内地西藏班的教育成效是否因为学生性别而有所差异呢？为了检验这一差异，我们通过独立样本 T 检验进行分析。不同性别的内地西藏班学生在教育成效上的平均数、标准差与 T 检验及其 p 值分析结果如表 7 - 1 所示。

表 7 - 1　不同性别学生在教育成效各维度上的差异分析

教育成效	男 （$n = 459$）		女 （$n = 533$）		t 值	p 值
	M	SD	M	SD		
学会认知	110.53	10.883	109.63	10.569	1.327	0.185
学会做事	134.08	19.811	131.05	19.170	2.438	0.015
学会共同生活	54.16	7.050	55.18	5.772	-2.481	0.013
学会生存	38.13	4.052	37.86	3.488	1.144	0.253
主观幸福感	66.53	9.908	65.20	9.752	2.121	0.034

（1）在"学会认知"上，t 值为 1.327（$p = 0.185$），未达到 0.05 以下显著差异。男性学生在学会认知上的均值得分为 110.53，女性学生的均值得分为 109.63，不同性别的学生在学会认知上无显著差异，但男生略高于女生。性别并不是影响教育成效的重要因素。

（2）在"学会做事"上，t 值为 2.438（$p = 0.015$），p 值小于 0.05，具有显著差异。男性学生在学会做事上的均值得分为 134.08，女性学生的均值得分为 131.05，男生略高于女生。性别是影响学生在学会做事方面成效的因素。一般而言，男生的表现欲望更强，也具有较强的主动性和积极性，因此男生在协作能力、管理能力、沟通能力、解决冲突的能力等多个方面有着良好的表现；而女生由于羞涩或胆小等，在上述几个方面并不主动。

（3）在"学会共同生活"上，t 值为 -2.481（$p = 0.013$），p 值小于 0.05，具有显著差异。男性学生在学会共同生活上的均值得分为 54.16，女性学生的均值得分为 55.18，女生略高于男生。性别会影响学生在"学会共同生活"上的教育成效。这可能是因为女生的心更细，更具包容和爱心，能易欣赏和接受文化的多样性。

（4）在"学会生存"上，t 值为 1.144（$p = 0.253$），未达到 0.05 以下显著差异。男性学生在学会生存上的均值得分为 38.13，女性学生的均值得分为 37.86，男生略高于女生。

（5）在"主观幸福感"上，t 值为 2.121（$p = 0.034$），p 值小于 0.05，具有显著差异。男性学生在主观幸福感上的均值得分为 66.53，女性学生的均值得分为 65.20，男生略高于女生。

综上所述，不同性别学生在学会做事、学会共同生活、主观幸福感三个方面具有显著差异，在学会认知和学会生存两个方面没有差异。

二　不同年级学生在教育成效上的差异

在内地西藏班设立之初，初中学制为 4 年（其中预科 1 年），后来一律改为 3 年，不再设置预科。无论是 3 年还是 4 年，内地西藏班每一个学生均会经历从 7 年级到 9 年级的发展过程。由于内地西藏班学生来内地的第一年常常有一个适应过程，这一适应过程仍会体现在教育成效的五个维度上。于是，我们可以通过对 7 年级和 9 年级的学生进行比较来发现二者的差异。

独立样本 T 检验的统计结果见表 7 - 2。

表 7 - 2　不同年级学生在教育成效各维度上的差异分析

教育成效	7 年级（$n = 463$）		9 年级（$n = 529$）		t 值	p 值
	M	SD	M	SD		
学会认知	106.22	10.943	114.43	8.580	13.225	0.000
学会做事	128.31	19.291	137.18	18.703	7.327	0.000
学会共同生活	53.97	6.873	55.56	5.733	3.969	0.000
学会生存	37.02	3.845	39.08	3.342	9.007	0.000
主观幸福感	63.89	9.849	68.02	9.369	6.747	0.000

（1）在"学会认知"上，t 值为 13.225（$p = 0.000$），达到 0.01 以下非常显著差异。9 年级学生在学会认知上的均值得分为 114.43，7 年级学

生的均值得分为 106.22，9 年级学生非常显著地高于 7 年级学生。

（2）在"学会做事"上，*t* 值为 7.327（*p* = 0.000），达到 0.01 以下非常显著差异。不同年级学生在学会做事方面的成效具有显著差异，9 年级学生的均值得分为 137.18，非常显著地高于 7 年级学生的 128.31。

（3）在"学会共同生活"上，*t* 值为 3.969（*p* = 0.000），达到 0.01 以下非常显著差异。9 年级学生的均值为 55.56，而 7 年级学生的均值为 53.97，二者差异显著。

（4）在"学会生存"上，*t* 值为 9.007（*p* = 0.000），达到 0.01 以下非常显著差异。不同年级学生在学会生存方面的成效具有显著差异，9 年级学生在学会生存方面的均值得分为 39.08，非常显著地高于 7 年级学生的 37.02。

（5）在"主观幸福感"上，*t* 值为 6.747（*p* = 0.000），达到 0.01 以下非常显著差异。9 年级学生在主观幸福感方面的均值得分为 68.02，非常显著地高于 7 年级学生的 63.89。

可见，内地西藏班 9 年级学生在学会认知、学会做事、学会共同生活、学会生存、主观幸福感五个维度上的均值得分都显著地高于 7 年级学生，二者具有显著差异。年级是影响教育成效的重要因素。

当然，这种差异有可能是随着学生年龄的增长，学生通过自己的努力产生的。一般而言，随着内地西藏班学生在内地学习、生活时间的延长，他们能学到更多的知识，能得到更多的指导和培养，能在学会学习和学习成人等多个方面得到发展。因而表现出来的教育成效自然会越来越显著。但是，由于学生在整个初中阶段的绝大部分时间生活在内地西藏班，他们自己的努力也在很大程度上来源于内地西藏班环境的影响，与学校的教育尤其是教师的引导和帮助息息相关。于是，我们也把这种变化归因于内地西藏班的影响。换句话说，内地西藏班的教育成效会伴随年级的增加而相应增加。

三　父母的民族构成在教育成效上的差异

内地西藏班学生在内地的学习深受家庭环境的影响，其中父母的民族构成是重要影响因素。就目前来看，内地西藏班学生的父母在民族构成上大致有以下四种类型：均为藏族、均为汉族、一藏一汉、其他。当然，随着西藏与内地的不断发展，人们的通婚不限于藏汉之间，还包括藏族、汉族与其他民族的通婚情况。为了便于集中讨论，研究过程中我们主要关注父母的民族身份为藏族和汉族的情况，父母的民族构成属于藏汉民族以外的数量较少而忽略。父母双方不同的文化背景必然会对下一代的成长产生影响，并直接影响到下一代在内地西藏班的教育成效。父母的不同民族构成对内地西藏班学生教育成效在各维度上的平均分、标准差分析结果见表 7-3。

表 7-3　父母的不同民族构成在教育成效各维度上的差异分析

教育成效	均为藏族 ($n=847$)		均为汉族 ($n=102$)		一藏一汉 ($n=34$)		其他 ($n=9$)	
	M	SD	M	SD	M	SD	M	SD
学会认知	110.05	10.324	109.68	13.363	113.00	10.838	103.22	11.530
学会做事	131.92	19.720	135.08	19.045	138.69	15.335	129.23	14.840
学会共同生活	54.69	6.446	54.69	6.609	55.59	4.258	52.89	8.131
学会生存	38.00	3.805	37.59	3.644	39.25	2.695	35.92	3.014
主观幸福感	66.04	9.741	63.70	10.326	68.59	8.880	58.30	11.533

从平均分数看，在"学会认知"方面，父母为"一藏一汉"的分数最高，均值为113.00，"均为藏族"第二，"均为汉族"第三；在"学会做事"方面，"一藏一汉"的均值为138.69，排在第一位，第二位是"均为汉族"，第三位为"均为藏族"；在"学会共同生活"方面，仍然是"一藏一汉"最高，"均为藏族"和"均为汉族"的均值相同；在"学会生存"方面，"一藏一汉"的均值为39.25，其后依次是"均为藏族"和"均为汉族"；在"主观幸福感"方面，"一藏一汉"的均值为68.59，"均为藏族"次之，均值为66.04，其后是"均为汉族"。从表 7-3可看出，父母民族构成为"一藏一汉"的均值得分在教育成效的五个维度上都是最高分，其他两类在不同维度上略有差异。父母是"一藏一汉"的学生可能

更好地吸收了不同民族文化的精华，有更多的机会感受和体验不同民族文化的差异，从而自幼学会了包容，学会了接受民族的差异，学会了在差异中去认识和理解他人，学会了以差异去看待世界中的人和事等，才有了他们在教育成效上的最高分。

父母不同的民族构成之教育成效差异是否达到显著水平，我们采用单因素方差分析法做进一步的考察，其结果见表7-4。

表7-4　父母不同民族构成在教育成效上的变异数分析摘要

教育成效		平方和（SS）	自由度（df）	均方（MS）	F 值	p 值	事后比较结果
学会认知	组间	729.690	3	243.230	2.124	0.096	—
	组内	113151.083	988	114.525			
	全体	113880.773	991				
学会做事	组间	2365.617	3	788.539	2.077	0.102	—
	组内	375155.340	988	379.712			
	全体	377520.958	991				
学会共同生活	组间	56.335	3	18.778	0.456	0.713	—
	组内	40690.887	988	41.185			
	全体	40747.222	991				
学会生存	组间	108.279	3	36.093	2.565	0.053	—
	组内	13901.403	988	14.070			
	全体	14009.682	991				
主观幸福感	组间	1270.644	3	423.548	4.418	0.004	—
	组内	94717.139	988	95.868			
	全体	95987.783	991				

注："—"表示无需事后比较或事后比较皆未达到显著性水平。

从表7-4可以看出，经由 F 值检验的结果得知，父母不同的民族构成在教育成效之主观幸福感上有显著差异，其他四个方面无差异。具体结果分析如下。

（1）在"学会认知"上，父母不同的民族构成在学会认知方面没有显著差异。F 值为2.124（$p = 0.096$），未达到0.05以下显著差异。

（2）在"学会做事"上，父母不同的民族构成在学会做事方面没有显著差异。F 值为 2.077（$p = 0.102$），未达到 0.05 以下显著差异。

（3）在"学会共同生活"上，父母不同的民族构成在学会共同生活方面没有显著差异。F 值为 0.456（$p = 0.713$），未达到 0.05 以下显著差异。

（4）在"学会生存"上，父母不同的民族构成在学会生存方面没有显著差异。F 值为 2.565（$p = 0.053$），p 值接近 0.05 表明有差异，但未达到 0.05 以下显著差异。

（5）在"主观幸福感"上，F 值为 4.418（$p = 0.004$），达到 0.05 以下显著差异。这表明父母不同的民族构成在主观幸福感方面具有显著差异，即父母的民族构成不同，其教育成效差异显著。以 Scheffe 法进行两两比较后发现，"一藏一汉""均为藏族""均为汉族"之间均没有达到显著水平。值得注意的是，"一藏一汉"与"其他"达到显著性水平，前者得分高于后者。由于本研究主要关注的是前三类而忽略了"其他"，故最后我们呈现了前三类的结果，即没有达到显著性水平。至于为何"一藏一汉"与"其他"达到显著性水平，还需要另行研究。

总之，父母不同的民族构成并不是影响教育成效的重要因素。在研究之前，我们曾预想父母双方是"一藏一汉"的家庭类型可能对学生在内地西藏班的教育成效有较大的影响。正如前所述，该类型家庭的学生不仅在教育成效的五个维度上获得了最高分，同时，在"主观幸福感"方面还具有显著差异。但是，研究结果表明，内地西藏班学生的教育成效并不受父母民族构成的影响。

四　学生居住地在教育成效上的差异

在前期调研过程中，我们初步发现一部分来内地西藏班读书之前长期生活在内地的学生在多个方面表现得较好。这部分学生除少部分援藏干部子女外，还包括一部分出生在西藏却在内地接受幼儿园和小学教育的藏族学生。这部分藏族学生的父母有的在内地工作，有的纯粹是为了孩子的未来发展而在内地购房陪读。为了验证这一生活经历是否影响了他们在内地的教育成效，运用独立样本 T 检验，结果如表 7-5 所示。

表 7 - 5　到内地西藏班之前生活常住地在教育成效上的差异分析

教育成效	内地 （n = 106）		西藏 （n = 886）		t 值	p 值
	M	SD	M	SD		
学会认知	108.38	11.727	110.25	10.583	- 1.699	0.090
学会做事	132.42	19.858	132.45	19.488	- 0.016	0.988
学会共同生活	53.30	7.134	54.88	6.304	- 2.394	0.017
学会生存	37.12	4.176	38.09	3.696	- 2.288	0.024
主观幸福感	62.87	10.400	66.17	9.719	- 3.275	0.001

进一步分析学生在到内地学习前的不同生活常住地在教育成效各维度上的差异。

（1）在"学会认知"上，t 值为 - 1.699（p = 0.090），未达到 0.05 以下显著差异。无论学生此前生活的常住地是内地还是西藏，他们在学会认知方面的教育成效无显著差异。

（2）在"学会做事"上，t 值为 - 0.016（p = 0.988），未达到 0.05 以下显著差异。在到内地学习前学生的生活常住地对学生在学会做事方面的教育成效并未产生多大的影响。常住地在内地的学生均值为 132.42，常住地在西藏的学生均值为 132.45，二者非常接近，没有显著差异。

（3）在"学会共同生活"上，t 值为 - 2.394（p = 0.017），达到 0.05 以下显著差异。学生常住地在西藏的均值为 54.88，高于常住地在内地的 53.30，差异显著。由于内地西藏班的绝大部分学生常住地为西藏，有着共同的生活经历和文化背景，处于这一年龄段的他们更易与同样来自西藏的同学相处、交往，更易与之共同生活。相对于常住地为内地的学生而言，他们成了该群体中的少数，可能会因为生活环境、文化背景的差异在学会共同生活方面表现欠佳。

（4）在"学会生存"上，t 值为 - 2.288（p = 0.024），达到 0.05 以下显著差异。常住地为西藏的学生在学会生存方面的教育成效显著高于常住地为内地的学生，其均值分别为 38.09 和 37.12。长期生活在西藏的学生，受独特自然环境和藏传佛教的影响，他们有三个特点与学会生存紧密相关。一是对生命非常珍惜。受佛教"不杀生"观念影响，他们不仅珍惜人的生命，而且珍惜一切动植物的生命，不乱砍树木，不滥捕野生动物。二是环境保护意识强。生活中的山被称为"神山"，水被称为"圣水"，不得破坏。很少有人会向河水里扔垃圾，自觉保护环境的意识强烈。三是乐观自信，热爱生活。他们有着乐观自信的生活观，即使今生再苦，也仍然对生活和未来充满希望。同时，他们在生活中积极关爱他人，总是无私地关心他人、帮助他人，显示出对生活的热爱。这些特点可能会帮助常住地为西藏的学生在"学会生存"方面获得较高的分数。

（5）在"主观幸福感"上，t 值为 -3.275（$p = 0.001$），达到 0.01 以下非常显著差异。常住地为西藏的学生均值为 66.17，显著地高于常住地为内地的 62.87。不同常住地的学生在"主观幸福感"方面的教育成效差异非常显著。可能的原因有二：一是内地的物质生活条件优于西藏。内地西藏班利用大量的财政补贴和地方政府的资助给学生提供了营养丰富的伙食、较好的居住环境，他们容易在生活上获得较高的幸福感。二是内地的学校教育教学条件优于西藏。大多数的内地西藏班学校建设得很漂亮，学校的硬件设施配置水平高，为现代化的教育提供了良好的条件，有利于学生提高自己的学业成绩；内地西藏班的教师均是从内地选拔的优秀教师，他们不仅教学水平高，而且视学生为自己的孩子，对学生的学习和生活均悉心照顾。很多毕业的学生回忆，内地西藏班的老师既是老师也是父母，与学生的感情深厚。这样的教育教学环境易让学生获得精神生活的幸福感。故这部分学生的主观幸福感均值得分不同于常住地在内地的学生。这与我们调研当初的直观感受不一样：在教育成效各纬度方面表现突出的不是常住地为内地的学生而是常住地为西藏的学生。不同常住地是造成学生在主观幸福感方面有差异的因素。

综上所述，不同常住地学生在"学会共同生活""学会生存""主观幸福感"三个方面具有显著差异，而在"学会认知""学会做事"两个方面没有显著差异。

五　父母受教育程度在教育成效上的差异

多项研究表明，父母的受教育程度是影响子女接受教育和获得幸福生活的重要因素。

美国联邦教育部的 2001 年统计数字表明，1999 年父母具有本科以上学历的高中毕业生中，有 82% 升入大学；父母只具有高中学历的，有 54% 升入大学；父母连高中学历也不具备的，只有 36% 的高中毕业生升入大学。[①] 同时，教育还是人们拥有更幸福生活的关键。个体能够多方面从教育中获益：教育对人的物质生活条件有着深切的积极影响，较高的教育水平会带来更高的收入，也会让人更能胜任工作；受教育程度更高的人普遍也有更好的健康状况，因为他们有更健康的生活方式，而且有更多机会在危险较少的工作环境里上班；教育也会提高公民意识，推动政治参与；教育可以让个体获得充分融入社会所必需的能力。[②]

于是，本研究中我们用父亲的受教育程度来检验内地西藏班学生教育成效的差异。父亲不同受教育程度在教育成效各维度上的均值得分如表 7-6 所示。

表 7-6　父亲不同受教育程度在教育成效上的均值差异统计

受教育程度	学会认知	学会做事	学会共同生活	学会生存	主观幸福感
未上过学	108.73	130.48	53.35	37.02	63.06
小学	109.16	130.08	53.29	37.66	64.22
初中	109.50	132.65	55.46	38.06	66.17
高中	109.83	131.19	55.45	38.11	64.66
大专及以上	112.06	135.85	56.12	39.05	69.65

从均值看，内地西藏班学生在"学会认知"方面以父亲是"大专及以上"文化程度的得分最高（112.06），"未上过学"的得分最低（108.73）；在"学会做事"方面，父亲是"大专及以上"文化程度的获得了最高分（135.85），父亲是"小学"文化程度的得分最低（130.08）；在"学会共

① 符华兴、王建武、张亚东等：《世界主要国家高等教育发展研究》，湖南人民出版社，2010，第 132 页。
② 世界经济合作与发展组织：《民生问题：衡量社会幸福的 11 个指标》，洪漫、刘美辰、何卫宁等译，新华出版社，2012，第 140 页。

同生活"方面,父亲受教育程度为"大专及以上"的得分最高(56.12),
父亲文化程度属于"小学"的得分最低(53.29);在"学会生存"方面,
父亲受教育程度为"大专及以上"的得分最高(39.05),"未上过学"的
得分最低(37.02);在"主观幸福感"方面,父亲受教育程度为"大专及
以上"的得分最高(69.65),"未上过学"的最低(63.06)。可见,父亲
受教育程度为"大专及以上"的学生在本研究的五个维度上均获得了最高
分,最低分主要集中在父亲受教育程度为"未上过学"和"小学"两种情
况中。整体上看,父亲受教育程度越高,其在教育成效各维度上的得分也
越高。

父亲不同受教育程度的学生,在教育成效的五个维度上的差异是否达
到显著水平,还需要运用单因素方差分析法的结果做进一步的考察,结果
如表7-7所示。

表7-7 父亲不同受教育程度在教育成效上的变异数分析摘要

教育成效		变异来源(SS)	自由度(df)	均方(MS)	F 值	p 值	事后比较结果
学会认知	组间	1956.191	4	489.048	4.313	0.002	初中 > 小学 > 未上过学;大专及以上 > 小学;
	组内	111924.582	987	113.399			
学会做事	组间	5745.871	4	1436.468	3.814	0.004	高中 > 小学 > 未上过学;大专及以上 > 小学;
	组内	371775.087	987	376.672			
学会共同生活	组间	1596.873	4	399.218	10.064	0.000	小学 > 未上过学;初中 > 未上过学;高中 > 未上过学;大专及以上 > 小学;大专及以上 > 初中;大专及以上 > 高中;
	组内	39150.349	987	39.666			
学会生存	组间	670.636	4	167.659	12.406	0.000	初中、高中 > 小学 > 未上过学;大专及以上 > 小学;大专及以上 > 初中;大专及以上 > 高中;
	组内	13339.045	987	13.515			

教育成效		变异来源 （SS）	自由度 （df）	均方 （MS）	F 值	p 值	事后比较结果
主观 幸福感	组间	7548.177	4	1887.044	21.060	0.000	小学 > 未上过学； 大专及以上 > 初中 > 小学； 高中 > 小学；
	组内	88439.606	987	89.604			

由 F 值检验的结果得知，父亲不同受教育程度的内地西藏班学生在教育成效的五个维度上均具有显著差异，具体结果分析如下。

（1）在"学会认知"方面，父亲不同受教育程度的内地西藏班学生在学会认知上具有显著差异，F 值为 4.313（$p = 0.002$），达到非常显著差异。在确认方差齐性情况下，以 LSD 法进行事后比较发现，父亲受教育程度属于初中的学生在学会认知方面的得分高于父亲受教育程度为小学者，受教育程度为小学者高于父亲未上过学者，父亲受教育程度为大专及以上者高于受教育程度为小学者。父亲的受教育程度是影响内地西藏班学生学习认知教育成效差异的重要因素。

（2）在"学会做事"方面，父亲不同受教育程度的内地西藏班学生在学会做事上具有显著差异，F 值为 3.814（$p = 0.004$），达到 0.01 以下非常显著差异。在确认方差齐性情况下，以 LSD 法进行事后比较得知，父亲受教育程度为高中的学生在学会做事上的得分高于父亲受教育程度为小学者，小学受教育程度者高于父亲未上过学者，父亲受教育程度为大专及其以上者高于受教育程度为小学者。父亲的受教育程度是造成内地西藏班学生学会做事教育成效差异的重要因素。

（3）在"学会共同生活"方面，父亲不同受教育程度的内地西藏班学生在学会共同生活上具有显著差异，F 值为 10.064（$p = 0.000$），达到 0.01 以下非常显著差异。在确认方差齐性情况下，运用 LSD 法进行事后比较发现，父亲受教育程度为小学、初中、高中者在学会共同生活上的得分均高于未上过学者，父亲受教育程度为大专及以上者高于小学、初中、高中者。父亲的受教育程度是造成内地西藏班学生学会共同生活教育成效差异的重要因素。

（4）在"学会生存"方面，父亲不同受教育程度的内地西藏班学生在学会生存上具有显著差异，F 值为 12.406（$p = 0.000$），达到 0.01 以下非常显著差异。在确认方差齐性情况下，运用 LSD 法进行事后比较发现，父亲受教育程度为初中、高中者在学会生存方面的得分高于小学者，也高于未上过学者，父亲受教育程度为大专及以上者其在学会生存上的得分高于小学、初中、高中者。父亲的受教育程度是造成内地西藏班学生学会生存教育成效差异的重要因素。

（5）在"主观幸福感"方面，父亲不同受教育程度的内地西藏班学生在主观幸福感上具有显著差异，F 值为 21.060（$p = 0.000$），达到 0.01 以下非常显著差异。在确认方差齐性情况下，运用 LSD 法进行事后比较发现，父亲受教育程度为小学者在主观幸福感上的得分高于未上过学者，父亲受教育程度为高中者高于小学者，父亲受教育程度为大专及以上者高于受教育程度为初中和小学者。父亲的受教育程度是造成内地西藏班学生主观幸福感教育成效差异的重要因素。

综上所述，父亲的受教育程度是形成内地西藏班学生教育成效差异的重要影响因素。总体来看，内地西藏班学生的教育成效伴随父亲受教育程度的提高而提高。

六　父母职业构成在教育成效上的差异

父母的职业构成与受教育程度是我们用来讨论子女受教育情况、职业发展等问题时常用的两个变量。研究结果显示，父亲的职业构成与孩子的学业成就具有相关性。下一代的教育往往会受到父亲教育和父亲职业的影响，其中，父亲教育的影响大于父亲职业的影响；本人初职除了受自身教育影响外，也受父亲职业的影响。[1]

那么，内地西藏班学生的教育成效是否会受到父亲职业构成的影响？现实中关于学生获得内地西藏班的学习机会与父亲的职业构成有关之说是

---

① 李强等：《生命的历程：重大社会事件与中国人的生命轨迹》，浙江人民出版社，1999，第 72 页。

否属实呢？或者更具体讲，父亲是公职人员的学生是否比父亲是农牧民的学生有更多的机会进入内地西藏班学习呢？父亲不同的职业构成在教育成效各维度上的平均分与标准差分析结果如表 7-8 所示。

表 7-8　父亲不同职业构成在教育成效上的差异分析

	公务员（n=355）		农牧民（n=276）		经商（n=92）		其他（n=269）	
	M	SD	M	SD	M	SD	M	SD
学会认知	109.95	11.131	110.29	10.997	110.12	9.514	109.90	10.313
学会做事	133.00	19.702	132.34	20.610	132.71	18.656	131.76	18.466
学会共同生活	54.77	6.427	54.66	6.701	54.28	7.033	54.82	5.876
学会生存	38.03	3.781	38.23	3.786	37.58	4.128	37.80	3.569
主观幸福感	65.15	10.327	66.93	9.051	66.16	10.490	65.44	9.686

为便于集中分析，我们重点关注前三项，即重点讨论父亲职业是公务员、农牧民、经商这三种类型的差异，而忽略父亲职业是其他类型的情况。这主要基于两个原因：一是这三种职业构成本身也包含了父亲的受教育程度、经济收入、社会地位等方面的影响，不同的职业构成往往是影响子女受教育的重要因素。二是在经济社会发展还很不均衡的西藏，公务员与农牧民、经商等不同职业之间的经济地位、社会地位差异还很明显，常常是人们讨论民族教育公平的热点话题之一。从平均分看，在公务员、农牧民、经商三种职业构成中，父亲职业是农牧民的内地西藏班学生在"学会认知"方面反而获得了最高分（110.29），父亲职业是公务员的获得了最低分（109.95）；在"学会做事"方面，父亲职业是公务员的获得了最高分（133.00），父亲职业是农牧民的获得了最低分（132.34）；在"学会共同生活"方面，父亲职业是公务员的获得了最高分（54.77），父亲是经商的获得了最低分（54.28）；在"学会生存"方面，父亲职业是农牧民的获得了最高分（38.23），父亲是经商的获得了最低分（37.58）；在"主观幸福感"方面，父亲职业为农牧民的获得了最高分（66.93），父亲职业是公务员的获得了最低分（65.15）。表面上看，父亲不同的职业构成会影响内地西藏班学生的教育成效。但这种成效的差异是否达到显著水平，还需要用单因素分析做进一步的考验。

从表7-8的均值看，虽然父亲不同职业构成会在教育成效的五个维度上有差异，但经过单因素分析后发现，内地西藏班的教育成效在各组间并不存在显著性差异，结果如表7-9所示。

表7-9 父亲不同职业构成在内地西藏班教育成效上的差异分析摘要

		变异来源（SS）	自由度（df）	均方（MS）	F值	p值
学会认知	组间	25.132	3	8.377	0.073	0.975
	组内	113855.641	988	115.239		
	总数	113880.773	991			
学会做事	组间	245.593	3	81.864	0.214	0.886
	组内	377275.365	988	381.858		
	总数	377520.958	991			
学会共同生活	组间	21.991	3	7.330	0.178	0.911
	组内	40725.230	988	41.220		
	总数	40747.222	991			
学会生存	组间	41.791	3	13.930	0.985	0.399
	组内	13967.891	988	14.138		
	总数	14009.682	991			
主观幸福感	组间	550.162	3	183.387	1.898	0.128
	组内	95437.621	988	96.597		
	总数	95987.783	991			

具体来看，在"学会认知"上，F值为0.073（p=0.975）；在"学会做事"上，F值为0.214（p=0.886）；在"学会共同生活"上，F值为0.178（p=0.911）；在"学会生存"上，F值为0.985（p=0.399）；在"主观幸福感"上，F值为1.898（p=0.128）。可见，内地西藏班学生的教育成效在五个维度上均没有达到0.05以下显著差异。教育成效并没有因为父亲的职业不同而有显著性差异。父亲的职业不是内地西藏班教育成效的影响因素。在调研过程中，一部分人还对内地西藏班的公平产生了质疑，质疑内地西藏班学生的学习与成长会受到父母职业构成的影响，尤其是公务员、干部子女等。这一结果正好对社会流传的言论进行了较好的回应。内地西藏班学生的成长，主要与内地西藏班的教育教学环境和学生的

自身努力有关，较少受到父母职业身份的影响。

为更清晰地呈现假设验证情况，我们将其汇总（见表 7－10）。只有不同年级和父母不同的受教育程度在教育成效各维度上均有显著性差异外，其他均只是部分呈现显著性差异。

表 7－10　假设检验结果摘要

假设	教育成效之内涵				
	学会认知	学会做事	学会共同生活	学会生存	主观幸福感
1. 不同性别的学生，其教育成效有显著差异	×	√＊	√＊	×	√＊
2. 不同年级的学生，其教育成效有显著差异	√＊＊	√＊＊	√＊＊	√＊＊	√＊＊
3. 父母的民族构成不同，其教育成效有显著差异	×	×	×	×	×
4. 学生的居住地不同，其教育成效有显著差异	×	×	√＊	√＊	√＊＊
5. 父母的受教育程度不同，其教育成效有显著差异	√＊＊	√＊＊	√＊＊	√＊＊	√＊＊
6. 父母的职业构成不同，其教育成效有显著差异	×	×	×	×	×

注：√表示接受假设，即假设成立；×表示推翻假设，即假设不成立。

＊表示具有显著差异；＊＊表示具有非常显著差异。

第八章

内地西藏班与西藏自治区内学校的教育成效比较

　　内地西藏班学生与西藏自治区内学生属于同一学生群体，他们有着相同的小学教育经历、生活背景、宗教信仰等。不同的是，一个在远离西藏的内地学校接受中学教育，而另一个则在西藏（绝大多数仍在出生地就读）。那么，学习地点的改变是否会导致二者教育成效的差异呢？这种差异是否有显著性？为此，我们选取两个时间段进行比较：一个是 7 年级结束前，另一个是 9 年级结束前。这两个时间正是学生分别在内地学校和西藏自治区内学校学习一年和三年后的时间节点，有利于我们更好地分析二者教育成效的变化。

一　一年后内地西藏班与西藏自治区内学校教育成效比较

　　一年后，内地西藏班与西藏自治区内（以下简称区内）学校相比，二者在教育成效上的平均得分如图 8 - 1 所示。从图 8 - 1 可知，内地西藏班在教育成效的五个维度上的平均分均高于区内学校。这表明，这些来自西藏的学生在内地学校学习一年后的教育成效明显，优于区内学校。

　　结合表 8 - 1 看，在"学会认知"上，内地西藏班平均得分为 110.05 分，区内学校平均得分为 101.58 分，前者比后者高 8.47 分；在"学会做事"上，内地西藏班平均得分为 132.45 分，区内学校平均得分为 127.14 分，前者比后者高 5.31 分；在"学会共同生活"上，内地西藏班平均得

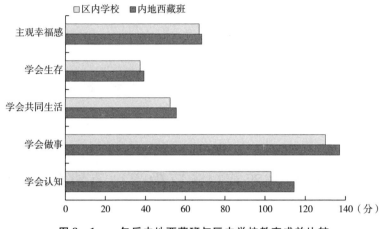

图 8 – 1　一年后内地西藏班与区内学校教育成效比较

分为 54.71 分，区内学校平均得分为 52.01 分，前者比后者高 2.70 分；在"学会生存"上，内地西藏班平均得分为 37.98 分，区内学校平均得分为 36.78 分，前者比后者高 1.20 分；在"主观幸福感"上，内地西藏班平均得分为 65.82 分，区内学校平均得分为 64.51 分，前者比后者高 1.31 分。

表 8 – 1　一年后内地西藏班与区内学校教育成效比较

	分组	均值	增幅（内地西藏班均值－区内学校均值）
学会认知	内地西藏班	110.05	+8.47
	区内学校	101.58	
学会做事	内地西藏班	132.45	+5.31
	区内学校	127.14	
学会共同生活	内地西藏班	54.71	+2.70
	区内学校	52.01	
学会生存	内地西藏班	37.98	+1.20
	区内学校	36.78	
主观幸福感	内地西藏班	65.82	+1.31
	区内学校	64.51	

　　从表面看，一年后内地西藏班学生与区内学生的教育成效有差异。这种差异是否达到显著水平，采用单因素分析的结果如表 8 – 2 所示。

表 8 - 2　一年后内地西藏班与区内学校在教育成效上的变异数分析摘要

		变异来源（SS）	自由度（df）	均方（MS）	F 值	p 值
学会认知	组间	30301.569	1	30301.569	242.386	0.000
	组内	215648.332	1725	125.014		
	总数	245949.902	1726			
学会做事	组间	11918.181	1	11918.181	31.742	0.000
	组内	647693.516	1725	375.475		
	总数	659611.697	1726			
学会共同生活	组间	3082.817	1	3082.817	52.742	0.000
	组内	100827.200	1725	58.451		
	总数	103910.017	1726			
学会生存	组间	611.189	1	611.189	31.683	0.000
	组内	33276.608	1725	19.291		
	总数	33887.797	1726			
主观幸福感	组间	719.185	1	719.185	6.977	0.008
	组内	177802.068	1725	103.074		
	总数	178521.253	1726			

从表 8 - 2 可见，经由 F 值检验的结果，内地西藏班与区内学校学生在教育成效各维度上皆有显著差异，其变异数分析结果如下。

（1）在"学会认知"上，内地西藏班与区内学生具有显著差异，F 值为 242.386（p = 0.000），达到非常显著差异。

（2）在"学会做事"上，内地西藏班与区内学生具有显著差异，F 值为 31.742（p = 0.000），达到 0.01 以下非常显著差异。

（3）在"学会共同生活"上，内地西藏班与区内学生具有显著差异，F 值为 52.742（p = 0.000），达到 0.01 以下非常显著差异。

（4）在"学会生存"上，内地西藏班与区内学生具有显著差异，F 值为 31.683（p = 0.000），达到 0.01 以下非常显著差异。

（5）在"主观幸福感"上，内地西藏班与区内学生具有显著差异，F 值为 6.977（p = 0.008），达到 0.01 以下非常显著差异。

综上所述，一年后的内地西藏班与区内学校学生在教育成效上具有显著性差异，即内地西藏班教育成效优于区内学校。

二 三年后内地西藏班与西藏自治区内学校教育成效比较

三年后，该学生群体分别在内地和区内学校完成了初中阶段的学习任务，即学生经历了从 7 年级到 9 年级的学习过程。那么，三年后二者在教育成效上有何差异？

结合表 8 - 3 和图 8 - 2 可以看出，三年后，无论是内地西藏班还是区内学校，其教育成效在五个维度上的得分均高于三年前，即 9 年级在教育成效的各个方面均优于 7 年级。这种增长也许有学生个人的因素如勤奋、自觉、有上进心等的影响，从而导致教育成效随着年级的增长而呈现自然性增长。但由于前面的研究结果显示，内地西藏班学生与区内学校学生在个人背景如父母受教育程度、父母职业等方面并不存在显著性差异，因此，即使有学生个人因素的影响，我们也将其视为学生所在学校的影响，即内地和区内不同的学校影响了学生教育成效的增长。

表 8 - 3　三年后内地西藏班与区内学校教育成效比较

	内地西藏班			区内学校		
	9 年级	7 年级	增幅	9 年级	7 年级	增幅
学会认知	114.43	106.22	+8.21	103.01	99.77	+3.24
学会做事	137.18	128.31	+8.87	129.99	123.54	+6.45
学会共同生活	55.56	53.97	+1.59	52.33	51.60	+0.73
学会生存	39.08	37.02	+2.06	37.37	36.03	+1.34
主观幸福感	68.02	63.89	+4.13	66.66	61.81	+4.85

注：增幅＝9 年级均值－7 年级均值。

为了进一步比较这种差异，我们对各自的增长幅度进行比较，即比较 9 年级和 7 年级的教育成效，对比分析内地西藏班和区内学校的增长幅度。这更能说明内地西藏班和区内学校教育成效的差异。表 8 - 3 显示，三年后内地西藏班在教育成效上的增幅整体上高于区内学校。具体来看，表现在以下方面。

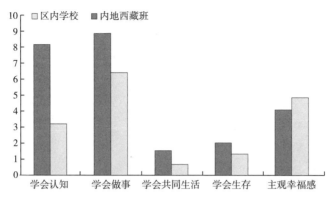

图 8 – 2　三年后内地西藏班与区内学校教育成效增幅比较

（1）在"学会认知"方面，内地西藏班的增幅为 8.21，比区内学校的 3.24 高出 4.97。

（2）在"学会做事"方面，内地西藏班的增幅为 8.87，比区内学校的 6.45 高出 2.42。

（3）在"学会共同生活"方面，内地西藏班的增幅为 1.59，比区内学校的 0.73 高出 0.86。

（4）在"学会生存"方面，内地西藏班的增幅为 2.06，比区内学校的 1.34 高出 0.72。

（5）在"主观幸福感"方面，内地西藏班的增幅为 4.13，比区内学校的 4.85 低 0.72。

可见，经过三年的教育，除"主观幸福感"外，内地西藏班教育成效的增幅在其他四个方面均高于区内学校。

总体而言，内地西藏班教育成效的增幅比区内学校大。从 9 年级来看，二者看似存在一定差异。但这种差异是否具有显著性，还需要通过单因素方法来进行进一步的分析。

从表 8 – 4 可见，经由 F 值检验的结果，内地西藏班与区内学校 9 年级学生在教育成效各维度上皆有显著差异，其变异数分析结果如下。

（1）在"学会认知"上，内地西藏班与区内学校 9 年级学生具有显著差异，F 值为 64.691（$p = 0.000$），达到 0.001 以下非常显著差异。

表 8 - 4　三年后内地西藏班与区内学校在教育成效上的变异数分析摘要

		变异来源（SS）	自由度（df）	均方（MS）	F 值	p 值
学会认知	组间	8373.609	1	8373.609	64.691	0.000
	组内	110283.661	852	129.441		
	总数	118657.269	853			
学会做事	组间	4575.130	1	4575.130	13.215	0.000
	组内	294961.507	852	346.199		
	总数	299536.636	853			
学会共同生活	组间	1126.940	1	1126.940	16.189	0.000
	组内	59307.388	852	69.610		
	总数	60434.328	853			
学会生存	组间	197.847	1	197.847	9.847	0.002
	组内	17118.222	852	20.092		
	总数	17316.069	853			
主观幸福感	组间	869.152	1	869.152	8.428	0.004
	组内	87862.808	852	103.125		
	总数	88731.960	853			

（2）在"学会做事"上，内地西藏班与区内学校 9 年级学生具有显著差异，F 值为 13.215（$p = 0.000$），达到 0.001 以下非常显著差异。

（3）在"学会共同生活"上，内地西藏班与区内学校 9 年级学生具有显著差异，F 值为 16.189（$p = 0.000$），达到 0.001 以下非常显著差异。

（4）在"学会生存"上，内地西藏班与区内学生具有显著差异，F 值为 9.847（$p = 0.002$），达到 0.01 以下非常显著差异。

（5）在"主观幸福感"上，内地西藏班与区内学生具有显著差异，F 值为 8.428（$p = 0.004$），达到 0.01 以下非常显著差异。

综上所述，内地西藏班与区内学校学生在经过三年教育后，二者的教育成效具有显著性差异。结合表 8 - 3 可知，内地西藏班 9 年级学生在教育成效的各维度上均值得分皆高于区内学校 9 年级学生，即从 9 年级学生看，内地西藏班教育成效优于区内学校。

第九章

30 年后回看教育成效——基于首届学生的访谈

　　内地西藏班政策是我国政府为了扶持西藏教育发展而实施的一项特殊的民族教育政策。2015 年是内地西藏班政策实施 30 周年。30 年来，该项政策的成效是积极的、显著的。从人才培养的数量来看，内地西藏班总共为西藏培养了 3 万多名中专以上学历的毕业生，而且绝大多数毕业生回到了西藏最急需人才的县、乡基层工作①，用自己所学服务于西藏的发展。内地西藏班在总结 30 年办学成就时，大家一方面从毕业生数量上进行了列举，如河北师大附属民族学院 30 年来累计为西藏免费培养各级各类藏族毕业生 3560 人。② 截至 2015 年 9 月，内地西藏班已累计招生 10.77 万人。③另一方面，除了数量上的成效外，内地西藏班的成效还体现为可以很好地发挥内地办学在师资力量、教学条件、办学经验等多个方面的优越性，保证了教学质量的提高④，也有利于区内教育工作水平的提升，有利于增强

---

①　教育部民族教育司：《风雨同舟，共见彩虹——内地西藏班办学 30 周年历程回顾》，《中国民族教育》2015 年 Z1 期。

②　《河北师大附属民族学院开办内地西藏班 30 年培养优秀人才 3560 名》，2015 年 9 月 7 日，http：//www.seac.gov.cn/art/2015/9/7/art_ 92_ 236546.html。

③　郭爽：《内地西藏班 30 年招生逾 10 万》，《西藏商报》2015 年 9 月 16 日。

④　滕星、王军：《20 世纪中国少数民族与教育》，民族出版社，2002，第 318 页。

中华民族的凝聚力，有利于加强西藏与内地之间的联系与交流①。

但是，这些成效均是从宏观层面进行的评价，其目标指向的是人才的培养和培养后的教育收益。这种收益具体表现为：西藏自治区收获了各种层次的人才，国家也因此获得了民族团结、民族凝聚力增强甚至是国家稳定等方面的收益。这些收益是外显的，是研究者根据相关资料分析得出的，而少有毕业生本人的参与。作为一项培养人的内地西藏班教育政策，其教育成效的核心还应回归到"促进人的发展"这一原点。是否促进人的发展，不能仅仅依靠外显的数字和宏观的定性评价，而应深入内地西藏班学生，尤其是30年前的首届学生这一群体的内心，听听这些政策经历者的评价，听听他们在毕业30年以后回看这段经历的真实想法。这样的教育成效才显得更客观、更真实、更全面。正如学者们指出：宏观层面的教育成效是必须的，还有必要从微观角度进行深入分析，从政策对内地西藏班学生人生的影响、西藏民众特别是学生父母的认同感等多个方面进行实证调研，更客观、全面地揭示该政策的成效。②

为了彰显内地西藏班30年来的办学成就，对个别杰出毕业生的采访报道不时见诸报端。这些报道宣传成就的多，对问题和不足等却少有提及。一方面，报道的代表性、典型性不强，也不够深入；另一方面，重成就、轻问题的教育成效并不客观。同时，不同时间入学的学生可能会因此而影响他们对自己内地学习经历的看法。因此，为了更全面、客观而真实地揭示该政策的教育成效，还需要对30年前的政策亲历者——首届学生这一群体进行调查，调查他们在离开内地西藏班30年后如何评价自己的学习经历，如何看待内地西藏班给自己的影响与对西藏发展的影响，如何评价这项教育政策，在支持自己的下一代到内地西藏班学习上有何具体体现等。综合亲历者这一群体的微观评价与宏观的教育成效，才能完整、全面、真实地揭示其教育的成效，可为内地西藏班今后的发展提供多方面的思考，

---

① 严庆：《解读我国一项特殊的民族教育政策——举办内地西藏班（校）》，《民族教育研究》2005年第2期。

② 喻永庆：《深化内地西藏班（校）研究，积极探索发展新模式——写在内地西藏班（校）办学30年之际》，《中国民族报》2015年4月3日。

有着积极的理论和现实价值。为此，我们对 30 年前的首届学生进行了访谈，试图从他们的视角来呈现内地西藏班的教育成效，从而给本研究提供更加宽阔的视野。

一　教育成效与态度理论

内地西藏班的首届学生到底如何评价 30 年前的这项民族教育政策呢？他们对该项政策的态度无疑是教育成效的重要内容。但是，态度又是因人而异的，不同的人给出的态度也许差异较大。为了更好地讨论首届学生对内地西藏班政策的态度，我们借鉴态度 ABC 理论并加以改进后来进行分析。

态度的测量已有相关的理论与方法，其中迈尔斯提出的态度 ABC 结构具有较强的借鉴价值。态度 ABC 包括情感（affect）、行为意向（behavior intention）和认知（cognition）。这里的"认知"是指行为个体对人、物、事件等的认识，反映个体对特定对象的信念和看法，是构成情感与行为意向的基础，具有一定的评价和判断功能。"情感"指个体对态度对象的情绪或情感体验，这种情感体验包括个体对某一对象在认识基础上产生的赞成、反对、喜欢、厌恶等。"行为意向"指个体根据自己的认知和情感体验所确定的行为倾向，是态度的一种外部表现，且是态度三部分中唯一能被直接观察的部分。[1] 可见，运用态度 ABC 结构对首届学生进行深度访谈，可以全面、客观地揭示隐藏于个体内心深处对内地西藏班政策的价值判断。

之所以选取 30 年前的首届学生作为研究对象，其初衷有二：一是他们有着相同的认知时间节点——均在 1985 年作为首批学生进入内地西藏班。尽管他们当初也存在年龄差异，但入学的时间是相同的，该政策在他们的内心停留的时间也是相同的，这就可以避免学生因入学时间不同而引起的认知差异。二是这些首届学生绝大多数已成为父母，而且多数人的孩子正处于初中入学阶段，可通过讨论他们是否积极主动送自己的孩子到内地学

---

[1]　余国良：《社会心理学》，北京师范大学出版社，2006，第 205 页。

习这一具体行动来检验政策的实际成效。也就是说，他们对内地西藏班政策的态度在很大程度上可以通过积极主动送孩子到内地读书这一行为表现出来。具体而言，如果认同和支持这项教育政策，他们便会鼓励孩子到内地西藏班接受教育；反之，他们会阻止孩子到内地西藏班学习。

基于此，结合首届内地西藏班学生的实际情况，我们对态度 ABC 结构进行了适当改造：将其中的"行为意向"修改为"行为"。这是因为，测量首届学生群体将孩子继续送到内地学习的具体行为，比测量行为意向显得更真实、可感知。行为意向可能会受到政治背景、家庭经济条件、公开或私人场合等多种因素的影响，虽有意向，也可能最终只停留在行为意向上而不能化为具体的行为。而具体的行为则不同，表现出来的不是意向而是结果，是态度准确、真实的外部表现。因此，通过测量首届学生对内地西藏班政策的认知、情感、行为三个方面来揭示内地西藏班政策的成效，有着较强的现实意义。

二 访谈对象与研究方法

为更准确地反映首届学生对内地西藏班政策的态度，我们首先通过"滚雪球"的方法于 2014 年 9 月至 2015 年 1 月先后对 27 名毕业于不同学校的首届学生进行了面对面的半结构式访谈，其中有 3 人因工作原因和个人原因接受了电话访谈。访谈内容紧紧围绕他们对内地西藏班的认知、情感、行为三个方面进行，了解他们对该政策的客观评价和自己作为经历者的真实感悟。这 27 名研究对象来源及其构成的基本情况见表 9 - 1。

表 9 - 1 访谈对象基本情况

单位：人

研究对象分布		人数	说明
毕业学校	东部地区	12	包括北京市西藏中学、天津市红光中学、常州西藏民族中学、河北师大附属民族学院
	中部地区	10	包括武汉西藏中学、南昌市第 17 中学、郑州第四中学
	西部地区	5	重庆西藏中学、四川省成都西藏中学

研究对象分布		人数	说明
生源地	拉萨	5	来自农村的 10 人，城市 17 人
	昌都	4	
	林芝	7	
	山南	8	
	那曲	3	

从研究对象的分布来看，曾在东部地区内地西藏班就读的有 12 人、中部 10 人、西部 5 人，覆盖 9 所内地西藏班。从区域分布看，研究对象分布在除阿里地区和日喀则以外的整个西藏。从城乡分布看，这些研究对象来自农村的 10 人，来自城市的 17 人。研究对象具有一定的代表性，能较为客观、准确地体现该群体的特征。

随后，综合考虑研究对象特征、研究对象本人的交流与沟通能力、与研究者之间的信任关系、研究对象的自愿性等，我们于 2015 年 3 月至 4 月选取了卓玛、平措（均为匿名）两位 1985 年进入内地学习的首届学生进行了深度访谈和参与观察，共访谈 11 次、参与观察 4 次（分别对两个受访者的工作环境和家庭环境进行了观察）。卓玛来自拉萨，父母均是公职人员，当年就读于东部地区某内地西藏班，现任林芝某机关单位领导。平措来自昌都农村，父母均是农牧民，当年就读于中部某内地西藏班，现为昌都某县单位工作骨干。

研究者通过与受访谈者的深入交流，试图引导他们回忆自己当年在内地的求学经历，反思这段特殊经历对自己人生的影响，反思这项政策对西藏可持续发展的影响，从而通过"他者"对内地西藏班政策的评价来讨论其成效。

三　首届学生眼中的教育成效

30 年后的今天，首届学生中的绝大多数仍在西藏的各行各业中工作，为西藏的建设与发展积极贡献自己的力量。这与内地西藏班设立之初的使命——为西藏培养人才相契合，他们回到西藏去建设西藏就达到了当初的目标。不仅如此，他们中的多数已成为各单位的中坚力量，相当一部分是单位领导或骨干，对西藏的建设与发展有着较大的影响力。他们正在各自岗位上用自己的行动去影响身边的人，用自己的正能量去引导更多的人。显然，从这些外显的结果看，内地西藏班政策的教育成效是显著的。

然而，我们不能忽视的是，这些内地西藏班学生当年离开家乡、离开父母到内地求学的平均年龄在 13—15 岁，有的学生还不具备基本的生活自理能力。由于交通条件的限制，绝大多数学生在内地读书期间从来没有回过家、没有与亲人见过面，与家里唯一的交流方式是信件，部分来自城市家庭的学生偶尔会通过长途电话与父母保持联系。不仅如此，这些来自西藏的学生到内地后面临文化的差异，面临从藏文化背景到汉文化背景的适应。这样的经历必然会在他们的内心打上深深的烙印，给他们后来的发展带来深远的影响。如今，这段经历已沉淀 30 年，他们对内地西藏班的态度和评价在经历了时间的洗礼后变得更加稳定。

可见，根据态度 ABC 结构深入研究首届学生对内地西藏班的认知、情感和行为，有利于我们从内地西藏班亲历者的角度来理解和体会其教育成效，并与学者们从外显角度开展的讨论一起，共同构成内地西藏班的教育成效。这样的教育成效才显得更加客观、真实和全面，并经得起时间的检验。

（一）认知：认同仍需完善

1. 赞成肯定，支持持续发展

对 13—15 岁的藏族孩子而言，他们并不完全具备跨文化适应的能力。当来到以汉文化为主要特征的内地学校以后，他们往往会面临生活、学习上的诸多不适应，严重时还会影响他们的健康成长。事实上，每年都有学生因为不适应内地的环境而不得不返回西藏的例子，给孩子本人和家庭都带来了一些遗憾。关于在校内地西藏班学生的调查发现，语言障碍、生活环境差异、成绩反差大、思念家乡等因素会导致内地藏族学生普遍存在自卑心理和人际关系敏感等现象。① 特别是在新生到内地学习的第一个学期，这种不适应的情况非常普遍。由于生活、文化、社区等多个方面的差异，一方面，他们的身体不适应，生病的情况较多；另一方面，他们的心理不适应，焦虑、消极的情况较常见。这种情况如果得不到及时的疏导和解决，就会对孩子的身心造成不利影响。

不过，当他们离开学校 30 年后再回过头来看这段经历时却有了不同的答案。在我们访谈的学生中，每个受访者在谈及这段经历时都很动情，且对国家实行的内地西藏班政策表示高度认同。在访谈中我们多次听到这样的表述："正是这项特殊而优惠的民族教育政策，自己才有机会到内地西藏班学习，才能得到很多同龄人得不到的优质教育，才有机会去感受和体验不同民族之间的差异等"；"内地西藏班有效地提高了我们的学习成绩并帮助我们实现了升学的梦想，也为我们搭建了一个民族交流的平台，为我们创造了包容民族差异的环境"。在和他们对话的过程中，"增强了独立能力""提高了学习成绩""理解了不同文化的差异""拓宽了视野"成了大家评价内地西藏班政策好处时使用频率最高的 4 个关键词。内地西藏班的学习经历，不仅让大家收获了满意的学业成绩，更重要的是学会了尊重不同民族的差异并正确处理这种差异的能力。后者无论是对个人还是对整个西藏的发展，均是非常重要的。

毫无疑问，内地求学的经历是他们后来在人生和事业发展上获得成功的先决条件。如果没有到内地西藏班学习，特别是在 30 年前的西藏，他们中的多数将不可能获得这样的机会。可见，他们对内地西藏班政策是肯定的、赞同的。

众所周知，由于历史的原因，西藏现代教育起步很晚。1951 年，西藏第一所现代小学——昌都地区实验小学成立，标志着西藏现代教育发展进入新纪元。起步晚的西藏现代教育水平长期在低水平徘徊，教育的价值和收益在当初并不为多数家长和学生所认同。特别是在广大的农牧区，中小

---

① 李玉琴：《藏族儿童内地学习生活的文化适应研究——对双流县就读的藏族儿童群体的调查》，《中国藏学》2009 年第 3 期，第 48—53 页。

学生的辍学率居高不下。很多人想考上高中都难，更别说考上大学。1985年，在藏的 3 所大学当年共招生 530 人，其中少数民族（含藏族和其他少数民族）仅 252 人。[①] 来自农牧区的平措对此感受十分深刻：

> 我是家乡第一位大学生，我的绝大多数伙伴连小学都没有读完就辍学回家了。现在我的同学都很羡慕我，其实我内心最清楚，没有在内地读书的机会，就肯定没有我的今天。（访谈资料，2015 年 4 月 3 日）

没有到内地读书的机会，就不可能有今天这样好的人生发展。"内地西藏班改变了自己的命运"，这已成为内地西藏班学生群体的共识。每当他们谈及自己的同龄人时，他们更能深切地体会到内地西藏班政策给自己、家庭甚至家乡发展所带来的变化和益处。卓玛在谈及自己的小学同学时十分感慨：

> 是内地西藏班的学习经历拉开了我们之间的差距、改变了我们各自的人生……事实上，到内地西藏班读书的绝大部分同学都考上了高中，后来又考上了大学。（访谈资料，2015 年 3 月 10 日）

比首届学生晚 10 年到内地西藏班就读的旦增罗布也欣然认同这种高度肯定的评价。

> 我刚去内地的时候什么都不懂，连最起码的汉语"坐下""起来"都不懂，其他的更不要说了……甚至有人说我像一头草原上的牦牛，笨笨的、壮壮的，什么都不会。哪知后来我如愿以偿地考上了高中、考上了大学，现在我成了一名公务员，不仅汉语水平很高，而且我们单位的很多文件都是我负责起草的。如果当初没有考上内地西藏班，我无法想象我现在在哪里。所以，我们的很多同学都非常赞成国家实行这样的政策。

---

① 西藏自治区地方志编纂委员会编《西藏自治区志·教育志》，中国藏学出版社，2005，第173 页。

有了内地的学习经历，这批学生很早就学会了独立生活、独立决策的能力，并在与不同文化的人相处中学会了包容他人、与人合作等许多人生道理。访谈中多数学生用"感恩"一词来形容自己的这段经历。正如卓玛所说的"感谢党和政府对西藏教育的大力支持，是我们这一代人共同的心愿"。

除提高了学生个体学习水平和综合能力以外，教会学生包容民族差异并正确对待不同民族之间的差异也是大家对内地西藏班政策持肯定和赞同态度的又一原因。众所周知，内地西藏班学生长期生活在西藏这一独特的自然环境和社会环境之中，自然深受藏文化的影响。这与其他民族文化尤其是内地主流的汉民族文化之间有着较大的差异，并表现在语言、饮食习惯、服饰甚至心理特点等多个方面。同时，由于交通落后、信息闭塞、经济不发达，藏族学生在生活中主要受单一的藏文化影响较深，很少与其他不同文化的民族接触和交流。这对年龄较小的藏族学生而言，如何理解并正确处理这种文化差异是他们到内地后面临的第一道难题，也是他们能否在内地得到健康成长的重要因素。平措还记得：

> 刚到内地时很不适应：吃的不是糌粑，喝的不是酥油茶，说话不是用藏语，课堂上几乎所有老师只用汉语授课等。那一刻，我们很自卑。（访谈资料，2015 年 4 月 7 日）

针对这一实际情况，几乎所有的内地西藏班都因地制宜地积极开展多元文化教育（multicultural education），引导学生正确认识身边的多元文化社会，从而帮助学生树立多元文化教育的观念。教育心理学研究结果表明，开展多元文化教育可以有效地减少民族或种族的偏见，可以创造一种包容的学校文化。[1] 随着不同民族师生之间交往逐渐增多，大家也逐渐了解了他民族的文化，增强了对本民族文化的认同与自信心，进而学会了对不同民族差异的包容。正如卓玛所说：

---

[1] 安妮塔·伍尔福克：《教育心理学》（第 12 版），伍新春等译，机械工业出版社，2015，第 182 页。

当初，我们很害怕汉族老师，总担心老师会对我们另眼相看，即使有困难我们也从不给老师说。但汉族老师总是真诚地关心我们、帮助我们，与我们一起乐、一起哭，甚至常常牺牲自己的休息时间、放弃与自己孩子或亲人团聚的机会与我们在一起，让我们在感动中忘记了民族差异，真切地感受到来自他民族的真情。（访谈资料，2015 年 3 月 25 日）

可见，在内地学习的过程中，一方面，藏族学生增强了对他民族文化的理解和包容；另一方面，藏民族的文化不断得到了所在学校及其社区的理解、欣赏和认同。随着彼此的不断交流交往，不同民族之间的误解、隔阂随之消除，从而增强了不同民族之间的互信，增强了相互之间的沟通，增强了中华民族的认同。在访谈中，平措告诉笔者：

记得有一次，学校举行元旦晚会，我们唱起了藏歌、跳起了锅庄，赢得了学校和社区的支持。我们的学校后来干脆把几十年如一日的课间操改为跳锅庄，一些汉族的师生也积极参与进来。同时，我们还受邀参加社区的重大活动，用我们藏族独特的歌舞为不同民族之间架起了一座相互交流的桥梁。社区的人们不再是以异样的眼光看待我们和我们的文化，而是欣赏。这极大地增强了我们的自信，也增强了我们对社区其他民族的信任。（访谈资料，2015 年 4 月 15 日）

类似活动逐渐增多，学生之间虽然文化背景不同，但在活动过程中有着相似或相同的目标，正是这些相似或相同的目标帮助学生不知不觉地学会了包容差异。在访谈中，卓玛告诉笔者：

从那时起，我们不仅知道汉族，而且还了解了其他 54 个不同的少数民族。在学校的大型文娱活动中，不同民族学生相互理解、相互交流、相互包容，共同演绎着精彩、快乐的节目。（访谈资料，2015 年 3 月 18 日）

这段特殊的经历是区内大多数学生无法体验和感受的，必将深深地影响一个人一生的生活和发展，在心理和精神等多个方面打上深深的烙印。
这样，内地西藏班学生就会在工作和生活中积极主动包容不同民族文化的
差异，从而避免民族冲突，促进民族之间的和谐相处。卓玛说：

> 第一次读到费孝通先生关于中华民族多元一体时并不理解其内
> 涵，只有当体验到不同民族之间的差异和相同点时，才会真正理解费
> 老的深意。（访谈资料，2015 年 3 月 22 日）

事实上，正是内地学习的特殊经历让这些精英在建设西藏的工作中发
挥了积极的作用。他们把内地好的思想、经验、技能带回西藏，积极服务
于西藏的建设与发展，并在多数时候扮演着引领者的角色。卓玛告诉
笔者：

> 现在我们会主动运用所学去引导大家坚守我们特色的传统文化，
> 并不断吸收与借鉴现代科学的相关知识来发展藏族、发展西藏。比
> 如，我的家人、亲戚朋友生病后会首选医院，而不是寺庙的喇嘛；他
> 们会正确看待宗教与社会发展之间的关系，而不是迷信宗教，也不会
> 被人利用；会积极主动地从事经商、服务等新型职业，而不是依赖传
> 统的放牧；等等。（访谈资料，2015 年 3 月 17 日）

多项研究表明，西藏是在自然环境、社会发展阶段、民族文化等多个
方面具有特殊性，具有不同于内地任何一个地方的"西藏特点"。这决定
了西藏的治理必须依赖充分了解、认识西藏的人才，而这些在内地学习的
西藏毕业生恰恰是最适合的人才。不仅如此，这批人才在藏民族中有着很
高的威信，具有很高的认同度，适合带领当地群众正确处理西藏建设发展
中的各种关系，有效化解各种矛盾，及时解决存在的问题，促进社会和
谐与地区的稳定发展。比如，为了解决农牧区长期以来的辍学问题，政
府每隔一段时间都会派专人专车把辍学学生强制送回学校，但过一段时
间学生又逃离了学校，辍学问题长期得不到根本性的解决。同样来自牧
区的平措分管教育后提出，在全县选派从这个村中走出来的公职人员回
乡对家长、学生进行劝学。这一招果然奏效，相当一部分的家长受榜样

的鼓舞积极支持孩子上学。这样的例子在藏区不胜枚举。一般而言，只要有本民族、本社区的代表在场，相应的问题更容易解决。内地西藏班毕业生回到西藏，可以充分发挥自己的优势和示范作用，具有积极的引导功能。

2. 弊端明显，仍需完善

不过，内地西藏班毕竟属于异地办学，学生们不仅面临文化的差异，也面临与家庭的分离，并不利于学生的身心健康发展。学校教育与家庭教育没有形成合力，无疑是内地西藏班的一个遗憾。

在过去交通不便的时候，这些年龄普遍在13—15岁的孩子离开西藏往往是4—7年才回家。[①] 加上当时的通信条件极其有限，学校与家庭几乎处于相互隔离的状态，家庭教育与学校教育并不能像今天一样共同作用于学生的发展。这无论是对父母还是对孩子，都忍受着亲情的煎熬。今天，在内地西藏班家长中还流传着一个新名词"留守父母"，专指把孩子送到内地求学而自己孤独留守的西藏父母。为了让孩子今后有个更好的未来，他们与所有的家长一样，宁愿牺牲一部分亲情也愿意做好"留守父母"。孩子更是如此，"想家"成了内地西藏班学生普遍的"心病"，他们在内地学习期间不得不忍受与父母、亲人分离的痛苦。特别是到内地读书的第一个学期，学生往往面临生活、语言、环境、人际关系等诸多方面的不适应。由于自己的亲人不在身边，学生有时候因为想家什么事情都不想做。访谈中一部分女生回忆当年的这段特殊经历，都伤心地掉下了眼泪。在人生成长最关键的时期，孩子们不是在自己的父母身边，不是在自己熟悉的社区，而是在异文化的内地学校学习，他们面临的难题可想而知。这些难题主要包括：语言障碍、学习困难、本民族文化消退、亲情淡漠、十分想家等。任何一个方面，均可能成为影响孩子学习和心理健康的重要因素。

调查发现，内地藏族初中生具有以下特质：性格比较内向、孤僻，对同伴缺乏深刻情感；是非观念淡漠，有时不顾个人安危；进攻性较强，仇

---

① 当时初中预科1年，实为4年。

视他人，甚至缺乏基本信任感；社会化概念不够明晰，同情心和罪恶感相对淡薄。① 这些人格特质的形成，除了西藏独特的自然环境影响外，还主要受到内地西藏班社会环境的影响。同时，由于内地西藏班藏族学生年龄偏小，且处于一个相对封闭的状态，他们还面临德、智教育失衡产生的价值取向偏移，民族通识教育力度不够导致人们对藏族学生产生偏见等问题。② 对这些"内地西藏班一代"而言，一方面，他们是该项民族教育特殊政策的受益者和支持者；另一方面，他们又不得不承认政策本身存在天生的"短板"——学校教育与家庭教育分离、学校教育与自己的文化环境疏离，总在不断提醒"内地西藏班二代"要吸取父母这一代人的教训。一位妈妈在写给孩子的信中坦言，到内地西藏班学习最大的遗憾是几乎丢掉了本民族的文字——藏文，甚至把自己没有学好藏文的经历作为反面教材，希望孩子们不管学习多么紧张、时间多么不够用，一定不要放弃藏文学习。③ 学生长期在以汉文化为主的内地西藏班学习，不可避免地会导致他们远离本民族的文化：不会流利地使用藏文进行听、说、读、写，不能深刻地理解部分藏文化的核心内容，缺乏对藏文化的深刻体验等。调查中有约 89% 的家长对此表示担忧，并提出了希望内地西藏班加强藏文化教育的建议。

这项特殊的民族教育政策是柄"双刃剑"。如何实现学生学习能力提高与保持本民族文化特色的"双赢"将是内地西藏班政策未来调整的焦点。提高内地西藏班学生的教育水平，绝不能以牺牲本民族文化为代价，而是要实现"共生"发展。无论是政策设计还是政策实施，均需要不断完善。虽然内地西藏班这一空间无法改变，但仍可采取增加藏语课时、开展丰富多彩的藏文化活动、利用信息技术增强学生对藏文化的相关体验等多种措施，更好地促进内地西藏班学生的健康成长。

---

① 冉苒、杨玉霞：《内地藏族初中生人格特质的特点》，《中国健康心理》2012 年第 2 期，第 252—254 页。

② 雷召海：《关于内地西藏班（校）办学模式的政策分析——以武汉西藏中学为例》，《民族教育研究》2012 年第 4 期，第 23—27 页。

③ 黄香：《思念是一种动力——写给在内地西藏班读书的女儿们》，《中国民族教育》2015 年 Z1 期，第 30—31 页。

　　值得可喜的是，如今的内地西藏班教育已探索出多种方式来完善这一政策，并取得了很好的效果。

　　一方面，针对学生本民族文化疏离问题，学校纷纷增强了藏文化教育的比重。增加藏语课时数、开发藏文化校本课程、开设藏文书法课程、围绕藏文化开展丰富多彩的活动等，增强学生在异乡对本民族文化的学习和体验，不断提高学生对本民族文化的自信。重庆西藏中学、南昌十七中、郑州四中、南通西藏中学等均把藏文化作为校园文化的一部分，让学生身在内地也同生活在西藏那熟悉的环境一样。每逢藏历年、雪顿节等重大节庆时，内地西藏班也总会组织学生一起过节。常州西藏中学甚至将校园内的道路用西藏的 7 个地市及其地理分布来进行命名，从正南向西分别命名为"山南路、日喀则路、阿里路、那曲路、昌都路、林芝路"；将校内的两个广场分别命名为"哈达广场"和"拉萨广场"；将男女生宿舍楼分别命名为"达娃楼（淑雅楼）"和"卓玛楼（儒雅楼）"；将餐厅命名为"青稞餐厅"；在每条路上还设置校园橱窗介绍西藏各地区的文化、经济社会发展的成就；等等。这些内地西藏班为了给学生营造一个浓浓的藏文化环境真可谓煞费苦心。这样既减少了该年龄段学生在异地生活的陌生感，同时也时刻在提醒学生要自觉传承本民族的文化，不断培养学生保护和传承本民族文化的自觉性和自信心。

　　另一方面，针对学校教育与家庭教育分离的问题，学校探索出了"让西藏学生在内地有个家"的家校互动模式。特别是常州西藏中学、济南西藏中学、南通西藏中学等多校开展的"汉藏结对"活动①产生了积极的影响。每逢周末或节假日，学校门口停满了来接孩子回"家"的车辆。每到下午或周末，当地的"家长"也常来学校看望内地西藏班的孩子并与他们交心，积极担负起"家长"的角色。这种形式在促进家校共同育人方面起到了积极的效果。常州西藏中学一个藏族孩子在感恩节给"常爸""常妈"②的一封信里这样写道：

---

① 由学校组织为藏族孩子在当地找一个汉族家庭结对，让他们在当地有个"家"。

② 由于常州结对家庭视藏族孩子为自己的子女进行教育和引导，部分"家长"与学生之间形成了亲密的关系，以至于被学生亲切地称为"常爸""常妈"。

常妈，还记得吗？我疝气发作，剧烈的疼痛让我无法忍受，是您为我联系医院进行手术，是您为我炖熬把刺挑出的乌鱼汤，是您整夜地陪护着我输液。我说："常妈，谢谢您！"您说："一家人说什么谢谢？！"那一刻，家的意义第一次让我觉得刻骨铭心。常爸，还记得吗？去年春节，您听说我爸爸妈妈要来常州，二话不说，收拾好房间，带上我去机场接机。我说："常爸，不要麻烦，就住学校旁边的宾馆吧。"您说："傻孩子，有家不住，干吗要住外面？"那一刻，家的内涵在我心中被重新定义。

学生在内地学习期间虽然在物理空间上与家存在距离，但让"西藏学生在内地有个家"的活动缩小了他们与家庭的心理空间。这种"代家长"做法在一定程度上减少了内地西藏班"家校分离"的负面影响，为促进学生的健康成长提供了良好的条件。此外，学校还通过暑期送学生回藏、电话网络沟通、家长来校探访、学校进藏家访等多种形式来增强学校教育与家庭教育的融合，均取得了积极的效果。

（二）情感：真诚与难忘

情感体现了一个个体对内地西藏班的评价态度，通常表现为赞成与反对、接受与拒绝、喜欢与厌恶等。这种情感是衡量内地西藏班政策是否有成效的重要标准。换句话说，他们对内地西藏班的情感是内地西藏班政策是否有成效的直接反映。如果首届学生认同内地西藏班政策，他们则会表现出积极的情感，表现出满意的、支持的态度；反之，则会表现出消极的情感，表现出抱怨、反对的态度。后者往往会对政策的持续产生不利影响。

当然，学生个体的这种情感会受年龄、入学时间、家庭环境、成长经历、受教育程度、价值观等多种因素影响。具体而言，这些来自西藏的学生在进入内地初期、中期、毕业以后对内地西藏班的情感会有差异，也不稳定。不过，当个体成年、经过30年的时间沉淀以后，他们对内地西藏班的情感会显得相对客观、理性、稳定，更能真实地呈现他们对政策本身的态度。

那么，30 年前的首届学生对内地西藏班如何评价呢？结果显示，多数受访者在谈及自己 30 年前在内地西藏班的学习与生活经历时表现出了积极的情感，并如前所述对内地西藏班表现出高度的认同。虽然 30 年的时间已冲淡了他们的不少记忆，甚至有的受访者连老师的名字都记不得了，但仍记住了生活与学习过程中很多难忘的细节。在这些细节中，老师是大家谈及的最多的人，也是他们心里"最可敬的人""最可爱的人"。他们甚至把女老师叫成"阿妈"、男老师叫成"阿爸"。回想当年，他们来到内地后可谓举目无亲，唯一与他们朝夕相处的人是内地西藏班的老师。他们在生活和学习上唯一可以依靠的也是老师，老师们兼任教师和父母的双重角色。在与老师长期相处的过程中，他们几乎都经历了一个拒绝、感动、难忘的情感历程。当他们初次来到内地时，文化的差异和陌生的环境必然会让他们产生本能的拒绝与排斥过程。尽管如此，由于老师们在生活上对他们无微不至的照顾、在学习上诲人不倦的教育，学生们从内心逐渐体会到了来自他民族教师的真诚关怀。虽然老师与自己的民族不同，具有不同的文化背景，但老师依然视学生为自己的孩子一样进行关心、照顾和帮助。教师们以自己的行动让学生体会到了不同民族之间无差别的交流与相处。卓玛告诉笔者：

> 是班主任老师第一次在学校浴室教我洗头洗澡，像自己的妈妈一样给予呵护和照顾。后来我生病时，老师把我带到她家里，给我煮好吃的，还讲着故事来让我喝药；学习上，老师们放弃休息时间给我们做一对一辅导，不厌其烦地给我们讲解，直到弄懂为止。（访谈资料，2015 年 3 月 28 日）

当笔者打通卓玛初中班主任张老师电话时，她叫了一声张老师就忍不住激动得哭了起来，但脸上仍洋溢着开心的微笑。显然，时隔 30 年的师生通话，又让他们在瞬间回到了他们从前生活的时光，在与老师通话的过程中，实际上是在享受内地西藏班政策带来的幸福。卓玛说：

> 如果有机会的话，很想再回到原来的学校看一看是什么样子，看一

看原来教过我们的老师现在怎么样。（访谈资料，2015 年 3 月 28 日）

言语中流露出对老师的难忘之情。这一点与在校生的感受是不一样的：对在校生而言，尽管老师们是可敬可亲的，但在他们的社会关系网络中老师依然是被疏远的社会群体，依然把内地的老师和同学排除在外。[①] 时间会让内地西藏班学生更理智地看待这段难忘的师生情。

事实上，在内地西藏班的老师之间流行一串特别的字符"24365"，其意思是内地西藏班老师要确保手机 24 小时开机、365 天待命，几乎没有周末，没有节假日。为了内地西藏班学生的健康成长，他们比非内地西藏班的老师付出得更多。在不少内地西藏班老师心里藏着这么一句话："西藏班老师对学生的态度，就是学生眼里这个社会对西藏的态度最直观的映射。"直白地说，就是老师怎么对学生，学生就怎么理解这个世界、这个国家。一位老师坦言，不站在中华民族的高度，就不能理解内地西藏班师生的情谊："如果用'不是亲人胜似亲人'来形容都太肤浅，我们之间有一种非血缘的血脉关系。"[②]

内地西藏班老师以自己的实际行动抹平了师生间的文化差异，让学生切实体会到了"藏汉一家人""多民族一家亲"的人文关怀，教会了学生如何包容不同民族间的文化差异，如何正确处理不同民族之间的关系。他们这种甘于奉献的行动感染了这些来自西藏的学生，也将对学生的人生观、价值观产生深远的影响。平措告诉笔者：

> 我的人生观在老师们的影响下得到了改变，并影响着我一生的发展。不仅如此，我们还会把这种影响带给下一代，带给生活中的其他人。（访谈资料，2015 年 4 月 7 日）

每次开学前，平措都会让孩子带点藏区的特产或自己制作的藏族特色

① 张东辉、黄晶晶：《"我们"与"他们"：内地西藏散插生的社会网络构建——一项教育民族志研究》，《湖南师范大学教育科学学报》2015 年第 2 期，第 86—91 页。

② 张滢：《来自祖国母亲最珍贵的礼物——内地西藏班办学三十周年纪实》，《中国民族教育》2015 年 Z1 期，第 4—10 页。

小礼品到学校，与不同民族的师生、社区相关人员分享，也常在电话中鼓励孩子积极与其他民族的师生交往，学会欣赏别人的文化。平措还坦言：

> 我所在的单位中就有一部分汉族或其他民族的干部，工作之中难免有因为文化差异引起的隔阂甚至矛盾。总体而言，有过内地西藏班经历的人更容易与汉族同事沟通、合作。（访谈资料，2015 年 4 月 24 日）

很多来自内地西藏班的毕业生对此均有同感：虽然不同民族间的生活习惯、文化背景等略有差异，但有一点是共同的——均是内地西藏班的一员。正是这样的经历，让他们很早就获得了不同民族交往的亲身体验，感受到了不同民族间的真情。这种真情并不会随时空的变迁而变得疏远，相反，会在互联网的支持下变得更加亲密，彼此间的交流变得更加频繁。卓玛表示，至今还与一部分汉族老师和同学保持紧密联系。调查发现，这些内地西藏班毕业生虽然由于通信条件限制而一度中断联系，但在网络快速发展的今天，他们中的多数已建立相应的 QQ 群、微信群，甚至在西藏和内地召开过同学会或校友会，真正实现了民族间的交往交流交融。

内地西藏班的经历对每个个体而言是短暂的，但给他们的内心打上了深深的烙印。他们对内地西藏班、对内地西藏班的人的情怀，正是内地西藏班教育成效的有力证明。

（三）行动：支持下一代到内地学习

如前所述，30 年后，这批首届学生多数已为人父母，而且其孩子正处于中学年龄阶段。检验内地西藏班政策是否具有成效，最具说服力的证据是看他们是否支持自己的子女到内地学习。相对前面的认知和情感而言，这一具体行动对揭示内地西藏班的教育成效会显得更加直观、准确和客观。

内地西藏班学生尤其是初中学生，受年龄和阅历限制，他们还不完全具备抉择能力。其到内地西藏班读书的动力往往来源于家长的支持。早在2004 年，有学者就围绕"是否愿意送孩子到内地读书"对内地西藏班毕业生进行了调查。结果显示，愿意送自己的孩子或者支持亲朋的孩子到内地读书的比例高达 94.07%，表示担心孩子太小不愿意的比例仅为 2.54%，更愿意尊重孩子自己的选择和爱好的比例为 3.39%。研究者以此判断党中央、国务院实施的内地西藏班这一民族教育政策是深入人心的。① 虽然这一调查结果很振奋人心，但这仍只是"行为意向"，表明将来可能发生，也有可能不发生。只有当送孩子到内地读书这一"行为"发生后，才最能真实地表明家长对内地西藏班的态度。

那么，作为亲历者的首届毕业生对孩子到内地西藏班学习持何行动呢？本次调查的 27 人中除 1 人的孩子因为考场失利没有考上内地西藏班外，其余 26 人均让自己的孩子走上了父辈同样的求学之路，送孩子到内地读书的比例高达 96.3%。尽管与 2004 年的调查结果很相近，但这里的 96.3% 不是行为意向，而是具体的行动，他们的孩子已在内地西藏班学习是事实。这充分证明，作为经历者，他们对内地西藏班教育政策是认同的，对该项政策的成效是高度肯定和支持的。自己这一代不仅收获了内地西藏班政策的益处，而且还希望下一代也继续从内地西藏班中收获更多，接力服务于西藏的可持续发展。

事实上，送孩子到内地西藏班读书不只是家长的一个意愿，还得需要其孩子能在内地西藏班录取考试中取得优秀成绩。为了实现这一目标，这些内地西藏班的首届学生重视孩子的教育，不仅经常因势利导地鼓励孩子到内地读书，而且采取多种措施提高孩子的学习能力与学习成绩。平措告诉笔者：

> 我和孩子妈妈都是内地西藏班毕业的，所以，小时候我们经常给孩子讲我们当年在内地读书的故事，还会时不时地给他看我们当年的老照片……有一年春节放假，我们一家还专门回我的母校去参观，带孩子去看我当年读书的教室、宿舍、玩过的地方（虽然有些已重建），目的就是激发他到内地西藏班读书的激情和动力。没想到，这些招数很有效。孩子报考时直接选择了我的母校，而且顺利地被录取了（满

---

① 郭龙岩：《内地西藏班（校）藏族学生跨文化社会化的实证分析》，《西藏研究》2008 年第 5 期，第 100—111 页。

面笑容）。（访谈资料，2015 年 4 月 24 日）

调查发现，有的家长为了能让自己的孩子升入内地西藏班就读，干脆在学校附近租房子"陪读"（一些县城小学附近成了农牧民租房陪读的重要区域），有的像内地家长一样为孩子请了专门的家教进行补习。家长们为了孩子能成功进入内地西藏班学习可谓用心良苦，他们对内地西藏班的支持行动可见一斑。

不仅如此，我们还发现，内地西藏班毕业生群体不仅积极主动送自己的子女到内地读书，而且对亲友邻居的孩子具有较大的影响力。内地西藏班"教育溢出效应"十分明显。一个家族里只要有一个学生进入了内地西藏班学习，就会有更多的家族成员相继进入内地西藏班学习。有的家庭兄妹几个都是内地西藏班学生，甚至有一个家庭兄妹二人同时在内地西藏班就读的情况；一个村子里只要有一个学生进入了内地西藏班学习，就会有更多的同村孩子相继进入内地西藏班学习。几乎每一个内地西藏班学生的"朋友圈"都会有曾经就读或正在就读的内地西藏班学生，并通过这样的方式影响更多的人。

近年来，西藏自治区教育得到了快速发展，城市的教育质量与内地的差距正在缩小。家长们仍希望孩子能到内地读书。在家长眼里，到内地读书不仅是教育质量的提升，更重要的是内地这一环境会对孩子的成长起到不可估量的作用，包括开阔视野、增长见识、增加民族交往机会、激发包容意识等。家长们送子女进入内地西藏班就读的热情越来越高，需求越来越大。在藏调研期间，笔者正好有机会看到内地西藏班招生考试的现场：很多农牧区的家长亲自送孩子进入考场并在考场外守候。家长们那渴求期盼的眼神，考场前的千叮咛万嘱咐，看到孩子们出来后的微笑与欣喜，那场景类似于高考。内地西藏班教育对西藏自治区教育尤其是农牧民的教育观产生了积极的影响：他们视孩子到内地西藏班读书是一种光荣，全村、全家都要隆重欢送这些孩子。① 可见，内地西藏班政策的影

---

① 吴晓蓉：《内地西藏班（校）民族教育政策的流变及成效》，《西北师大学报》（社会科学版）2013 年第 5 期，第 66—72 页。

响是深远的。

随着内地西藏班政策的深入人心，区内的学校也在积极支持这一行动，力争培养更多学生进入内地西藏班学习。不少小学甚至把培养孩子升入内地西藏班作为预期目标或办学特色，作为向社会展示自己办学实力的重要指标。多数小学校长在汇报该校办学成绩时，会将内地西藏班升学情况列为重要选项。有的小学还积极利用内地西藏班学生暑期回藏的机会，邀请内地西藏班在校学生回校举行演讲，试图通过他们的现身说法来鼓舞更多的学生进入内地西藏班。同时，学校还适时召开家长会，邀请内地西藏班学生及其家长进行宣传，一边全面、具体地宣传党的民族教育政策，一边积极动员家长鼓励孩子到内地西藏班就读。鼓励孩子进入内地西藏班就读已成为一种社会行动，而不仅仅是家长的行动。内地西藏班政策正在更大范围内得到认同和支持，这是我们期望看到的结果，将极大地促进内地西藏班的可持续发展。

新的历史时期，西藏社会对内地西藏班教育的需求不断扩大。但是，由于招生指标的限制和区域分配不均衡，在一定程度上加剧了学校之间的竞争，加重了学生的学习负担。对此，需要引起相关部门的高度重视，并处理好人民对内地西藏班教育需求强烈与学生健康成长之间的矛盾。

第十章

结论与讨论

一 研究发现

（一） 总体上内地西藏班教育成效显著

结合问卷调查和访谈、观察的资料，我们发现 30 年来内地西藏班的教育成效是显著的。这里的显著主要表现为两个方面。

一方面，从内地西藏班在校学生的教育效果表现出来。调查显示，内地西藏班学生在学会认知、学会做事、学会共同生活、学会生存、主观幸福感五个方面的教育成效均属于中上水平，其中"学会共同生活"和"学会生存"两个方面的均值超过了 4，属于优秀水平。这也与 30 年后首届学生的访谈结果一致：正是这种特殊的办学模式，他们才有了更多与他民族共同生活的机会，并且学会了相互包容、相互欣赏、互品互鉴；他们虽然远离了家长的照顾，但也很好地锻炼了自己独立的生存能力。这一结果表明，内地西藏班学生不仅在联合国提出的"未来四大支柱"方面得到了较好的发展，而且在内地这一异文化环境中有着较强的主观幸福感。

另一方面，从离开学校的首届学生送子女继续到内地西藏班学习这一行动表现出来。研究发现，绝大多数"内地西藏班一代"支持"内地西藏班二代"继续到内地西藏班接受教育，以实际行动表达了他们对内地西藏班教育成效的高度认同和肯定。在生活中，这一行动往往更加具体地表现为：从小就对孩子施加影响，积极引导和鼓励孩子到内地西藏班学习；不断与孩子分享自己在内地西藏班学习的经历和感受，以激励孩子到内地西藏班学习；像内地许多家长一样，自幼重视孩子的学习辅导，甚至通过请家教或送孩子到课外辅导班等形式来提高孩子的学习成绩，帮助孩子在内地西藏班选拔考试中取得优异的成绩；等等。

可见，无论是从在校生还是从毕业生来看，内地西藏班的教育成效都是显著的。

（二） 内地西藏班学生个人背景对教育成效的差异影响较小

受西藏政治、历史、宗教等多个方面的影响，学生个人背景是研究内地西藏班教育成效的重要因素。如果学生个人背景对内地西藏班教育成效有影响，那么，内地西藏班可持续发展中就应有针对性地根据学生个人背景进行教学改革，以不断提高其教育成效；反之，如果学生个人背景对内地西藏班教育成效影响较小甚至没有影响，那么，这就意味着影响教育成效的重要因素是内地西藏班学校教育这一重要环境，内地西藏班可持续发展中就应重点关注学校教育对学生的影响，不断改进学校教育，以提高教育成效。

如前所述，学生个人背景包括性别、年级、父母的民族构成、到内地学习前的常住地、父母的受教育程度和职业构成共六个方面。为更清楚地说明这一点，我们将学生个人背景对教育成效的影响结果汇总（见表 10 - 1）。

从性别来看，在"学会做事"和"主观幸福感"方面，男生显著高于女生。在"学会共同生活"方面，女生显著高于男生。而在"学会认知"和"学会生存"方面，皆无显著差异。

从年级来看，教育成效的五个维度在 9 年级和 7 年级之间均存在显著性差异，9 年级显著高于 7 年级。

从父母的民族构成看，虽然在"主观幸福感"方面的差异达到显著，但经过事后比较发现主观幸福感未达到显著水平。

表 10-1 学生个人背景因素差异性分析结果汇总

		教育成效			
学生个人背景因素	学会认知	学会做事	学会共同生活	学会生存	主观幸福感
性别	—	*（男＞女）	*（女＞男）	—	*（男＞女）
年级	**（9年级＞7年级）	**（9年级＞7年级）	**（9年级＞7年级）	**（9年级＞7年级）	**（9年级＞7年级）
父母民族构成	—	—	—	—	—
学生常住地	—	—	*（西藏＞内地）	*（西藏＞内地）	**（西藏＞内地）
父母受教育程度	**（初中＞小学＞未上过学；大专及以上＞小学）	**（高中＞小学＞未上过学；大专及以上＞小学）	**（小学＞未上过学；初中＞未上过学；高中＞未上过学；大专及以上＞小学；大专及以上＞初中；大专及以上＞高中）	**（初中、高中＞小学＞未上过学；大专及以上＞小学；大专及以上＞初中；大专及以上＞高中）	**（小学＞未上过学；大专及以上＞初中＞小学；高中＞初中＞小学）
父母职业构成	—	—	—	—	—

注："*" 表示变项间的差异性达到显著水平；"**" 表示变项间的差异性达到非常显著水平；"—" 表示无需事后比较或事后比较后皆未达到显著性水平。

从学生到内地西藏班前的常住地看，在"学会认知""学会做事"两方面无显著差异，在"学会共同生活""学会生存""主观幸福感"三个方面均存在显著差异。比较发现，此前一直生活在西藏的学生比在内地生活的学生表现更好、更突出。

从父母的受教育程度看，在教育成效的五个维度上均存在显著性差异。这表明，父母的受教育程度是影响内地西藏班教育成效的重要因素。

在"学会认知"方面，父母受教育程度为初中者高于小学者，也高于未上过学者，小学者高于未上过学者，父母受教育程度为大专及以上者高于小学者。

在"学会做事"方面，父母受教育程度为高中者高于小学者，也高于未上过学者，小学者高于未上过学者，大专及以上者高于小学者。

在"学会共同生活"方面，父母受教育程度为小学、初中、高中者均高于未上过学者，大专及以上者均高于小学、初中、高中者。

在"学会生存"方面，父母受教育程度为初中、高中者均高于小学者，也高于未上过学者，大专及以上者均高于小学、初中、高中者。

在"主观幸福感"方面，父母受教育程度为小学者高于未上过学者，大专及以上者高于初中者，也高于小学者，父母受教育程度为高中者高于小学者。

整体来看，内地西藏班教育成效随着父母受教育程度的提高而提高，即父母受教育程度越高，内地西藏班的教育成效也越高。可以预见，伴随一批又一批的内地西藏班学生成为家长，他们对子女的教育影响将越来越强烈，极大地促进子女受教育水平的提高，从而为西藏社会经济的可持续发展提供源源不断的人才支持和智力支撑。

从父母的职业构成看，教育成效的五个维度均不存在显著差异。无论父母的职业是公务员、农牧民、经商等，反映在内地西藏班的教育成效上都没有显著差异。换句话说，内地西藏班的教育成效除了与父母的受教育程度有关系外，父母的职业特点并没有对内地西藏班的教育成效产生明显的影响。进一步说，内地西藏班的教育成效主要源于内地西藏班这一特殊的教育平台的作用，包括内地西藏班的社会环境、国家对内地西藏班的政策支持、教育工作者特别是教师的积极工作、社会各界的关心与支持等。

总之，从学生个人背景诸因素的影响看，除父母的受教育程度和年级有积极的影响外，其余各要素并没有显著的影响。内地西藏班的教育成效更多地归因于内地西藏班这一重要环境对学生的影响。换句话说，内地西藏班的教育成效主要取决于内地西藏班这一环境诸因素如学校投入、教育教学条件、教师配置、与不同民族交流交往机会等的影响。我们有理由相信，内地西藏班办得越好，其教育成效就越显著，越能促进学生的健康成长和全面发展。

（三） 内地西藏班教育成效整体上优于区内学校

无论是中学一年后还是中学三年后，内地西藏班与区内学校的教育成效均存在显著差异，内地西藏班的教育成效优于区内学校。不仅如此，来自西藏的学生在内地和区内学校学习三年后的教育成效显著高于学习一年后的教育成效，内地西藏班的教育成效增幅显著高于区内学校（见表 10 - 2）。

表 10 - 2　内地西藏班与区内学校教育成效比较结果汇总

分类		一年后		三年后	
		内地西藏班	区内学校	内地西藏班	区内学校
教育成效	学会认知	＊＊内地西藏班＞区内学校		＊＊内地西藏班＞区内学校	
	学会做事	＊＊内地西藏班＞区内学校		＊＊内地西藏班＞区内学校	
	学会共同生活	＊＊内地西藏班＞区内学校		＊＊内地西藏班＞区内学校	
	学会生存	＊＊内地西藏班＞区内学校		＊＊内地西藏班＞区内学校	
	主观幸福感	＊＊内地西藏班＞区内学校		＊＊内地西藏班＞区内学校	

注："＊＊"表示变项间的差异性达到非常显著水平。

二　讨论

内地西藏班办学从当初的发展起步到今天的不断壮大已走过 30 余年。全面、深入讨论内地西藏班的教育成效具有深远的意义：不仅可以总结过去 30 余年的办学历程，而且可以为内地西藏班未来的发展指明方向；不仅可以促进内地西藏班的健康发展，而且可以为内地新疆班的发展提供参照和经验借鉴，给我国发展少数民族教育更多的思考；不仅可以夯实和拓展我国民族教育发展体系，而且可以成为向国外少数民族教育开放的一个窗口，让国际社会在更大范围了解我国民族教育发展取得的成就；等等。新的历史时期，内地西藏班成效的研究还应放在更大的时间和空间来进行讨论，从而不断地促进我国民族教育的健康发展。

（一） 内地西藏班教育的历史使命与新使命

内地西藏班作为我国民族教育的一种特殊模式，在创立之初就担负着相应的历史使命。历史使命完成得如何，实际上决定着内地西藏班的教育成效如何。

20 世纪 80 年代创办内地西藏班的目的在于为西藏培养社会急需的各级各类人才。此时的使命在内容上还有些空泛，只强调了西藏社会各级各类人才的迫切需求，强调的是为西藏社会发展所实用，表明当时社会需求量大且各行各业均需要。至于各级各类人才到底有哪些要求，还显得过于笼统。不过，这也符合当时西藏社会经济发展的特点。在那一时期，西藏社会各项事业百废待兴、百业待举，社会对人才的需求巨大，还来不及提出更加明确的要求。

90 年代以后，内地西藏班的历史使命进一步明晰，在表述上显得更为具体：要求培养的学生在思想上拥护中国共产党，拥护社会主义并自觉维护祖国统一和民族团结，在世界观上具有初步的科学世界观，同时具有较扎实的科学文化知识以及一定的劳动技能。显然，这一时期的内地西藏班具有明显的政治任务，不仅仅是培养出具有一定知识和技能的实用人才，而且要求这些人才首先要有自觉维护祖国统一和民族团结的政治意识。

2000 年以后，我们进一步提出要对下一代进行爱国主义教育和民族团结教育，让学生增强中华民族共同体意识，增强"汉族离不开少数民族，少数民族离不开汉族，各少数民族之间也互相离不开"的意识，增强对伟大祖国、中华民族、中华文化、中国共产党、中国特色社会主义的认同。

内地西藏班作为我国少数民族教育的重要组成部分，理应担负起这样的教育任务。这一时期，内地西藏班仍然强调对学生的思想教育，强调增强学生对国家、民族、文化、社会道路的认识。

从现实情况看，无论是纵向的比较还是横向与区内学校的比较，内地西藏班的教育成效均是很明显的。

内地西藏班为西藏培养了大量的中高级人才，而且他们中的绝大多数积极参与了西藏的建设，在推动西藏经济社会发展、国家与地区稳定等多个方面发挥了积极的作用。在与内地西藏班毕业生的访谈中，我们发现这一群体对西藏、对国家、对中华民族有着真挚的情怀和高度的认同感，并在工作中积极发挥引领和示范作用，不断地向全社会释放正能量，在西藏社会经济发展过程中扮演着重要的角色。内地西藏班学生这一群体已成为西藏社会发展的中坚力量，他们不仅在工作中积极奉献自己的才能，而且积极发挥辐射功能，给身边和周围的社会大众施以积极的影响。就这一角度来说，内地西藏班较好地完成了历史赋予的重要使命。

新的历史时期，伴随中国社会的不断变化发展，内地西藏班的发展环境也发生了巨大的变化。内地西藏班将迎来新的使命。

新的历史时期，我国提出了推进共建"丝绸之路经济带"和"21世纪海上丝绸之路"（简称"一带一路"，the Belt and Road）的发展倡议，旨在积极发展与沿线国家的经济合作伙伴关系，共同打造政治互信、经济融合、文化包容的利益共同体、命运共同体和责任共同体，实现不同国家之间政策沟通、设施联通、贸易畅通、资金融通、民心相通的长远目标。这一倡议迅速得到了"一带一路"沿线多数国家的认同，也得到了国际社会的认可。中国和"一带一路"沿线国家正在寻求多种途径、采取相关措施积极付诸实践，共同创造新的发展奇迹。

这一新的时代背景为西藏迎来了全新的发展机遇。众所周知，西藏有着绵延近4000公里的边境线，与印度、尼泊尔、不丹等南亚国家和地区接壤。西藏独特的地理位置使西藏不仅是历史上古丝绸之路的重要组成部分，而且在"一带一路"建设中具有非常重要的地位。从"一带一路"线路图来看，西藏正好处在"中国—南亚—西亚"经济带，该条经济带通过西藏、云南、广西连接巴基斯坦、印度、缅甸、泰国等南亚国家，同时通过亚欧大陆桥南线分支连接巴基斯坦、阿富汗、伊朗、土耳其等国家。于是，西藏自治区于 2015 年提出了加快建设南亚大通道、积极对接"一带一路"和孟中印缅经济走廊以推动环喜马拉雅经济合作带建设的发展构想。①

经验表明，"一带一路"沿线国家国情差异较大，投资项目的执行效果很大程度上取决于"走出去"企业是否有既熟悉沿线国情又了解"一带一路"倡议的高端人才，高端人才队伍建设的迫切性甚至超过资金和技术需求。世界知名咨询公司麦肯锡的调查显示，88% 的企业高管认为，海外并购或投资失败的首要原因是缺乏人才。② 要想实现中国与沿线国家的"互联互通"，要重视道路交通等基础设施的"硬联通"，但更应强调规则制度的"软联通"，尤其是文化教育的"人联通"。③ 人才是推动"一带一路"倡议实施的先决条件，教育在"一带一路"中具有基础性和先导性作用，这已成为社会各界的共识。为此，教育部专门印发《推进共建"一带一路"教育行动》，旨在引导教育积极培养高素质的人才。《推进共建"一带一路"教育行动》要求各级各类学校有序与沿线各国学校扩大合作交流，整合优质资源走出去，选择优质资源引进来，兼容并包、互学互鉴，共同提升教育国际化水平和服务共建"一带一路"能力。中小学校要广泛建立校际合作交流关系，重点开展师生交流、教师培训和国际理解教育。④ 不仅如此，"一带一路"建设沿线国家普遍国情复杂，宗教信仰、地缘政治、民心社情等比较复杂，地区、阶层、宗教派系差异性大，特别需要加强民族理解和文化理解认同教育，才可能实现民心互通。⑤ 这就意味着

① 洛桑江村：《西藏自治区 2015 年政府工作报告》，2015 年 3 月 7 日，http：//www. tibet. cn/news/index/xinwenfbh/201503/t20150307_ 2381207. htm。

② 赵娜、李胜：《看央企如何突破"一带一路"人才瓶颈》，2015 年 7 月 28 日，http：// news. xinhuanet. com/finance/2015 - 07/28/c_ 1116068272. htm。

③ 周谷平、阚阅：《"一带一路"战略的人才支撑与教育路径》，《教育研究》2015 年第 10 期，第 4—9 页。

④ 《教育部关于印发〈推进共建"一带一路"教育行动〉的通知》（教外〔2016〕46 号），2016 年 7 月 13 日。

⑤ 瞿振元：《"一带一路"建设与国家教育新使命》，《光明日报》2015 年 8 月 13 日。

"一带一路"背景下，加强"理解教育"将是新时期教育面临的重要任务。

可喜的是，在这一关键时间节点上，联合国教科文组织（UNESCO）发布了最新的研究报告《反思教育：向"全球共同利益"的理念转变?》（*Rethinking Education：Towards a Global Common Good?*），并在报告中指出"重新审视知识、学习和教育，重新审视教育的目的"。重新审视的结果就是我们 21 世纪的教育应该向"全球共同利益"的理念转变。"教育的经济功能无疑是重要的，但我们必须超越单纯的功利主义观点以及众多国际发展讨论体现出的人力资本理念。教育不仅关系到学习技能，还涉及尊重生命和人格尊严的价值观，这在多样化世界中恰恰是实现社会和谐的必要条件。"视教育为"全球共同利益"，强调教育具有包容性，这将深深影响教育的内涵和外延，并对人的健康发展和社会的和谐发展产生深远的影响。中国教育学会前会长、北京师范大学资深教授顾明远先生第一时间发表评论称："这份报告必定像前两份报告那样对世界教育的发展产生重大影响。必须探索主流知识模式之外的其他各种知识体系，承认并妥善处理其他知识体系，而不是将其放在劣势地位。这是对教育本质的深刻认识。"① 这一教育反思，与我国正在积极推行的"一带一路"思想相契合，具有强烈的时代性。

内地西藏班作为西藏教育的重要组成部分，理应与区内教育一起及时抓住"一带一路"的机遇，积极推动教育改革，培养出西藏与"一带一路"沿线国家发展需要的人才，从而为西藏的发展提供源源不断的人才支持和智力支撑。具体地说，内地西藏班学生毕业后不仅服务于中国的经济社会发展需要，而且要服务于"一带一路"沿线国家发展需要，推动西藏和沿线国家及其地区之间的"民心相通"，从而推动西藏自身的发展。这便是内地西藏班在新时期面临的新的教育使命。可见，内地西藏班的教育成效不应局限于为西藏培养社会经济发展急需的各级各类人才，而应以开放的眼光培养既能服务于西藏又能服务于"一带一路"沿线国家或地区发展所需要的人才。内地西藏班的教育成效如何体现这一新的教育使命，是

---

① 顾明远：《对教育本质的新认识》，《光明日报》2016 年 1 月 5 日。

内地西藏班今后一段时间迫切需要回答的现实问题，需要引起我们更多的思考。

联合国教科文组织总干事伊琳娜·博科娃在《反思教育：向"全球共同利益"的理念转变》一书的序言中指出："世界在变化，教育也必须变化。社会无处不在经历着深刻变革，这种形势呼吁新的教育形式，旨在培养当今及今后社会和经济所需要的能力。教育必须重视文化素养、立足于尊重和尊严平等，有助于将可持续发展的社会、经济和环境方面结为一体。这就是人文主义教育观，也是根本的共同利益。"内地西藏班的教育也必然因时代的变化而进行相应的调整，才能培养出满足当今及未来社会所需要的人才。

（二） 内地西藏班教育的特殊性与共同性

内地西藏班因其教育对象、办学方式、发展历程等而具有鲜明的特殊性。这种特殊性集中表现在受教育对象的文化特征上。内地西藏班绝大多数学生属于藏族，他们受藏文化影响深远，每一个学生个体在文化上有着鲜明的藏文化烙印。然而，内地西藏班办学的地点在内地，内地文化主要以汉文化为主并伴有其他少数民族文化。于是，内地西藏班教育面临的首要问题便是两种或多种不同文化的差异：学生的藏文化背景与汉文化及其他少数民族文化之间存在差异。这就决定了内地西藏班教育承担的是双重或多重任务：既要保留和传承藏族鲜明的文化个性，又要习得其他不同民族的文化，从而使之成为中华民族大家庭中的一员；既要积极传承本民族的文化，又要学会包容、欣赏和接纳不同民族的文化。具体来说，内地西藏班既要把学生培养成有自己文化个性的人，又要培养成中华民族中普遍的一员；既要加强本民族认同，又要强化中华民族认同。保留藏文化特色，强化本民族认同，这是内地西藏班教育中的特殊性；成为中华民族大家庭中的一员，强化中华民族认同，这是内地西藏班教育中的共同性。内地西藏班的特点决定了其教育必须做到特殊性与共同性的统一。

不同民族文化间的差异，形成了世界文化的多元。在多元文化社会里，教育应引导每个成员自觉地、正确地处理好民族文化个性与共性之间的关系。

一方面，教育要通过多种途径培养个体的文化自觉。文化自觉的起点便是认识自己的文化，理解所接触到的多种文化，才有条件在这个已经形成的多元文化世界里确立自己的位置。然后经过自主的适应，并和其他文化一起取长补短，从而建立一个有共同认可的基本秩序和一套各种文化能和平共处、各施所长、联手发展的共处守则。① 有了文化自觉，每个个体就能在多元文化社会里准确地对自己进行定位、明确自己的发展方向，而不至于迷失在多元文化社会里无所适从。

另一方面，仅仅强化本民族文化认同而不顾其他民族文化，不利于民族自身的可持续发展。如果个体仅仅从自己单一的文化与民族去观察、认识和参与世界，那么他也不能充分地认识与观察自己的民族文化。只有通过其他民族或民族文化的视野来认识自己民族的文化和行为时，他才能全面而深刻地理解本民族的文化。② 可见，民族文化自觉不是在单一文化世界形成的，而是在与其他不同民族文化交流、交往过程中形成的，并在这一过程中逐渐完成从民族特殊性到民族共同性的理解。基于我国是一个多民族国家的事实，著名学者北京大学马戎教授曾提出，在"民族（国民）认同"和"族群认同"这两个层面中，应当强化民族（国民）意识，逐步淡化族群意识。在民族—国家层面上建立新的"集体认同"。一个民族国家，非常需要从历史的发展和文化的传统中提供一种各族共享的"共同文化"。③ 这里的"共同文化"实际上就是强调多民族的"共同性"，这是多民族国家赖以可持续发展的重要基础。

哈贝马斯曾指出："只有当国民转变成为一个由公民组成的民族，并把政治命运掌握在自己手里的时候，才会有一种民主的自决权。但是，对'臣民'的政治动员要求混杂在一起的人民在文化上实现一体化，这一点

---

① 费孝通：《跨文化的"席明纳"——人文价值再思考之二》，《读书》1997 年第 10 期，第 3—9 页。

② 滕星、苏红：《多元文化社会与多元一体化教育》，《民族教育研究》1997 年第 1 期，第 18—20 页。

③ 马戎：《理解民族关系的新思路——少数族群问题的"去政治化"》，《北京大学学报》（哲学社会科学版）2004 年第 6 期，第 122—133 页。

是必不可少的。有了它，民族观念也就付诸了实现；而借助于民族观念，国家成员超越了对于村落和家庭、地域和王朝的天生的忠诚，建立起了一种新型的集体认同。"[1] 这种新型集体认同的基础是"不同民族文化的一体化"。值得强调的是，"文化一体化"并不是让多种不同的文化变成单一的文化，而是一种超越不同文化之上的新的集体认同。后者包容了前者，又超越了前者，并不是代替了前者。具体到内地西藏班而言，教育既要引导学生认识本民族的文化，又要引导学生全面认识中华民族文化，从而建立起集体认同。

（三）内地西藏班的族群内与族群外教育

内地西藏班的主要教育对象是藏族学生，但其教育成效的落脚点不只是促进藏族个体在族群内部的健康发展，还要促进藏族这一群体外与其他不同民族的互动发展。内地西藏班的教育成效要关照族群内部与族群外部的关系，这是由我国的国情和新的时代背景尤其是"一带一路"倡议决定的。

族群内的教育成效自不必说，无论是从人才培养还是从服务于西藏的经济社会发展角度来说，30 年来内地西藏班的教育成效是显著的。那么，族群外的发展是什么呢？我们认为，内地西藏班在族群外的教育成效主要包括两个方面。

一是藏族[2]与我国其他不同民族如维吾尔族、汉族、苗族等的交往交流交融。交往交流交融思想由胡锦涛同志在 2010 年 1 月的第五次西藏工作座谈会上提出。胡锦涛同志指出："要毫不动摇地坚持和完善党的民族理论和民族政策，坚持和完善民族区域自治制度，把有利于民族平等团结进步、有利于各民族共同繁荣发展、有利于民族交往交流交融、有利于国家统一和社会稳定作为衡量民族工作成效的重要标准，推动各民族和睦相处、和衷共济、和谐发展。"交往交流交融已成为我国新时期处理多民族关系的基本准则，并被赋予了科学的内涵，即要处理好各民族之间的"民

---

[1] 哈贝马斯：《后民族结构》，曹卫东译，上海人民出版社，2002，第76页。
[2] 西藏是以藏族为主体的少数民族自治区，区内还有门巴族、珞巴族、回族、纳西族、汉族等 45 个民族及未识别民族成分的僜人、夏尔巴人。

族间的共同性"和"民族间差异性"的关系，要理解好"尊重差异、包容多样"的原则。"民族交融"并不是要通过"交融"的形式进行民族同化，本民族文化认同和中华民族文化认同是辩证统一的关系，是在交往交流交融过程中不断加强的。各民族之间的文化认同只有不断繁荣发展，才能更好地促进中华民族文化的发展。[①] 全国政协常委、民族和宗教委员会主任朱维群进一步阐释：交融不是把少数民族和传统文化"融"没了，而是让每一个民族的优秀文化的优点为所有的各个民族所共有、共赏、共享。[②] 藏族是我国 56 个民族之一，与其他 55 个民族在漫长的历史发展过程中一道创造了灿烂的中华民族文化。内地西藏班教育应进一步加强民族团结教育，积极培养学生理解和体会"三个离不开"（汉族离不开少数民族，少数民族离不开汉族，各少数民族之间也互相离不开）思想，强化学生的"五个认同"（对伟大祖国、中华民族、中华文化、中国共产党、中国特色社会主义的认同），坚持"五个维护"（维护社会稳定、维护社会主义法制、维护人民群众根本利益、维护祖国统一、维护民族团结）。

二是藏族与"一带一路"沿线国家民族间的交流交往交心。伴随"一带一路"倡议的实施，西藏将迎来极好的发展机遇：民族文化将成为对外交流的重要资源，藏文化价值将越来越凸显；西藏与中亚、南亚、东南亚等地区之间的交流交往将更加频繁，领域更为宽广。[③] 但是，由于"一带一路"沿线国家民族种类众多、文化背景各异、宗教信仰有别，能否抓住这一重要机遇，实现西藏与沿线国家和地区的互动、双赢式发展，良好的民族关系是前提条件。

"凡事预则立"，内地西藏班学生是未来的生力军，他们必然会走到"一带一路"的前台发挥自己的才能。基于此，内地西藏班应保持开放的心态，积极应对时代变化的新特点，高瞻远瞩、审时度势、不断改革，培

---

① 陈永亮：《关于"加强民族交往交流交融"理论的思考——中央民族工作会议精神学习体会》，《民族论坛》2014 年第 12 期，第 71—74 页。

② 朱维群：《促进民族交往、交流、交融》，2015 年 3 月 11 日，http：//politics.people.com.cn/n/2015/0311/c70731-26675491.html。

③ 蒋利辉、冯刚：《"一带一路"，民族地区的重大战略机遇》，《中国民族》2015 年第 5 期，第 12—13 页。

养未来社会所需要的人才。具体来说，就是要通过多种途径，采取多种措施拓宽内地西藏班学生的国际视野，增强跨文化意识，提高跨国界工作能力，主动融入"一带一路"建设之中并积极发挥作用。

这样一来，内地西藏班学生不仅要面对与国内不同民族的交流交往，而且要面对国外不同民族的交流交往。研究表明，族群内部与外部的互动过程是极为复杂和多变的。霍洛维茨（Donald L. Horowitz）把族群互动的发展变化大致归纳为族群同化（Assimilation）和族群分化（Differentiation）两大类，血缘融合（Amalgamation）、联合（Incorporation）、分裂（Division）、扩展（proliferation）四种情况。但是，在一个多族群大国里，族群融合、联合、分裂、扩展这几类变化可能会同时发生，实际上是非常复杂和充满变数的。① 今天的世界全球化进程比以往任何一个时代都要快，正如托马斯·弗里德曼在《世界是平的》（*The World Is Flat*）一书中预测的一样：世界正在变平这一发展趋势必然促进不同民族、不同地区、不同国家成员的交流交往。在平坦的世界里，人们的流动更加频繁、交往更加紧密，从来没有像这个时代一样距离很近。为了满足平坦世界的人才需求，弗里德曼在再版时专门增加了"'世界是平的'时代需要的教育理念"内容，提出要重新思考教育，并强调教育不再是培养学生的一技之长，而是应培养学会如何学习的能力，要有好奇心和激情、同他人友好合作并培养右脑的技能。②

当然，我们也不必担心族群互动带来的同化、分化甚至分裂。相反，教育应尽可能多地引导学生正确认识这一互动过程，培养学生在族群内外部互动过程中树立积极的心态并在互动中坚持正确的价值观和行动方向，正确处理好族群互动过程中的各种关系。

新的时代背景给内地西藏班提出了新的要求和历史使命。内地西藏班不仅要培养发展本民族的人才和培养有利于中华民族发展的人才，还要积极培养有利于西藏与"一带一路"沿线国家合作互动的人才。这是内地西

---

① 马戎：《民族社会学：社会学的族群关系研究》，北京大学出版社，2004，第 197 页。
② 托马斯·弗里德曼：《世界是平的》，何帆、肖莹莹、郝正非译，湖南科学技术出版社，2006，第 256 页。

藏班在新时期的使命担当。

（四） 内地西藏班的国内与国际窗口

内地西藏班教育是中国积极探索民族教育的一次尝试。其教育成效不仅关乎藏族教育的发展，而且关乎其他少数民族教育的发展；不仅关乎我国民族教育的发展，而且关乎我国在国际社会的形象和地位。可以说，内地西藏班教育既是展示国内民族教育的重要窗口，也是向国际社会展示我国民族教育的重要窗口。

为了快速发展我国民族教育，国家和各级政府除建立健全常规的教育体系外，还积极创设了内地西藏班、内地新疆班这一特殊办学模式。同时，民族地区地方政府还根据各地实际情况在农村地区设立了有大量的寄宿制学校。这些学校的形式不同，但在办学指导思想、课程设置、学校管理等多个方面是相似的，皆属于我国民族教育的重要组成部分。深入研究内地西藏班的教育成效，梳理与总结内地西藏班的教育经验，发现并解决存在的问题，不仅有利于内地西藏班的健康发展，而且可为内地新疆班、民族地区农村寄宿制学校等提供借鉴和参考，也可为我国其他少数民族教育提供借鉴和参考。

不仅如此，内地西藏班教育成效研究还可以成为世界了解我国民族教育发展的窗口。和世界上大多数国家一样，我国是一个多民族国家。在多民族国家里，除关注主体或多数民族的教育发展外，还应积极关注少数民族教育的发展。近代以来，伴随多元文化教育理论的不断发展，中国的少数民族教育也得到了快速发展。内地西藏班无疑是中国发展少数民族教育的重要阵地，也是中国民族教育发展的重要支点。内地西藏班教育成效研究，可以向世界充分展示中国发展少数民族教育取得的成绩，为世界提供少数民族教育的中国经验，从而推动世界多元文化教育理论的不断发展。

与此同时，受历史和宗教文化的影响，西藏经济社会发展历来受国际社会的高度关注。势力敌对一方面通过教育积极争取西藏的年轻一代，另一方面总是对西藏的发展说三道四。因此，进一步深化内地西藏班教育成效研究，可以主动向世界呈现内地西藏班的真实情况，让世界更多地了解内地西藏班的健康发展以及西藏年轻一代的全面发展。内地西藏班积极引导学生讲述好自己成长的故事、讲好中国民族教育发展的故事，用事实树立西藏在世界的良好形象。

（五） 内地西藏班与区内教育的协调发展

内地西藏班与区内教育是西藏教育的"两驾马车"，并肩担负着西藏教育的使命。未来一段时间，我们不仅要加强内地西藏班教育成效研究，还应加强区内教育成效研究，研究内地西藏班与区内教育的协调发展，从而实现西藏教育的均衡发展。

"内地西藏班"已成为西藏优质教育的代名词，到内地西藏班读书不仅是学生的期望，更是家长的期望。如今，随着西藏经济社会的快速发展和内地教育援藏力度的不断加大，西藏的教育水平已有显著提高。特别是西藏的城市教育如拉萨、昌都、林芝等地发展很快，学校教育教学需要的硬件投入不断增长，并通过多种渠道为学校选派了优秀的教师。如拉萨江苏实验中学就是由江苏省对口支援西藏拉萨市的试点，江苏省援建投入2.6亿元人民币。同时，还从江苏选派了55名教职人员从事教师或管理工作，将内地先进的教育理念和丰富的管理经验输入西藏的学校教育之中。[①] 在西藏的城市学校中，一部分中小学的硬件投入甚至超过内地部分学校，为学生提供了良好的教育教学条件。这些学校被称为"家门口的内地西藏班"，表明城市学校的教育水平已达到或接近内地西藏班的教育水平。

与33年前相比，内地西藏班发展的背景发生了很大变化。随着越来越多的"家门口的内地西藏班"涌现，内地西藏班将超越初定的教育目标转而承载起新的历史使命，以迎接西藏发展的新机遇和新挑战。在新的历史起点上，内地西藏班应与区内教育协调发展，共同促进西藏教育的可持续发展。

[①] 杨喆：《拉萨家门口的"内地西藏班"》，2015年3月26日，http://www.chinanews.com/gn/2015/03-26/7161393.shtml。

结　语

2018 年，内地西藏班政策实施 33 周年。研究内地西藏班 30 余年来的教育成效，具有重要的历史价值和现实价值：不仅可以回顾内地西藏班的发展历程，重温历史给内地西藏班的发展定位和历史使命，而且可以更好地总结内地西藏班取得的成绩和存在的问题，反思内地西藏班未来的可持续发展和教育成效，推动西藏教育及其社会的可持续发展。

然而，要对一项特殊的民族教育政策的教育成效做出客观公正的评估却不是易事。这里涉及的问题相当多。

一是谁来评价？不同的主体如政府、主管部门、学校、教师、家长及学生等，从不同的角度往往会对内地西藏班的教育成效做出不同的评价。

二是评价谁？评价政策本身、学校的产出、学校的管理、学生的成长等，均是教育成效研究要考虑的评价对象。

三是依据什么标准来评价？就内地西藏班而言，是服务于国家的发展、藏族的发展、西藏的稳定与发展，还是人自身的发展？什么样的标准才能准确评估内地西藏班的教育成效？

四是采用什么方法来评价？是采用定量的方法还是定性的方法？定量研究如何保证数据客观、公正、有效，如何确保统计数据与事实之间一致？定性研究又如何保障其可信度、保障资料的代表性和准确性？内地西藏班分布在全国 22 个省份，各地区间的差异较大，如何减少这些差异的影响？

五是何时评价？一项教育政策的成效包括现实成效与潜在成效、短期成效与长期成效，何时评价才能较为准确地测定其成效？不同的时间节点、不同的场合和时机，其成效的差异又如何处理？

另外，教育本身也是变化的。随着时间、经济和社会发展水平、文化等变化，教育与受教育者会在多个方面发生变化，控制其他变量的影响，准确测量出一项政策的成效，还存在许多变数。

尽管教育成效的研究存在很多不确定性，有多个变数在影响，但有一点是不变的——教育的目标是促进人的全面发展。

因此，应让学校重新拥有安静与非功利的育人环境，坚守教育是"成其为人"的基本宗旨与道德培养底线。① 有学者进一步研究指出："如果过多强调教育中国家价值的优先性，强调个人对于国家的忠诚、牺牲、服务和贡献，强调个人对国家经济、社会发展的贡献，这可能会导致教育过程中忽视个人的存在、忽视个人兴趣和个体需要的满足、忽视个人多方面潜能的发挥等问题。在朝向国家主义理想的教育工程中，个人仅仅被看成是实现国家主义理想的材料、原料或工具，而不是被当成独立的、完整的和有人格尊严的人来看待，不是被当成目的来对待。"② 即使在经济学家眼里，这种强调人才服务于经济社会发展需要的"人才论"和国家意义上的"服务论"也是不尽合理的。著名经济学家茅于轼指出："'人才论'的教育观旨在把受教育者培养成为国家和社会经济发展服务的工具，显得非常功利，严重背离了教育的初衷。教育最重要的目标是让每个人都有美满人生，使自己在享受人生的同时帮助别人享受人生，从而使全社会快乐总量极大化。这才是教育的根本之道。"③ 显然，这是典型的功利性教育观，强调的是教育的工具理性价值，背离了教育的宗旨是促进人的全面发展。

① 吴遵民：《基础教育如何走出功利主义的怪圈》，《上海教育科研》2012 年第 8 期，第 1 页。
② 石中英：《20 世纪教育中的国家主义：回顾与讨论》，《教育学报》2011 年第 6 期，第 3—13 页。
③ 茅于轼：《从"人才"到"人生"》，《教师博览》2014 年第 11 期，第 10—11 页。

事实上，教育与政治、经济、文化等有着十分紧密的关系，但实现这些关系的根本条件是人的发展。只有当教育完成了"使人成其为人"的使命，当这样的人投身于政治、经济、文化活动中去发挥积极作用时，二者之间才可能发生关系。教育的根本任务是发展人，促进人的全面发展。成为有用"人才"的前提是人本身得到了全面的发展，没有这个前提，再优秀的人才仍是一个"不完整的人"，并不利于西藏的可持续发展。因此，从长远看，内地西藏班的教育成效要从重视教育的"工具理性"向重视教育的"价值理性"转变，引导内地西藏班不再像过去一样关注功利性、显性的价值和功能，而是着眼于未来、着眼于人的长远发展，引导内地西藏班从传统单一的学习测验数据转向更加关注学生个体的成长，从关注学习成绩转向学生的全面发展。①

内地西藏班是我国开展民族教育的积极尝试和探索，其目标是合理且有效的。事实也证明，30 多年来内地西藏班的教育成效是明显的——确为西藏培养了许许多多的中高级人才，为西藏经济社会的发展做出了巨大的贡献。从当初主要培养服务于西藏经济发展的中初级人才的目标来看，这一历史使命已基本完成。西藏自治区的教育已基本承担起这一任务，并能满足社会对中初级人才的需要。但是，今天的时代已不同于内地西藏班设立之初的时代，无论是整个中国的大环境，还是西藏这一地区的小环境，均已发生翻天覆地的变化，特别是"一带一路"倡议将西藏的发展推到了世界的前台。在世界全球化的今天，教育仅仅培养学生的读写听说和科学能力是不够的，还应积极培养他们的全球竞争力以应对全球化的挑战。美国教育甚至将提高学生的全球竞争力列为新世纪教育发展战略的首要目标。② 在"一带一路"中有着重要位置的西藏当抓住这一机遇，积极促使教育培养相应的人才，引导学生讲好中国故事，传播好中国声音，把"中

---

① 贺能坤：《基础教育的工具理性错位与价值理性回归》，《中国教育学刊》2016 年第 7 期，第 32—37 页。

② US Department of Education, *Succeeding Globally through International Education and Engagement: The US Department of Education International Strategy* 2012–16（Washington：US Department of Education, 2012），pp. 2–5.

国梦"同周边各国人民过上美好生活的愿望、同地区发展的前景对接起来，促进中华文化走出去，提升中国的国际话语权和影响力。① 这就意味着内地西藏班不仅要培养服务于西藏发展的人才，还要培养服务于"一带一路"沿线国家和地区发展的人才；不仅要培养促进中国国内不同民族交往交流交融的人才，还要培养促进世界上不同国家、不同族群交往交流交融的人才；不仅要促进族群内部的可持续发展，还要在多元文化世界中促进不同民族间的可持续发展；不仅要培养学生在中华民族内部的不同文化传统（如不同族群和不同宗教信仰）之间进行对话，而且要教会学生在中国与世界其他民族之间进行跨文明对话；等等。即内地西藏班要完成"两个转变"：从满足单一西藏经济发展需要到满足多个需求主体的需要，从西藏小区域到整个大世界的转变。内地西藏班教育如何适应这一新的变化，如何通过教育来引领西藏乃至中国的发展等问题迫切需要对教育成效进行新的界定并赋予新的使命。

正当我们在不断追问时，联合国教科文组织推出了《反思教育：向"全球共同利益"的理念转变》一书，并在世界范围内产生了深远的影响。该书在最后谈到"关于前途的思考"时再次指出，联合国教科文组织早些时候提出的"学习的四大支柱"即学会认知、学会做事、学会共同生活和学会生存在当今世界仍具有强烈的现实意义。如何强化和更新学习的支柱应成为社会各界高度重视的话题。② 基于此，我们立足"学习的四大支柱"构建起来的内地西藏班教育成效评价指标体系具有积极的现实意义，期待能更好地引领内地西藏班的健康发展，从而促进我民族教育的可持续发展。为了更好地培养"未来人"，相关部门可以建立内地西藏班学生成长的大数据，运用大数据来追踪、监测、评估内地西藏班的教育成效；同时建立起相应的预警与干预机制，促进内地西藏班教育成效良性发展。倘如此，在内地西藏班办学 40 年、50 年甚至更长时间后，其教育成效就更加显著，从而保障每一个学生得到全面发展。

---

① 蔡武：《坚持文化先行，建设"一带一路"》，《求是》2014 年第 9 期，第 44—46 页。
② 联合国教育、科学及文化组织：《反思教育：向"全球共同利益"的理念转变》，2015，第 83 页。

　　当然，受课题组研究团队水平、时间和资料获得的限制，我们虽然竭尽全力开展各项研究工作，但仍然存在一些不足和遗憾：原定在 2015 年完成本书为内地西藏班成立 30 周年献礼，却没能如期完成；原定选取西藏拉萨、昌都、那曲、山南等地与内地西藏班毕业于同一小学的学生进行配对研究，因为没有足够的时间和经费而放弃；在区内学校的样本选取时，只选取了农牧区学校，放弃了城市学校样本的选取；在访谈内地西藏班首届学生的数量上还不太多；等等。敬请专家、学者和读者批评指正，以利于我们今后不断完善相关研究。

一 中文著作类文献

[1] 安继民：《荀子》，中州古籍出版社，2006。

[2] 白杰瑞、班觉、阿旺次仁：《学生眼中的内地西藏班（校）》，载马戎编《西藏社会发展研究》，民族出版社，2011。

[3] 保罗·朗格朗：《终身教育引论》，周南照、陈树清译，中国对外翻译出版公司，1985。

[4] 本书编写组编《人类教育新启航——评罗崇敏教育思想》，云南人民出版社，2012。

[5] 边文霞、赵丽红：《有效沟通，缔造非凡人际关系的能力》，机械工业出版社，2014。

[6] 蔡元培：《蔡元培散文》，上海科学技术文献出版社，2013。

[7] 陈锋、王丹、曹莹等：《爱与自由：外国十大教育家经典教育理念》，北京大学出版社，2014。

[8] 陈孝彬、高洪源主编《教育管理学》，北京师范大学出版社，2008。

[9] 储朝晖：《中国教育六十年纪事与启思上册（1949—2009）》，山西教育出版社，2013。

［10］褚宏启、江雪梅、徐建平等：《论教育法的精神：为了人的自由而全面发展》，教育科学出版社，2013。

［11］董立平：《高等教育管理价值通论》，厦门大学出版社，2014。

［12］杜威（J. Dewey）：《杜威教育论著选》，赵祥麟、王承绪译，华东师范大学出版社，1981。

［13］范文曜、谢维和：《教育政策分析》，教育科学出版社，2006。

［14］方世南：《马克思环境思想与环境友好型社会研究》，三联书店，2014。

［15］菲利普·库姆斯（Philip H. Coombs）：《世界教育危机》，赵宝恒、李环等译，人民教育出版社，2001。

［16］冯建军：《教育基本理论研究 20 年（1990—2010）》，福建教育出版社，2012。

［17］符华兴、王建武、张亚东等：《世界主要国家高等教育发展研究》，湖南人民出版社，2010。

［18］耿金声、王锡宏主编《西藏教育研究》，中央民族学院出版社，1989。

［19］国家环境保护总局：《全国生态现状调查与评估（西南卷)》，中国环境科学出版社，2006。

［20］国家教育发展研究中心：《面向 21 世纪的教育》，求实出版社，1989。

［21］汉密尔顿：《希腊精神：西方文明的源泉》，葛海滨译，辽宁教育出版社，2005。

［22］侯德芳、韩源：《与时俱进的历史丰碑——"三个代表"重要思想研究》，西南财经大学出版社，2003。

［23］扈中平、李方、张俊洪：《现代教育学》（第 2 版），高等教育出版社，2005。

［24］黄文莱：《中国名人大传·孔子传》，北京联合出版公司，2013。

［25］贾馥茗等：《教育大辞书》，文景书局有限公司，2000。

［26］姜继为：《教育的常识：关于教育价值与方法的思考》，中央编译出版社，2014。

［27］蒋梦麟：《蒋梦麟教育论著选》，人民教育出版社，1995。

［28］瞿葆奎：《教育目的》，人民教育出版社，1989。

［29］瞿葆奎：《教育学文集：教育与人的发展》，人民教育出版社，1984。

［30］瞿葆奎、郑金洲：《教育基本理论之研究》，福建教育出版社，1998。

［31］夸美纽斯：《大教学论》，傅任敢译，人民教育出版社，1979。

［32］李秉德、李定仁：《教学论》，人民教育出版社，1999。

［33］李炳炎、向刚：《马克思人的全面发展理论及其在当代中国的现实意义》，载许崇正等《人的发展经济学新进展》，中国经济出版社，2012。

［34］李丹：《青少年核心价值观教育读本（感恩卷）》，北京工业大学出版社，2012。

［35］李家成：《当代教育名著选读》，华东师范大学出版社，2009。

［36］李强等：《生命的历程：重大社会事件与中国人的生命轨迹》，浙江人民出版社，1999。

［37］李小融、唐安奎：《多元化学校教育评价》，浙江教育出版社，2009。

［38］联合国教科文组织：《全民教育：提高质量势在必行——2005 年全民教育全球监测报告》，中国对外翻译出版公司，2005。

［39］联合国教科文组织编《教育——财富蕴藏其中》，联合国教科文组织总部中文科译，教育科学出版社，1996。

［40］联合国教科文组织编《教育——财富蕴藏其中》（第 2 版），联合国教科文组织总部中文科译，教育科学出版社，2014。

［41］联合国教科文组织国际教育发展委员会编著《学会生存——教育世界的今天和明天》，教育科学出版社，2006。

［42］联合国教育、科学及文化组织：《反思教育：向"全球共同利益"的理念转变》，2015。

［43］梁素娟：《〈挺经〉中的修身成事智慧》，中国纺织出版社，2014。

［44］林森：《教育走向改变：加拿大中小学素质教育面面观》，吉林大学出版社，2012。

［45］刘燕敏：《素质教育在美国》，黑龙江科学技术出版社，2013。

［46］柳海民：《教育理论的诠释与建构》，安徽教育出版社，2009。

［47］卢卡斯：《演讲的艺术》（第 10 版），顾秋蓓译，外语教学与研究出版社，2014。

［48］罗炳之：《外国教育史》（上），江苏人民出版社，1981。

［49］罗健：《人生充满波折，你要学会淡定》，华夏出版社，2012。

［50］马戎：《民族社会学：社会学的族群关系研究》，北京大学出版社，2004。

［51］马戎：《西藏社会与双语教育》，民族出版社，2011。

［52］毛亚庆：《从两极到中介》，北京师范大学出版社，1999。

［53］莫琳·T.哈里楠（Maureen T. Hallinan）：《教育社会学手册》，傅松涛等译，华东师范大学出版社，2004。

［54］庞世伟：《论"完整的人"——马克思人学生成论研究》，中央编译出版社，2009。

［55］裴娣娜：《教学论》，教育科学出版社，2007。

［56］彭泽平：《变革与反思：改革开放以来我国基础教育课程改革研究》，电子科技大学出版社，2014。

［57］瑟勒、贝尔、梅泽：《沟通力》（第9版），丁郡瑜、赵宇、杨亚杰译，机械工业出版社，2014。

［58］石中英：《教育哲学导论》，北京师范大学出版社，2002。

［59］世界环境与发展委员会：《我们共同的未来》，王之佳译，吉林人民出版社，1997。

［60］世界经济合作与发展组织：《民生问题：衡量社会幸福的11个指标》，洪漫、刘美辰、何卫宁等译，新华出版社，2012。

［61］苏德主编《全球化与本土化：多元文化教育研究》，中央民族大学出版社，2013。

［62］孙绵涛：《教育效能论》，商务印书馆，2008。

［63］孙时进、卢会志：《管理心理学》（第2版），立信会计出版社，2013。

［64］陶行知：《陶行知全集》第2卷，湖南教育出版社，1985。

［65］滕星、王军：《20世纪中国少数民族与教育》，民族出版社，2002。

［66］托马斯·弗里德曼：《世界是平的》，何帆、肖莹莹、郝正非译，湖南科学技术出版社，2006。

［67］万明钢：《多元文化视野：价值观与民族认同研究》，民族出版社，2006。

［68］万英姿：《人的全面发展：从理论到指标体系》，中央编译出版社，2011。

［69］ 王斌华:《学生评价:夯实双基与培养能力》,上海教育出版社,2012。

［70］ 王德清:《课堂教学管理学》,西南师范大学出版社,2009。

［71］ 王蕾:《教育评价探新》,西安交通大学出版社,2007。

［72］ 王玉琛:《魏书生教育思想研究》,辽宁教育出版社,1995。

［73］ 王正青:《社会冲突中的和平教育:学校层面的目标与策略》,人民出版社,2014。

［74］ 卫裕峰:《决定孩子一生幸福的财商教育》,中华工商联合出版社,2012。

［75］ 吴清山:《学校效能研究》,五南图书出版有限公司,1992。

［76］ 吴志樵:《中国教育经典名著解读》,辽海出版社,2011。

［77］ 西藏自治区地方志编纂委员会编《西藏自治区志·教育志》,中国藏学出版社,2005。

［78］ 谢宇、张晓波、李建新等:《中国民生发展报告》,北京大学出版社,2014。

［79］ 谢耘耕:《中国民生调查报告》,社会科学文献出版社,2014。

［80］ 熊英:《有一种幸福叫珍惜》,内蒙古人民出版社,2009。

［81］ 许丽英:《内地西藏班教学模式与成效调查研究》,社会科学文献出版社,2014。

［82］ 许在华:《青春防火墙:青少年安全健康与防护》,中国人民公安大学出版社,2010。

［83］ 薛金学:《〈论语〉之道》,山东人民出版社,2014。

［84］ 严耕:《中国省域生态文明建设评价报告》,社会科学文献出版社,2013。

［85］ 杨善华、谢立中:《西方社会学理论》(下),北京大学出版社,2006。

［86］ 杨贤江:《新教育大纲》,人民教育出版社,1961。

［87］ 叶慧瑾:《中学生主观幸福感的心理调查、分析与引导》,载广州市青少年科技教育协会编《第二十一届广州市青少科技创新大赛获奖作品集》,广州出版社,2008。

［88］ 于海琴:《心理成长与生涯发展》,华中科技大学出版社,2008。

［89］ 余国良:《社会心理学》,北京师范大学出版社,2006。

［90］ 俞可平、李慎明、王伟光:《人的基本理论研究》,中央编译出版

社，2007。

[91] 元东渊：《五维全面教育法：培养 21 世纪全面发展人才》，周沛校，科学技术文献出版社，1999。

[92] 张大均：《发展与教育心理学研究综述》，载阳奎兴主编《重庆社会科学年鉴》，重庆出版集团，2011。

[93] 张建卫：《成功与幸福：企业家均衡发展的理论与实践》，北京师范大学出版社，2010。

[94] 张栗原：《教育哲学》，福建教育出版社，2008。

[95] 张相乐、郑传芹：《教育学》，河北大学出版社，2012。

[96] 张一纯、王蕴、陈葵晞：《组织行为学》（第 3 版），清华大学出版社，2014。

[97] 张兆芹：《现代师范教育管理》，安徽大学出版社，1999。

[98] 中共中央马克思恩格斯列宁斯大林著作编译局编译《马克思恩格斯全集》第 1 卷，人民出版社，1995。

[99] 中共中央马克思恩格斯列宁斯大林著作编译局编译《马克思恩格斯文集》第 7 卷，人民出版社，2009。

[100] 中国藏学研究中心：《透视"3·14"：中国藏学研究中心学者深度分析拉萨"3·14"暴力事件》，中国藏学出版社，2008。

[101] 中国国情研究会编《中国国情研究报告 2002》，当代中国出版社，2002。

[102] 朱甫：《马云口述：我的管理哲学》，海天出版社，2014。

二　中文期刊与学位论文类文献

[1] 巴登尼玛：《试析现行藏族义务教育课程中存在的几个问题》，《民族教育研究》1996 年第 3 期。

[2] 白少双、严庆：《过程的视角：内地西藏班办学效应研究》，《民族教育研究》2014 年第 5 期。

[3] 包丽颖：《论"西藏班（校）"模式的现代性》，《民族教育研究》2012 年第 6 期。

[4] 卜一：《内地西藏班学生管理工作的分析研究》，《学周刊》2011 年第

10 期。

[5] 蔡武：《坚持文化先行，建设"一带一路"》，《求是》2014 年第 09 期。

[6] 蔡永红：《美国学校效能研究的回顾与反思》，《比较教育研究》2005 年第 11 期。

[7] 蔡永红：《学校效能研究的回顾与反思——从研究方法的角度》，《教育研究》2007 年第 2 期。

[8] 蔡榆、林青霞：《朋辈教育模式在学校民族团结教育中的运用——以广州卫生学校内地西藏班为例》，《广东职业技术教育与研究》2013 年第 2 期。

[9] 曹连众、祁型雨：《教育政策评价标准研究述评》，《山西师大学报》（社会科学版）2011 年第 5 期。

[10] 常永才、秦楚虞：《兼顾教育质量与文化适切性的边远民族地区课程开发机制——基于美国阿拉斯加土著学区文化数学项目的案例分析》，《当代教育与文化》2011 年第 1 期。

[11] 陈凯：《从实际出发开展内地西藏班爱国主义教育》，《中国民族教育》1998 年第 8 期。

[12] 陈立鹏：《改革开放 30 年来我国民族教育政策回顾与评析》，《民族研究》2008 年第 9 期。

[13] 陈欣：《学校效能的多维透视》，《教学与管理》2003 年第 7 期。

[14] 陈学军、邬志辉：《欧洲终身学习质量指标述评》，《外国教育研究》2005 年第 7 期。

[15] 陈永亮：《关于"加强民族交往交流交融"理论的思考——中央民族工作会议精神学习体会》，《民族论坛》2014 年第 12 期。

[16] 陈宇卿：《区域教育评价的实践创新》，《上海教育》2011 年第 21 期。

[17] 程方平：《2009—2010 年中国学生成长状态研究（1）——小学生生活状态和教育状态调查的点评》，《教育科学研究》2012 年第 1 期。

[18] 达斌：《关注学生的内心世界 搞好内地西藏高中班管理工作》，《中国民族教育》2002 年第 8 期。

[19] 房灵敏：《统一思想 狠抓落实 努力开创我区教育工作新局面——

在贯彻落实中央第六次西藏工作座谈会、第六次全国民族教育工作
会议精神视频会上的讲话》，《西藏教育》2015 年第 9 期。

[20] 费孝通：《跨文化的"席明纳"——人文价值再思考之二》，《读书》
1997 年第 10 期。

[21] 冯坤：《内地西藏班（校）藏汉英三语教育的课堂志研究——以重庆
市西藏中学为例》，硕士学位论文，西南大学，2011。

[22] 冯跃：《藏族中学生内地教育的跨文化研究——教育人类学的观察方
式》，硕士学位论文，中央民族大学，2004。

[23] 高峻峡：《浅析校长多维修炼对学校教学与管理效能的影响》，《黑龙
江教育学院学报》2009 年第 6 期。

[24] 格桑达瓦：《知识改变命运——一个内地西藏班孩子的成长箴言》，
《中国民族教育》2015 年第 8 期。

[25] 顾明远：《再谈苏霍姆林斯基教育思想在中国的传播及其现实意义——
办好每一所学校，教好每一个学生》，《比较教育研究》2010 年第 3 期。

[26] 郭龙岩：《内地西藏班（校）藏族学生跨文化成长的社会化研究》，
硕士学位论文，四川省社会科学院，2008。

[27] 郭龙岩：《内地西藏班（校）藏族学生跨文化社会化的实证分析》，
《西藏研究》2008 年第 5 期。

[28] 郭文丽：《上海市行政管理学校西藏班中专毕业生追踪调查研究》，
硕士学位论文，华东师范大学，2008。

[29] 郭笑尘：《多元文化教育视野下教师角色转变研究——以漳州三中高
中西藏班为个案》，硕士学位论文，四川师范大学，2010。

[30] 韩立：《内地西藏高中班语文写作教学研究以——华北地区某西藏中
学为例》，硕士学位论文，中央民族大学，2012。

[31] 韩秀梅、李树江：《内地西藏班（校）教育政策价值分析》，《西藏
教育》2014 年第 4 期。

[32] 何鲜：《民族教育真诚守望者和辛勤耕耘人——评〈守望・自觉・比
较——少数民族及原住民教育研究〉》，《民族教育研究》2011 年第
10 期。

［33］贺能坤：《基础教育的工具理性错位与价值理性回归》，《中国教育学刊》2016 年第 7 期。

［34］洪树兰：《数学"支架式教学"研究》，硕士学位论文，云南师范大学，2006。

［35］侯首辉：《内地西藏班（校）学生文化适应问题研究——基于成都西藏中学的调查》，硕士学位论文，西南大学，2012。

［36］胡森：《论教育质量》，《华东师范大学学报》（教育科学版）1987 年第 3 期。

［37］黄少微、曹骁勇：《内地西藏班教育三十年回顾与展望》，《民族论坛》2014 年第 2 期。

［38］黄香：《思念是一种动力——写给在内地西藏班读书的女儿们》，《中国民族教育》2015 年第 8 期。

［39］纪春梅：《全免费背景下西藏农牧区中小学教育质量现状及其影响因素分析》，《教育与经济》2010 年第 8 期。

［40］纪明泽：《国外基础教育质量监测现状与评述》，《上海教育》2011 年第 21 期。

［41］贾晶晶：《教师专业发展的校际研修模式探究——以浦东新区农村学校为例》，硕士学位论文，华东师范大学，2010。

［42］蒋利辉、冯刚：《"一带一路"，民族地区的重大战略机遇》，《中国民族》2015 年第 5 期。

［43］瞿振元：《"一带一路"建设与国家教育新使命》，《光明日报》2015 年 8 月 13 日。

［44］雷召海：《关于内地西藏班（校）办学模式的政策分析——以武汉西藏中学为例》，《民族教育研究》2012 年第 8 期。

［45］李波、黄忠敬、陈进林：《内地西藏班民族教育政策执行工具分析》，《西藏大学学报》（社会科学版）2008 年第 3 期。

［46］李涵、承祖：《推动内地西藏班工作再上新台阶——内地西藏班办学水平综合督导评估试点综述》，《中国民族教育》1997 年第 8 期。

［47］李玲、熊健杰、韩玉梅：《西方教育目标分类学对构建我国教师素质

标准的启示》，《西南大学学报》（社会科学版）2011 年第 6 期。

［48］李梅：《内地西藏班（校）民族教育政策调整研究》，《西藏大学学报》（社会科学版）2015 年第 2 期。

［49］李梅：《内地西藏班（校）异地办学模式研究》，《湖南师范大学教育科学学报》2015 年第 6 期。

［50］李梅：《内地西藏班跨文化教育中的文化障碍探析》，《内蒙古师范大学学报》（哲学社会科学版）2015 年第 4 期。

［51］李小融、唐安奎：《论高等教育在大众文化背景下的战略选择》，《成都纺织高等专科学校学报》2009 年第 7 期。

［52］李玉琴：《藏族儿童内地学习生活的文化适应研究——对双流县就读的藏族儿童群体的调查》，《中国藏学》2009 年第 3 期。

［53］梁庭望：《20 世纪的中国少数民族文学研究》，《中南民族学院学报》（人文社会科学版）2002 年第 2 期。

［54］刘逢庆：《内地西藏班（校）学习困难学生转化策略》，《西藏教育》2011 年第 8 期。

［55］刘逢庆：《内地西藏班实施成功教育的尝试与思考》，《西藏大学学报》（社会科学版）2009 年第 2 期。

［56］刘竑波：《多元智能与教师》，《中小学管理》2002 年第 10 期。

［57］刘慕霞：《内地藏生学习动机的实证调查与导向分析》，《湖南民族职业学院学报》2009 年第 3 期。

［58］刘慕霞：《内地西藏班（校）学生学习动机的实证调查与导向分析》，《西藏教育》2010 年第 4 期。

［59］刘云杉：《"知识改变命运"还是"教育使人不被命运所摆布"》，《探索与争鸣》2015 年第 6 期。

［60］马冲：《内地西藏班（校）、新疆班的举办与民族教育事业的发展》，《经营管理者》2012 年第 2 期。

［61］马戎：《理解民族关系的新思路——少数族群问题的"去政治化"》，《北京大学学报》（哲学社会科学版）2004 年第 6 期。

［62］马戎：《苏联解体中的民族因素对中国有哪些借鉴——何俊芳〈族

体、语言与政策——关于苏联、俄罗斯民族问题的探讨〉序言》，《青海民族研究》2016 年第 1 期。

[63] 茅于轼：《从"人才"到"人生"》，《教师博览》2014 年第 11 期。

[64] 么丽、普穷穷：《对内地西藏班藏族学生心理健康状况的调查分析》，《西藏科技》2009 年第 3 期。

[65] 莫保文：《关于办好内地西藏班之我见》，《民族教育研究》1994 年第 8 期。

[66] 彭光宇：《语文教育目标分类学概论》，《湖南教育学院学报》1998 年第 12 期。

[67] 戚业国、陈玉琨：《论教育质量观与素质教育》，《中国教育学刊》1997 年第 3 期。

[68] 秦玉友：《教育质量的概念取向与分析框架——联合国相关组织的研究与启示》，《外国教育研究》2008 年第 3 期。

[69] 冉苒：《内地西藏班（校）学生的跨文化适应》，《贵州民族研究》2012 年第 4 期。

[70] 冉苒、戴玲玲：《内地西藏班（校）9 年级学生一般自我效能感与应对方式关系》，《常州工学院学报》2012 年第 2 期。

[71] 冉苒、方翰青：《内地藏汉初中生人格特质比较研究》，《江苏技术师范学院学报》2010 年第 1 期。

[72] 冉苒、黄玉峤、于娟：《内地西藏班（校）初中生自我效能感与学业成绩的关系》，《江苏技术师范学院学报》2012 年第 1 期。

[73] 冉苒、杨玉霞：《内地藏族初中生人格特质的特点》，《中国健康心理学杂志》2012 年第 2 期。

[74] 冉苒、张长英：《内地西藏班（校）初中生主观幸福感研究》，《贵州民族研究》2013 年第 2 期。

[75] 冉苒、张帆、朱文霞：《内地藏族初中生自我效能感与学业求助的关系》，《江苏技术师范学院学报》2011 年第 7 期。

[76] 任玉贵：《影响中国西部少数民族女童教育的主要因素及相关对策研究质量与效益研究》，《青海民族学院学报》1996 年第 1 期。

［77］ 任志宏、单建鑫、陈辉：《汉藏高中生音乐学习心理比较——以河北师范大学附属西藏学校为个案研究》，《河北师范大学学报》（教育科学版）2009 年第 5 期。

［78］ 荣建庄：《强化管理是办好内地西藏班的关键》，《民族教育研究》1991 年第 1 期。

［79］ 荣建庄、欧阳群：《内地西藏班学生思想教育初探》，《民族论坛》1989 年第 10 期。

［80］ 上海教育质量评价体系研究课题组：《上海教育质量评价体系研究》，《教育发展研究》2007 年第 4 期。

［81］ 沈雅静：《多元化与少数民族大学生价值认同问题研究》，硕士学位论文，西南民族大学，2015。

［82］ 沈祖芸：《"绿色"之核：上海率先构建义务教育学业质量评价体系述评》，《上海教育》2011 年第 21 期。

［83］ 石中英：《20 世纪教育中的国家主义：回顾与讨论》，《教育学报》2011 年第 6 期。

［84］ 石中英：《提高质量是教育改革发展的核心任务》，《中国教育报》2012 年 11 月 6 日。

［85］ 史桂荣：《内地西藏班历史教学要注重教学与教养的融合》，《西藏教育》2013 年第 1 期。

［86］ 孙德智：《内地西藏班学生文化认同研究》，硕士学位论文，北京师范大学，2008。

［87］ 孙河川：《教育效能与学校改进研究的引领者和推动者——国际学校效能与学校改进学会》，《比较教育研究》2009 年第 3 期。

［88］ 孙河川：《我国教育效能研究现状、问题与发展趋势》，《沈阳师范大学学报》（社会科学版）2011 年第 5 期。

［89］ 孙爽：《内地西藏班学生英语学习动机实证研究》，硕士学位论文，辽宁师范大学，2011。

［90］ 孙亚灵：《西藏班中学生社会支持、孤独感与心理健康的关系》，硕士学位论文，西南大学，2010。

[91] 孙燕：《国内外学校效能研究比较分析》，《太原师范学院学报》（社会科学版）2010 年第 4 期。

[92] 孙智昌：《发展性学业成就调查何以可能》，《教育研究》2010 年第 12 期。

[93] 汤林春：《试论学校效能评价的发展》，《教育发展研究》2005 年第 22 期。

[94] 汤琳：《多元文化教育过程中教师成长追叙与前瞻——成都西藏中学语文教师个案研究》，硕士学位论文，四川师范大学，2007。

[95] 滕星、苏红：《多元文化社会与多元一体化教育》，《民族教育研究》1997 年第 1 期。

[96] 田慧生、孙智昌、马延伟等：《国内外中小学生学业成就调查与测评研究进展及启示》，《教育发展研究》2007 年第 22 期。

[97] 仝允波：《内地西藏班教学中的若干问题及应对策略》，《西藏教育》2011 年第 5 期。

[98] 王红、陈纯槿：《近十五年我国学校效能研究的两种范式》，《上海教育科研》2010 年第 11 期。

[99] 王嘉毅、常宝宁：《新疆南疆地区维吾尔青少年国家认同与民族认同比较研究》，《当代教育与文化》2009 年第 5 期。

[100] 王鉴、李艳红：《藏汉双语教学模式研究》，《西北师大学报》（社会科学版）1999 年第 5 期。

[101] 王静、次央：《内地西藏班（校）学生英语学习策略调查研究以——陕西临潼华清中学西藏班为例》，《安康学院学报》2013 年第 2 期。

[102] 王俊山、张燕燕、柯慧：《中小学生学习生活质量调查研究——以上海市静安区为例》，《上海教育科研》2011 年第 1 期。

[103] 王莉颖、熊建辉：《探索中国特色的双语教学模式——全国双语教学研讨会综述》，《全球教育展望》2004 年第 6 期。

[104] 王启祥：《藏区学校爱国主义教育研究》，硕士学位论文，西南大学，2011。

[105] 王升云、李安辉：《关于完善内地边疆班（校）办学模式的思考》，

《民族教育研究》2012 年第 4 期。

[106] 王世英、关继文：《试论 21 世纪音乐教育的目标》，《四川理工学院学报》（社会科学版）2008 年第 6 期。

[107] 王唯：《OECD 教育指标体系对我国教育指标体系的启示——OECD 教育指标在北京地区实测研究》，《中国教育学刊》2003 年第 1 期。

[108] 王维：《践行渐进西藏班——以武汉市西藏中学为例》，硕士学位论文，中央民族大学，2009。

[109] 王炜：《内地西藏班（校）初中生物理学习困难的成因研究》，《西藏教育》2012 年第 11 期。

[110] 王雪：《浅析内地西藏班英语情感教学》，《中国电力教育》2009 年第 5 期。

[111] 王亚鹏、万明钢：《民族认同研究及其对我国民族教育的启示》，《比较教育研究》2004 年第 8 期。

[112] 王永建：《内地西藏班生物课堂中的有效教学》，《西藏教育》2012 年第 1 期。

[113] 王珍、王甜：《内地西藏班：为西藏培养"造血干细胞"》，《中国民族报》2015 年 8 月 4 日。

[114] 王珍、王甜：《内地西藏班为西藏培养人才 3 万余名》，《中国民族报》2015 年 8 月 4 日。

[115] 邬志辉、马青：《美国农村学校与社区信托基金会的农村教育指标体系及启示》，《外国教育研究》2008 年第 3 期。

[116] 吴晓蓉：《共生理论观下的教育范式》，《教育研究》2011 年第 1 期。

[117] 吴晓蓉：《内地西藏班（校）民族教育政策的流变及成效》，《西北师大学报》（社会科学版）2013 年第 5 期。

[118] 吴晓蓉：《内地西藏班（校）学生文化适应状况调查分析——以成都西藏中学为例》，《中国藏学》2013 年第 3 期。

[119] 吴遵民：《基础教育如何走出功利主义的怪圈》，《上海教育科研》2012 年第 8 期。

[120] 夏钦：《跨文化环境下内地西藏班藏族学生适应问题研究》，《西藏

大学学报》（自然科学版）2013 年第 2 期。

[121] 肖卓峰、刘海霞：《内地西藏高中班数学高效教学方案探究——以河北师大附属民族学院数学课堂为例》，《西藏教育》2012 年第 12 期。

[122] 肖卓峰、甄建辉：《多途径全方位扎实推进内地西藏班（校）德育建设——以我校高中班德育模式为例》，《西藏教育》2012 年第 2 期。

[123] 辛素飞、明朗、辛自强：《群际信任的增进：社会认同与群际接触的方法》，《心理科学进展》2013 年第 2 期。

[124] 辛涛：《新课程背景下的学业评价：测量理论的价值》，《北京师范大学学报》（社会科学版）2006 年第 1 期。

[125] 邢占军：《中国城市居民主观幸福感量表的编制》，《香港社会学学报》2002 年第 23 期。

[126] 徐建：《内地西藏班学生学习生活适应性调查研究——以济南西藏中学学生为例》，《学理论》2009 年第 8 期。

[127] 薛明扬：《构建绿色指标是一项有意义的开创性工作》，《上海教育》2011 年第 21 期。

[128] 严庆：《读解我国一项特殊的民族教育政策——举办内地西藏班（校）》，《民族教育研究》2005 年第 4 期。

[129] 严庆、宋遂周：《民族教育异地办学模式中的学生跨文化学习困难及其应对——以内地西藏班、内地新疆班为例》，《民族教育研究》2006 年第 4 期。

[130] 阳妙艳：《学校教育与族群认同：对中国内地西藏中学的个案考察》述评，《湖南师范大学教育科学学报》2011 年第 2 期。

[131] 杨道宇、温恒福：《西方学校效能研究 40 年》，《比较教育研究》2009 年第 3 期。

[132] 杨东平：《寻找现代中国的教育哲学与教育文化》，《文化纵横》2009 年第 1 期。

[133] 杨明：《2003 年"国际学生评价计划"：评价目的、评价内容和评价方法》，《课程·教材·教法》2007 年第 6 期。

[134] 杨荣胜、赵峰：《谈内地西藏班学生自主学习能力的培养》，《中国

民族教育》2011 年第 12 期。

[135] 杨淑芹：《新疆民族基础教育双语教学模式的回顾与选择》，《教育探索》2008 年第 8 期。

[136] 杨水生：《采取有效措施加强内地西藏班（校）思想政治教育工作》，《中国民族教育》2008 年第 12 期。

[137] 杨小凡：《内地西藏班学生国家认同意识的培养》，《中国民族教育》2012 年第 21 期。

[138] 于娟：《分层教学在内地西藏班英语教学中的实证研究》，硕士学位论文，南京师范大学，2010。

[139] 于向海：《内地西藏班高中生学习方式调查研究》，《西藏教育》2014 年第 10 期。

[140] 于向海：《内地西藏班学生学习学习适应问题与对策分析》，《学周刊》2014 年第 11 期。

[141] 喻永庆：《深化内地西藏班（校）研究积极探索发展新模式》，《中国民族报》2015 年 4 月 3 日。

[142] 喻永庆、孟立军：《30 年来我国内地西藏班（校）研究述评》，《中国藏学》2015 年第 3 期。

[143] 张东辉、黄晶晶：《"我们"与"他们"：内地西藏散插生的社会网络构建——一项教育民族志研究》，《湖南师范大学教育科学学报》2015 年第 8 期。

[144] 张国强：《OECD 教育发展指标体系分析及启示——以〈教育概览：OECD 指标（2003）〉》为例，《外国教育研究》2006 年第 11 期。

[145] 张梅、何苗等：《内地西藏班（校）高中生学习动机调查报告》，《民族教育研究》2008 年第 2 期。

[146] 张民生：《建立科学的中小学生学业质量评价系统》，《上海教育》2011 年第 21 期。

[147] 张燕、黄荣怀：《教育目标分类学 2001 版对我国教学改革的启示》，《中国电化教育》2005 年第 7 期。

[148] 张燕华：《对内地西藏班学生数学学习能力培养的教学模式的实践

研究》，硕士学位论文，苏州大学，2007。

[149] 张滢：《来自祖国母亲最珍贵的礼物——内地西藏班办学三十周年纪实》，《中国民族教育》2015年第8期。

[150] 章灵舒：《内地西藏学生英语学习动机缺失及对策的实证研究——以湖南民族职业学院为例》，硕士学位论文，湖南师范大学，2006。

[151] 赵希斌：《通过评价促进发展——读〈有效的学生评价〉有感》，《人民教育》2003年第10期。

[152] 郑富兴：《少数民族地区学校公民教育的文化认同问题》，《思想理论教育》2008年第12期。

[153] 钟慧笑：《内地西藏班：一个伟大的创举——教育部民族教育司司长毛力提·满苏尔谈内地西藏班办学》，《中国民族教育》2015年第7期。

[154] 周谷平、阚阅：《"一带一路"战略的人才支撑与教育路径》，《教育研究》2015年第10期。

[155] 周含：《内地西藏班学生英语学习中存在的问题及解决措施》，《吉林省教育学院学报》（学科版）2011年第11期。

[156] 周立刚：《内地西藏班（校）高中生学习风格的影响因素分析——以北京、河北、山西三地西藏班（校）为例》，《民族论坛》2011年第9期。

[157] 周振平：《欧盟的教育质量指标》，《中小学管理》2004年第10期。

[158] 朱崇先：《双语现象与中国少数民族双语教育体制和教学模式》，《民族教育研究》2003年第12期。

[159] 朱文斌：《源于生活用于生活——浅谈内地西藏班物理生活化的教学策略》，《西藏教育》2013年第4期。

[160] 朱永新：《新教育：过一种教育幸福完整的教育生活》，《班主任之友》2008年第1期。

[161] 朱志勇：《学校教育情境中族群认同感的建构——内地西藏班的个案研究》，《南京师大学报》（社会科学版）2006年第4期。

[162] 珠扎：《内地西藏班（校）藏文教师必备的素质》，《西藏教育》

2011 年第 11 期。

［163］ 子明：《西藏内地办学 15 年》，《中国民族》2001 年第 2 期。

［164］ 左光银：《内地西藏班（校）"藏族文化"校本课程开发与实施研究》，硕士学位论文，南京师范大学，2007。

三 英文类文献

［1］ Brookover, W. B. , Beady, C. , Flood, P. , Schweitzer, J. , & Wiseenbaker, J. , *School Social Systems and Student Achievement*：*Schools Can Make a Difference*（New York：Praeger, 1979）.

［2］ Hanushek, E. A. , "The Failure of Input-based Schooling Policies," *Economic Journal*, 2003, 57（3）.

［3］ Hanushek, E. A. & Kimko, D. D. , "Schooling, Labor-Force Quality, and the Growth of Nations," *American Economic Review*, 2000, 90（5）.

［4］ Johnson, David W. & Roger T. Johnson, "Implementing the Teaching Students to be Peacemakers Program," *Theory into Practice*, 2004, 43（1）.

［5］ Linley, P. Alex & S. Joseph, *Positive Psychology in Practice*（New Jersey：John Wiley & Sons, 2004）.

［6］ United Nations, Convention on the Rights of the Child, 1989.

［7］ US Department of Education, *Succeeding Globally through International Education and Engagement*：*The US Department of Education's International Strategy 2012 – 16*（Washington：US Department of Education, 2012）.

［8］ Ward, C. & Kennedy, A. , "Locus of Control, Mood Disturbance and Social Difficulty during Cross-cultural Transitions," *International Journal of Intercultural Relations*, 1992, 45（3）.

［9］ Zhu, Z. , *State Schooling and Ethnic Identity*：*The Politics of a Tibetan Neidi Secondary School in China*（Lanham, MD：Lexington Books, 2007）.

内地西藏班（校）办学水平综合评估指标

内地西藏班（校）办学水平综合评估指标（试行）

一级指标权重	二级指标		三级指标		备注
	要素	权重	要素	权重	
主管部门重视（10）	办学基础条件保障	10	1. 政府、部委有专人负责；省、市教委一位副主任分管；每年至少召开1—2次例会；有会议纪要；经常到校检查工作，解决问题	5	
			2. 省市财政专项经费已经落实并高于当地同类学校生均标准	5	
办学条件（20）	干部配备	5	1. 有校级干部分管，每月至少召开1次例会	3	
			2. 学校设有专人负责	2	
	教师队伍	5	1. 教职工编制数略高于当地同类学校编制数	3	
			2. 有一支能满足教育、教学和生活管理需要的教职工队伍	2	
	校舍与设备	10	1. 教学用房及教学设备配置	4	
			2. 学生宿舍配置及生均面积	3	
			3. 学生食堂配置及卫生状况	3	
指导思想（10）	全面贯彻党的教育方针	10	1. 教学计划安排体现了德智体全面发展要求	5	
			2. 面向全体学生，实行因材施教	5	

续表

一级指标权重	二级指标		三级指标		备注
	要素	权重	要素	权重	
管理水平（40）	教学管理	10	1. 学校德育教育机构设置情况	4	
			2. 有切实可行的德育工作计划和管理制度	6	
	教学管理	10	1. 有切实可行的规章制度	4	
			2. 教学计划和教学大纲执行情况	3	
			3. 课外活动开展情况及效果	3	
	总务后勤管理	10	1. 校领导重视后勤工作，有健全的规章制度	4	
			2. 藏班经费专款专用，使用合理，账目清楚	3	
			3. 有专职医务人员，卫生健康档案健全	3	
	生活管理	10	1. 有健全的生活管理制度	3	
			2. 学生伙食状况	4	
			3. 学生寝室管理情况	3	
办学成效（20）	政治思想素质	8	1. 学生遵纪守法，遵守社会公德，无违法犯罪现象	4	
			2. 各民族师生间团结友爱，关系融洽，尊重师长	2	
			3. 学生遵守校纪校规，无不良习惯	2	
	文化业务素质	7	1. 学业成绩能够逐年提高，毕业时接近或达到当地中等学校平均水平	4	
			2. 学生动手能力增强，技术技能达到要求	3	
	身体素质	5	1. 学生养成良好的卫生习惯，发病率逐年下降	3	
			2. 体育锻炼达标率、优秀率高	2	

资料来源：《国家教委办公厅关于印发〈内地西藏班（校）办学水平综合评估指标（试行）〉的通知》（教民厅〔1994〕13号）。

教育部中小学教育质量综合评价指标框架

教育部中小学教育质量综合评价指标框架（试行）

评价内容	关键指标	指标考查要点	评价主要依据
品德发展水平	行为习惯	学生在文明礼貌、勤俭节约、热爱劳动、爱护环境等方面的认知和表现情况	社会主义核心价值观、义务教育课程方案和相关学科课程标准、普通高中课程方案和相关学科课程标准、《中小学德育工作规程》、《中共中央国务院关于进一步加强和改进未成年人思想道德建设的若干意见》、《中小学生守则》、《小学生日常行为规范（修订）》、《中学生日常行为规范（修订）》、《中小学文明礼仪教育指导纲要》等
	公民素养	学生在珍爱生命、遵纪守法、诚实守信、团结友善、乐于助人等方面的认知和表现情况	
	人格品质	学生在自尊自信、自律自强、尊重他人、乐观向上等方面的认知和表现情况	
	理想信念	学生的爱国情感、民族认同、社会责任、集体意识、人生理想等方面的情况	
学业发展水平	知识技能	学生对各学科课程标准要求的基础知识、基本技能的理解和掌握情况	义务教育课程方案和各学科课程标准、普通高中课程方案和各学科课程标准以及其他相关规范性文件等
	学科思想方法	学生对各学科思想和方法的理解和掌握情况	
	实践能力	学生关注现实生活、参加社会实践和志愿服务活动、解决实际问题、进行职业准备等方面的情况	
	创新意识	学生独立思考、批判质疑、钻研探究，解决问题的思路、方式方法等方面的情况	

续表

评价内容	关键指标	指标考查要点	评价主要依据
身心发展水平	身体形态机能	学生身高、体重、肺活量和身体运动能力等达到《国家学生体质健康标准》要求的情况以及视力状况等	义务教育课程方案和相关学科课程标准、普通高中课程方案和相关学科课程标准、《国家学生体质健康标准》、《国务院办公厅转发教育部等部门关于进一步加强学校体育工作若干意见的通知》、《中小学学生近视眼防控工作方案》、《中小学健康教育指导纲要》、《中小学心理健康教育指导纲要（2012年修订）》、《学校艺术教育工作规程》、《教育部办公厅关于在义务教育阶段中小学实施"体育、艺术2+1项目"的通知》以及其他相关规范性文件等
	健康生活方式	学生对健康知识与技能的了解和掌握情况，生活与卫生习惯、参加课外文娱体育活动等方面的情况	
	审美修养	学生在审美情趣和艺术修养等方面的发展情况	
	情绪行为调控	学生对自己情绪的觉察与排解、对行为的自我约束情况，应对和克服学习、生活中遇到的困难的态度和表现情况	
	人际沟通	师生关系、同伴关系、亲子关系等方面的情况	
兴趣特长养成	好奇心求知欲	学生对某些知识、事物和现象的专注、思考和探求情况	
	爱好特长	学生课余生活的丰富性，在文学、科学、体育、艺术等领域表现出的喜好、付出的努力和表现的结果	
	潜能发展	学生在某些方面表现出的突出素质和进一步发展的能力	
学业负担状况	学习时间	学生上课时间、作业时间、补课时间、睡眠时间等	义务教育课程方案和各学科课程标准、普通高中课程方案和各学科课程标准、《中共中央国务院关于加强青少年体育增强青少年体质的意见》、《中小学学生近视眼防控工作方案》、《教育部关于当前加强中小学管理规范办学行为的指导意见》以及其他相关规范性文件等
	课业质量	课程教学、作业和考试（测验）的有效程度以及学生的感受和看法	
	课业难度	课程教学、作业和考试（测验）的难易程度以及学生的感受和看法	
	学习压力	学生在学习过程中表现出的快乐、疲倦、焦虑、厌学等状态	

资料来源：《教育部关于推进中小学教育质量综合评价改革的意见》（教基二〔2013〕2号）。

上海市中小学生学业质量绿色指标

上海市中小学生学业质量绿色指标 （试行）

一 学生学业水平指数

学生学业水平指数包含学生学业成绩的标准达成度、学生高层次思维能力指数以及学生学业成绩均衡度。其中学生学业成绩均衡度包括总体均衡、区县间均衡和学校间均衡三个方面。

（一）学生学业成绩的标准达成度

学生学业水平标准是依据课程标准，确定学生在某一学科、某一阶段应该掌握的基本内容与核心能力的标准等级。

学业成绩的标准达成度指的是学生在各学科达到合格水平以上的人数比例。标准划定时采用了国际上广泛应用于学业能力测试和水平考试等领域的安哥夫（Angoff）法和书签（Bookmark）法的方法。

（二）学生高层次思维能力指数

在关注学生标准达成度的同时，也要关注学生的高层次思维能力。高层次思维能力主要包括知识迁移能力，预测、观察和解释能力，推理能力，问题解决能力，批判性思维和创造性思维能力等。

（三）学生学业成绩均衡度

学生学业成绩均衡度包括总体均衡度、区县间均衡度和学校间均衡度三个方面。

1. 学生学业成绩总体均衡度

学业成绩总体均衡度指的是上海所有参测学生学业成绩总体差异的大小。各学科的学业成绩采用多种现代统计测量方法［如罗序（Rasch）模型和多维分步计分模型］进行分析的结果。

2. 学生学业成绩区县间均衡度

学业成绩区县均衡度是指上海各区县之间学生学业成绩差异的大小，是通过多层线性模型统计分析得到的。

3. 学生学业成绩学校均衡度

学生学业成绩学校均衡度指的是各学校之间学生学业成绩差异的大小，是通过多层线性模型统计分析得到的。

二　学生学习动力指数

学生学习动力指数主要有四个方面，分别为学生学习自信心、学习动机、学习压力和学生对学校的认同度。

（一）学习自信心

历年大规模测试数据分析显示，学生学习自信心与学生学业水平呈现明显的正相关。学习自信心主要通过调查学生对个人学习能力的评价、尝试解决困难问题的意愿、对取得优异学习成绩和完成学习目标的预期等问题，采集学生问卷数据，对数据进行统计分析得到的结果。

（二）学习动机

历年大规模测试数据分析显示，学生内部学习动机与学生学业水平呈现明显的相关，内部学习动机能够很好地预测学业成绩。内部学习动机的测量包含学生对学习本身的兴趣、对于学习目的和意义的认识等问题；通过采集学生问卷数据，进行数据分析得到的结果。

（三）学习压力

历年大规模测试数据分析显示，学生过重的学习压力和学业质量之间呈现着某种负相关。学习压力主要调查学生在学习过程中产生的心理负担和焦虑，通过询问学生做作业量的多少及难易、考试次数的数量以及学校公布成绩、考试之前的感受来调查学生所承受的学习压力的情况。学习压力是通过采集学生问卷数据，进行数据分析得到的结果。

（四）学生对学校的认同度

历年大规模测试数据分析显示，学生对学校的认同度与学生学业成绩存在正向的预测作用，学生对学校的认同与学生的学业成绩存在正相关。

学生对学校的认同度主要指学生对学校的认可程度，包括学生的同学关系、是否愿意参加学校集体活动、是否喜欢学校以及在学校是否会感到孤独等问题。学生对学校的认同度是通过采集学生问卷数据，进行数据分析得到的结果。

三　学生学业负担指数

（一）学业负担综合指数

历年大规模测试数据分析显示，学业负担的增加并不是提高学习成绩的简单办法，学生学习时间的增加与学生学习成绩之间没有明了、简单的关系，更多的学习时间并不一定带来学生更好的学习成绩。通过调查学生的睡眠时间、做作业时间和补课时间来反映当前学生的学业负担。学业负担指数是通过采集学生问卷数据，进行数据分析得到的结果。

（二）学业负担分项指数

1. 睡眠时间

教育部明确要求切实保证义务教育阶段学生每日有不少于 9 小时的睡眠时间。

历年大规模测试数据分析显示，与睡眠时间较多的学生相比，睡眠时间较少的学生更容易产生注意力不集中的现象，降低学习效率，学生的学业成绩并没有随着睡眠时间的减少而提高。

2. 作业时间

历年大规模测试数据分析显示，小学生每天做作业时间为 1 小时左右，中学生每天做作业时间为 2 小时左右，学生的学业成就水平明显高于基本不做作业或做作业时间过长的学生。做作业时间包括来自学校教师布置的当天要完成的书面作业和来自家长布置的作业（如家教或者课外辅导班）。

3. 补课时间

历年大规模测试数据分析显示，学业成绩与补课时间之间并不是存在着明显的关系，补课时间的增加并不一定意味着学业成绩的提高。补课时间包括学校要求到校补课时间和家长要求的补课时间（如家教或者课外辅导班）。

四 师生关系指数

历年大规模测试数据分析显示，师生关系与学生学业水平呈明显的正相关，师生关系对学生学业成绩有明显的正向预测作用。

师生关系的调查主要包含教师是否尊重学生，是否公正、平等地对待学生，是否信任学生等。师生关系指数是通过采集学生问卷数据，进行数据分析得到的结果。

五 教师教学方式指数

历年大规模测试数据分析显示，教师教学方式与学生学业成绩有着明显的正相关，良好的教学方式能够对学生的学业成绩起到积极的影响。教师教学方式分为教师自评和学生评价两个方面。

（一）教师对教学方式的自评

教师对教学方式的自评主要有三个指标，分别为因材施教、互动教学和探究与发展能力。它们是通过采集教师问卷数据，进行数据分析得到的结果。

（二）学生对教师教学方式的评价

学生对教师教学方式的评价是通过采集学生问卷数据，运用统计方法得到的结果。问卷内容主要包括教师是否进行情境教学、鼓励学生动手实践等问题。

六 校长课程领导力指数

历年大规模测试数据分析显示，校长的课程领导力对教师教学和学生学习有着重要的影响。

校长课程领导力的调查分析包含三个方面，分别为课程决策与计划、课程组织与实施、课程管理与评价。校长课程领导力指数是通过采集教师问卷数据，进行数据分析得到的结果。

七 学生社会经济背景对学业成绩的影响指数

父母受教育程度、父母职业、家庭文化资源等综合为学生社会经济背景。学生社会经济背景与学生学业成绩结合起来，分析家庭对学生学业成绩的影响指数，反映学校教育的作为。该指数是通过采集学生问卷数据、运用多层线性模型进行统计分析得到的结果。

八　品德行为指数

良好的品德是个人成长、终生发展的基础，更是其成为社会有用之才的重要条件。学生的品德塑造是否成功，真正反映了学校教育的成功与否。主要包括学生的理想信念、公民素质和健全人格三方面，通过热爱祖国、自尊自爱、尊重他人、有诚信和责任心、遵守公德以及拥有关怀之心、公正之心等具体指标，以采集学生问卷数据方式，进行数据分析得到的结果。

九　身心健康指数

学生的身心是否健康，关系到民族整体素质能否提高，关系到国家的未来与兴衰。学生的身心健康水平主要通过调查学生生理、心理和情感等指标来反应。身心健康指数是通过《国家学生体质健康标准》测试数据库采集学生问卷数据和学校行政部门的调查，进行数据分析得到的结果。

十　进步指数

历年大规模测试数据纵向比较显示，许多地区不仅学生的学业质量有所提高，而且在影响学业质量的一些关键因素也取得了明显的进步。进步指数包括学习动力进步指数、师生关系进步指数、学业负担进步指数等。

资料来源：《上海市教育委员会关于〈上海市中小学生学业质量绿色指标（试行）〉的实施意见》（沪教委基〔2011〕86号）。

内地西藏班教育成效指标体系专家调查表

内地西藏班教育成效指标体系专家调查表

尊敬的专家：

您好！我正承担国家社科基金西部项目"内地西藏班教育成效及其对西藏教育发展的影响研究"，首先对您为本课题提供宝贵的意见表示衷心的感谢！

内地西藏班的教育成效一直为政府、家长、社会等高度关注，但是不同的主体所期望的教育成效各不相同。本课题组以"教育促进人的全面发展"为指导思想，以联合国教科文组织提出的未来教育"四大支柱"为纲领，以内地西藏班学生（初中）为视角主体，试图以"学生的发展"来测量内地西藏班这种办学模式的成效。在技术上，我们拟采用前测与后测纵向比较、与西藏同年级学生横向比较来进行，通过内地西藏班学生在相关方面的发展变化来揭示内地西藏班办学项目实施后的成效。为此，我们在文献研究的基础上拟定了教育成效指标体系咨询表，希望通过本次专家调查，为制定教育成效指标提供科学依据。

所有选项均无对错之分，只用于统计分析。请根据实际情况在您同意的指标上打"√"，如有建议请写在相应的横线上。

再次衷心感谢您的大力支持和帮助！

贺能坤

二○一二年十月

一、从学生的发展角度来评价教育成效，您认为主要表现在哪几个方面（任选）？

（一）学会认知（　　　　）

（二）学会做事（　　　　）

（三）学会共同生活（　　　　）

（四）学会生存（　　　　）

（五）主观幸福感（　　　　）

其他＿＿＿＿＿＿＿＿＿＿＿＿＿＿＿＿＿＿＿＿＿＿＿

二、评价"学会认知"的指标应采用：

（一）学会学习（　　　　）

（二）学会认识自己（　　　　）

其他＿＿＿＿＿＿＿＿＿＿＿＿＿＿＿＿＿＿＿＿＿＿＿

1. 如选"学会学习"指标，以下哪些指标可代表：

（1）正确的学习目的（　　　　）

（2）较强的学习动机（　　　　）

（3）较浓的学习兴趣（　　　　）

（4）科学的学习策略（　　　　）

（5）明显的学习效果（　　　　）

（6）较强的学习自信心（　　　　）

（7）具有独立的批判精神（　　　　）

其他＿＿＿＿＿＿＿＿＿＿＿＿＿＿＿＿＿＿＿＿＿＿＿

2. 如选"学会认识自己"指标，以下哪些指标可代表：

（1）有自己的人生理想（　　　　）

（2）有较强的民族认同（　　　　）

（3）有较强的国家认同（　　　　）

（4）知道自己的优点和缺点（　　　　）

（5）能正确对待失败（　　　　）

其他_____

三、评价"学会做事"的指标应采用：

（一）协作能力（　　　　）

（二）自我管理能力（　　　　）

（三）解决冲突的能力（　　　　）

（四）沟通能力（　　　　）

（五）交往能力（　　　　）

（六）判断能力（　　　　）

（七）知识运用能力（　　　　）

其他_____

1. 如选"协作能力"指标，以下哪些指标可代表：

（1）积极参加学校集体活动（　　　　）

（2）自愿与其他成员合作互助（　　　　）

（3）积极为团队献计献策（　　　　）

（4）包容其他成员的缺点（　　　　）

其他_____

2. 如选"自我管理能力"指标，以下哪些指标可代表：

（1）能管理好自己的学习计划（　　　　）

（2）能管理好自己的生活（　　　　）

（3）能控制自己的情绪（　　　　）

其他_____

3. 如选"解决冲突的能力"指标，以下哪些指标可代表：

（1）能倾听别人的批评（　　　　）

（2）能主动向对方道歉（　　　　）

（3）能替别人着想（　　　　）

（4）会考虑冲突的后果（　　　　）

（5）会另想办法处理冲突（　　　　）

其他＿＿＿＿＿＿＿＿＿＿＿＿＿＿＿＿＿＿＿＿＿

4. 如选"沟通能力"指标，以下哪些指标可代表：

（1）积极与陌生人相处（　　　　）

（2）能听取不同意见（　　　　）

（3）有矛盾时主动沟通（　　　　）

（4）有困难主动求助（　　　　）

其他＿＿＿＿＿＿＿＿＿＿＿＿＿＿＿＿＿＿＿＿＿

5. 如选"交往能力"指标，以下哪些指标可代表：

（1）交往动机较强（　　　　）

（2）能主动与他人分享快乐和痛苦（　　　　）

（3）能体会到与他人交往的乐趣（　　　　）

（4）能快速适应新的人际关系环境（　　　　）

（5）对人际关系的满意度（　　　　）

其他＿＿＿＿＿＿＿＿＿＿＿＿＿＿＿＿＿＿＿＿＿

6. 如选"判断能力"指标，以下哪些指标可代表：

（1）能果断处理学习与生活中的事情（　　　　）

（2）相信自己的决定（　　　　）

（3）坚持自己独立的看法（　　　　）

（4）有勤于思考的习惯（　　　　）

其他＿＿＿＿＿＿＿＿＿＿＿＿＿＿＿＿＿＿＿＿＿

7. 如选"知识运用能力"指标，以下哪些指标可代表：

（1）学以致用的积极性（　　　　）

（2）完成课本中的小试验（　　　　）

（3）参加社会调查活动（　　　　）

其他＿＿＿＿＿＿＿＿＿＿＿＿＿＿＿＿＿＿＿＿＿

四、评价"学会共同生活"的指标应采用：

（一）发现他人（　　　　）

（二）参与共同计划（　　　　）

其他_____

1. 如选"发现他人"指标，以下哪些指标可代表：

（1）坚持世界多样性的观点（　　　　）

（2）承认民族间差异的合理性（　　　　）

（3）包容他民族的弱点（　　　　）

（4）积极学习他民族优秀文化（　　　　）

（5）主动与他民族的同学交往（　　　　）

（6）同意藏、汉之间是相互依存的关系（　　　　）

（7）自愿与他民族同学合作（　　　　）

（8）相信不同民族能够长期共存（　　　　）

其他_____

2. 如选"参与共同计划"指标，以下哪些指标可代表：

（1）积极关注社会公益活动（　　　　）

（2）主动参与关爱他人、关爱社会、关爱自然等公益活动（　　　　）

其他_____

五、评价"学会生存"的指标应采用：

（一）热爱生活（　　　　）

（二）懂得生存的相关知识（　　　　）

（三）爱护环境（　　　　）

其他_____

1. 如选"热爱生活"指标，以下哪些指标可代表：

（1）关爱自己（　　　　）

（2）关爱他人（　　　　）

（3）有明确的生活目标（　　　　）

（4）珍惜生命（　　　　）

（5）乐观自信的生活观（　　　　）

其他_____

2. 如选"懂得生存的相关知识"指标，以下哪些指标可代表：

（1）生病后能根据情况处理或就医（　　　　）

（2）远离并预防生活中的危险 （　　　　）

（3）在常见灾害（地震、火灾等）中能正确逃生 （　　　　）

（4）积极参加体育锻炼 （　　　　）

（5）偶遇突发事件不惊慌失措 （　　　　）

（6）学会坚强 （　　　　）

其他＿＿＿＿＿＿＿＿＿＿＿＿＿＿＿＿＿＿＿＿＿＿

3. 如选"爱护环境"指标，以下哪些指标可代表：

（1）赞同保护环境 （　　　　）

（2）行动中自觉保护环境 （　　　　）

（3）会劝说或制止破坏环境的行为 （　　　　）

其他＿＿＿＿＿＿＿＿＿＿＿＿＿＿＿＿＿＿＿＿＿＿

六、评价"主观幸福感"的指标应采用：

（一）身心健康满意感 （　　　　）

（二）自我实现成就感 （　　　　）

（三）内地办学模式认同感 （　　　　）

（四）家庭幸福感 （　　　　）

其他＿＿＿＿＿＿＿＿＿＿＿＿＿＿＿＿＿＿＿＿＿＿

1. 如选"身心健康满意感"指标，以下哪些指标可代表：

（1）生活满意度 （　　　　）

（2）身体健康 （　　　　）

（3）心情舒畅 （　　　　）

其他＿＿＿＿＿＿＿＿＿＿＿＿＿＿＿＿＿＿＿＿＿＿

2. 如选"自我实现成就感"指标，以下哪些指标可代表：

（1）做事的积极性 （　　　　）

（2）学业成绩满意度 （　　　　）

（3）发挥自己潜力的自我评价 （　　　　）

其他＿＿＿＿＿＿＿＿＿＿＿＿＿＿＿＿＿＿＿＿＿＿

3. 如选"内地办学模式认同感"指标，以下哪些指标可代表：

（1）赞成内地办学这种模式 （　　　　）

（2）积极向他人介绍内地办学模式的优点 （   ）

其他_____

4. 如选"家庭幸福感"指标，以下哪些指标可代表：

（1）感受到家庭生活的幸福 （   ）

（2）亲情关系满意度 （   ）

（3）能与父母友好沟通 （   ）

其他_____

七、您的建议

_____

_____

_____

_____

_____

_____

_____

_____。

再次感谢老师的支持与指导！

内地西藏班初中学生发展调查问卷

编码：

内地西藏班初中学生发展调查问卷

"内地西藏班教育成效及其对西藏教育发展的影响研究"课题组编制

亲爱的同学：

你好！为了更好地了解你来内地的学习和生活，以便今后为你及你的同学提供更好的教育，我们精心编制了这份调查问卷。所有的调查结果是完全保密的，请在你选择的选项上打"√"或在横线上填写相应的内容，谢谢你的合作！

二〇一三年四月

1. 我的性别：（1）男　　（2）女
2. 我所在的学校名称：＿＿＿＿＿＿＿＿班级＿＿＿＿＿＿＿＿
3. 父母的民族构成：
（1）均为藏族　　（2）均为汉族　　（3）一藏一汉　　（4）其他
4. 来内地读书前，我多数时间生活在：（1）内地　　（2）西藏
5. 父亲的受教育程度：（1）没上过学　　（2）小学　　（3）初中
　　　　　　　　　　（4）高中　　　　（5）大专及以上

6. 父亲的职业：

（1）公务员　　（2）农牧民　　（3）经商　　（4）其他

7. 我来内地读书的目的主要在于更能考上大学：（1）是　　（2）否

8. 我打算读书读到：

（1）初中　　（2）高中（含职高）　　（3）大学　　（4）研究生

你对以下问题的看法如何？

	不符合	不太符合	不确定	比较符合	符合
9. 我制订了自己的学习计划	（1）	（2）	（3）	（4）	（5）
10. 我有较强的学习积极性和主动性	（1）	（2）	（3）	（4）	（5）
11. 我对学习有较浓的学习兴趣	（1）	（2）	（3）	（4）	（5）
12. 除老师指定的作业外，我会在课外积极学习	（1）	（2）	（3）	（4）	（5）
13. 我能做到上课认真听讲并做好课堂笔记	（1）	（2）	（3）	（4）	（5）
14. 上课时我能积极思考并回答老师的问题	（1）	（2）	（3）	（4）	（5）
15. 我能做到每天及时复习和总结	（1）	（2）	（3）	（4）	（5）
16. 遇到难题时我会积极求助老师和同学	（1）	（2）	（3）	（4）	（5）
17. 我会及时总结错题原因并力争下次不再犯错	（1）	（2）	（3）	（4）	（5）
18. 我会积极利用网络、图书室等帮助学习	（1）	（2）	（3）	（4）	（5）
19. 我常常提出一些问题并试图去寻找答案	（1）	（2）	（3）	（4）	（5）
20. 我有较强的自学能力	（1）	（2）	（3）	（4）	（5）
21. 我在内地西藏班学习的收获很大	（1）	（2）	（3）	（4）	（5）
22. 我对学习充满自信	（1）	（2）	（3）	（4）	（5）
23. 我有时会对老师的答案表示怀疑	（1）	（2）	（3）	（4）	（5）

24. 我有明确的人生理想：（1）是　　（2）否

25. 下列选项中属于我自己的有（多选）：

（1）能讲《格萨尔王传》的故事　　（2）看过藏戏

（3）画过唐卡　　（4）编过卡垫　　（5）跳过锅庄

你对以下问题的态度是：

	不同意	不太同意	不确定	比较同意	同意
26. 藏民族创造了优秀的文化，我们应继承和发扬	(1)	(2)	(3)	(4)	(5)
27. 无论何时我均会自豪地表明自己的藏族身份	(1)	(2)	(3)	(4)	(5)
28. 藏族人磕长头、转经轮等宗教行为可以理解和接受	(1)	(2)	(3)	(4)	(5)
29. 我是藏民族一员，更是中华民族的一员	(1)	(2)	(3)	(4)	(5)

当我们的国家发生了比较重大的事件，如每年两会的召开等。

30. 你会积极关注并与同学讨论这些国家大事吗？

（1）不会　　（2）会

31. 你认为你们班有多少同学会讨论这类国家大事？

（1）几乎没有人　　（2）小部分　　（3）约一半人

（4）大部分人　　　（5）几乎所有人

你对以下问题的看法如何？

	从不	很少	有时	常常	总是
32. 我清楚自己的优点	(1)	(2)	(3)	(4)	(5)
33. 失败时，我能静下以来寻找原因和对策	(1)	(2)	(3)	(4)	(5)
34. 同意西藏的自然环境具有特殊性	(1)	(2)	(3)	(4)	(5)
35. 积极参加学校集体活动	(1)	(2)	(3)	(4)	(5)
36. 自愿与其他成员合作互助	(1)	(2)	(3)	(4)	(5)
37. 积极为团队献计献策	(1)	(2)	(3)	(4)	(5)
38. 当发现别人的缺点时，我能容忍并提出建议	(1)	(2)	(3)	(4)	(5)
39. 我能管理好自己的学习计划	(1)	(2)	(3)	(4)	(5)
40. 能管理好自己的生活	(1)	(2)	(3)	(4)	(5)
41. 遇到失败、挫折时我能冷静对待	(1)	(2)	(3)	(4)	(5)
42. 能倾听别人的批评	(1)	(2)	(3)	(4)	(5)
43. 我错误时能主动向对方道歉	(1)	(2)	(3)	(4)	(5)
44. 会想办法处理冲突	(1)	(2)	(3)	(4)	(5)
45. 积极与陌生人相处	(1)	(2)	(3)	(4)	(5)
46. 能听取不同意见	(1)	(2)	(3)	(4)	(5)
47. 有矛盾时主动沟通	(1)	(2)	(3)	(4)	(5)

48. 到内地西藏班学习后，我对这一新的人际关系环境：

（1）不适应　　（2）适应较慢　　（3）不确定

（4）适应　　　　（5）很快适应

你对以下话题如何判断？

	不符合	不太符合	不确定	比较符合	符合
49. 我对自己在班上的人际关系很满意	（1）	（2）	（3）	（4）	（5）
50. 我能果断处理生活中的事情	（1）	（2）	（3）	（4）	（5）
51. 我总是相信自己的决定	（1）	（2）	（3）	（4）	（5）
52. 即使有人反对，只要我认为是正确的我就会坚持	（1）	（2）	（3）	（4）	（5）
53. 有勤于思考的习惯	（1）	（2）	（3）	（4）	（5）
54. 我喜欢把书上学到的知识与我的生活联系起来	（1）	（2）	（3）	（4）	（5）
55. 喜欢做课本中的小试验	（1）	（2）	（3）	（4）	（5）
56. 曾经就我关心的话题做过调查	（1）	（2）	（3）	（4）	（5）

你对以下话题的态度是：

	不同意	不太同意	不确定	比较同意	同意
57. 世界虽然各不相同，但均是人类社会的一部分	（1）	（2）	（3）	（4）	（5）
58. 不同民族间的差异是合理的	（1）	（2）	（3）	（4）	（5）
59. 我们应包容他民族的弱点或不足	（1）	（2）	（3）	（4）	（5）
60. 一个民族应积极学习他民族的优秀文化	（1）	（2）	（3）	（4）	（5）
61. 主动与他民族的同学交往	（1）	（2）	（3）	（4）	（5）
62. 在公益活动中做过志愿者	（1）	（2）	（3）	（4）	（5）
63. 我们要首先学会关爱自己	（1）	（2）	（3）	（4）	（5）
64. 主动为贫困儿童、灾区群众等捐款捐物	（1）	（2）	（3）	（4）	（5）
65. 每个人都要有明确的生活目标	（1）	（2）	（3）	（4）	（5）
66. 善待自己、他人甚至一切动植物的生命	（1）	（2）	（3）	（4）	（5）
67. 无论多大的困难、挫折，均应乐观自信	（1）	（2）	（3）	（4）	（5）

68. 你一天中的体育活动：

（1）没有　　　　（2）少于1小时　　（3）1小时以上

69. 你对生病后应及时去医院看医生的态度是：

（1）不赞成　　　（2）不太赞成　　　（3）无所谓

（4）赞成　　　　（5）非常赞成

70. 在宿舍私自乱拉电线、在马路上打闹、森林中玩火等危险行为，我：

（1）总是这样　　（2）常常这样　　　（3）有时这样

（4）很少这样　　（5）从不这样

你对以下问题的看法？

	不符合	不太符合	不确定	比较符合	符合
71. 懂得常见灾害（地震、火灾等）中的逃生方法	（1）	（2）	（3）	（4）	（5）
72. 遇到同学突然倒地时我能冷静地呼救或施救	（1）	（2）	（3）	（4）	（5）
73. 无论面对任何事故都应学会坚强	（1）	（2）	（3）	（4）	（5）
74. 关注气候变暖、环境污染等，人人有责	（1）	（2）	（3）	（4）	（5）
75. 我没有乱扔垃圾、乱涂乱画等破坏环境的行为	（1）	（2）	（3）	（4）	（5）
76. 我会劝说或制止破坏环境的行为	（1）	（2）	（3）	（4）	（5）
77. 在内地西藏班的生活，我感到满意	（1）	（2）	（3）	（4）	（5）
78. 我很少生病	（1）	（2）	（3）	（4）	（5）
79. 我在内地西藏班很快乐	（1）	（2）	（3）	（4）	（5）
80. 我总是积极地做好每一件事	（1）	（2）	（3）	（4）	（5）
81. 我对自己的学业成绩满意	（1）	（2）	（3）	（4）	（5）
82. 在内地西藏班，我觉得充分发挥了自己的潜力	（1）	（2）	（3）	（4）	（5）
83. 内地办学这种模式很好	（1）	（2）	（3）	（4）	（5）
84. 我会积极推荐别人就读内地西藏班	（1）	（2）	（3）	（4）	（5）
85. 我能感受到家庭生活的幸福	（1）	（2）	（3）	（4）	（5）
86. 我和父母、兄弟姐妹的关系很好	（1）	（2）	（3）	（4）	（5）
87. 能与父母进行友好沟通	（1）	（2）	（3）	（4）	（5）

88. 如果西藏有内地一样的教育条件，你还会到内地西藏班学习吗？

（1）不会　　（2）会

89. 你对内地西藏班有何建议？

_____

_____

_____

_____

_____

_____。

问卷至此结束，谢谢你的合作！

西藏初中学生发展调查问卷

编码：

西藏初中学生发展调查问卷

"内地西藏班教育成效及其对西藏教育发展的影响研究"课题组编制

亲爱的同学：

你好！为了更好地了解你的学习和生活，以便今后为你及你的同学提供更好的教育，我们精心编制了这份调查问卷。所有的调查结果是完全保密的，请在你选择的选项上打"√"或在横线上填写相应的内容，谢谢你的合作！

二○一三年四月

1. 我的性别：（1）男　　（2）女

2. 我所在的学校名称：＿＿＿＿＿＿＿＿＿班级＿＿＿＿＿＿＿＿＿

3. 父母的民族构成：

（1）均为藏族　　（2）均为汉族　　（3）一藏一汉　　（4）其他

4. 我的家庭所在地：（1）城市或县城　　（2）农牧区

5. 父亲的受教育程度：（1）没上过学　　（2）小学　　（3）初中
　　　　　　　　　　　（4）高中　　　　（5）大专及以上

6. 父亲的职业：

（1）公务员　　（2）农牧民　　（3）经商　　（4）其他

7. 我读书的目的主要在于升学：（1）是　　（2）否

8. 我打算读书读到：

（1）初中　　（2）高中（含职高）　　　（3）大学　　（4）研究生

你对以下问题的看法如何？

	不符合	不太符合	不确定	比较符合	符合
9. 我制订了自己的学习计划	（1）	（2）	（3）	（4）	（5）
10. 我有较强的学习积极性和主动性	（1）	（2）	（3）	（4）	（5）
11. 我对学习有较浓的学习兴趣	（1）	（2）	（3）	（4）	（5）
12. 除老师指定的作业外，我会在课外积极学习	（1）	（2）	（3）	（4）	（5）
13. 我能做到上课认真听讲并做好课堂笔记	（1）	（2）	（3）	（4）	（5）
14. 上课时我能积极思考并回答老师的问题	（1）	（2）	（3）	（4）	（5）
15. 我能做到每天及时复习和总结	（1）	（2）	（3）	（4）	（5）
16. 遇到难题时我会积极求助老师和同学	（1）	（2）	（3）	（4）	（5）
17. 我会及时总结错题原因并力争下次不再犯错	（1）	（2）	（3）	（4）	（5）
18. 我会积极利用网络、图书室等帮助学习	（1）	（2）	（3）	（4）	（5）
19. 我常常提出一些问题并试图去寻找答案	（1）	（2）	（3）	（4）	（5）
20. 我有较强的自学能力	（1）	（2）	（3）	（4）	（5）
21. 我学习的收获很大	（1）	（2）	（3）	（4）	（5）
22. 我对学习充满自信	（1）	（2）	（3）	（4）	（5）
23. 我有时会对老师的答案表示怀疑	（1）	（2）	（3）	（4）	（5）

24. 我有明确的人生理想：（1）是　　（2）否

25. 下列选项中属于我自己的有（多选）：

（1）能讲《格萨尔王传》的故事　　（2）看过藏戏　　（3）画过唐卡

（4）编过卡垫　　　　　　　　　　（5）跳过锅庄

你对以下问题的态度是：

	不同意	不太同意	不确定	比较同意	同意
26. 藏民族创造了优秀的文化，我们应继承和发扬	（1）	（2）	（3）	（4）	（5）
27. 无论何时我均会自豪地表明自己的藏族身份	（1）	（2）	（3）	（4）	（5）
28. 藏族人磕长头、转经轮等宗教行为可以理解和接受	（1）	（2）	（3）	（4）	（5）
29. 我是藏民族一员，更是中华民族的一员	（1）	（2）	（3）	（4）	（5）

当我们的国家发生了比较重大的事件，如每年的两会召开等。

30. 你会积极关注并与同学讨论这些国家大事吗？

（1）不会　　　　　　　　（2）会

31. 你认为你们班有多少同学会讨论这类国家大事？

（1）几乎没有人　　　　（2）小部分　　　　　　（3）约一半人

（4）大部分人　　　　　（5）几乎所有人

你对以下问题的看法如何？

	从不	很少	有时	常常	总是
32. 我清楚自己的优点和缺点	（1）	（2）	（3）	（4）	（5）
33. 失败时，我能静下以来寻找原因和对策	（1）	（2）	（3）	（4）	（5）
34. 同意西藏的自然环境具有特殊性	（1）	（2）	（3）	（4）	（5）
35. 积极参加学校集体活动	（1）	（2）	（3）	（4）	（5）
36. 自愿与其他成员合作互助	（1）	（2）	（3）	（4）	（5）
37. 积极为团队献计献策	（1）	（2）	（3）	（4）	（5）
38. 当发现别人的缺点时，我能容忍并提出建议	（1）	（2）	（3）	（4）	（5）
39. 我能管理好自己的学习计划	（1）	（2）	（3）	（4）	（5）
40. 能管理好自己的生活	（1）	（2）	（3）	（4）	（5）
41. 遇到失败、挫折时我能冷静对待	（1）	（2）	（3）	（4）	（5）
42. 能倾听别人的批评	（1）	（2）	（3）	（4）	（5）
43. 我错误时能主动向对方道歉	（1）	（2）	（3）	（4）	（5）
44. 会想办法处理冲突	（1）	（2）	（3）	（4）	（5）
45. 积极与陌生人相处	（1）	（2）	（3）	（4）	（5）
46. 能听取不同意见	（1）	（2）	（3）	（4）	（5）
47. 有矛盾时主动沟通	（1）	（2）	（3）	（4）	（5）

48. 进入中学后，我对这一新的人际关系环境：

（1）不适应　　　　　（2）适应较慢　　　　　（3）不确定

（4）适应　　　　　　（5）很快适应

你对以下话题如何判断？

	不符合	不太符合	不确定	比较符合	符合
49. 我对自己在班上的人际关系很满意	（1）	（2）	（3）	（4）	（5）
50. 我能果断处理生活中的事情	（1）	（2）	（3）	（4）	（5）
51. 我总是相信自己的决定	（1）	（2）	（3）	（4）	（5）

	不符合	不太符合	不确定	比较符合	符合
52. 即使有人反对，只要我认为是正确的我就会坚持	(1)	(2)	(3)	(4)	(5)
53. 有勤于思考的习惯	(1)	(2)	(3)	(4)	(5)
54. 我喜欢把书上学到的知识与我的生活联系起来	(1)	(2)	(3)	(4)	(5)
55. 喜欢做课本中的小试验	(1)	(2)	(3)	(4)	(5)
56. 曾经就我关心的话题做过社会调查	(1)	(2)	(3)	(4)	(5)

你对以下话题的态度是：

	不同意	不太同意	不确定	比较同意	同意
57. 世界虽然各不相同，但均是人类社会的一部分	(1)	(2)	(3)	(4)	(5)
58. 不同民族间的差异是合理的	(1)	(2)	(3)	(4)	(5)
59. 我们应包容他民族的弱点或不足	(1)	(2)	(3)	(4)	(5)
60. 一个民族应积极学习他民族的优秀文化	(1)	(2)	(3)	(4)	(5)
61. 主动与他民族的同学交往	(1)	(2)	(3)	(4)	(5)
62. 在公益活动中做过志愿者	(1)	(2)	(3)	(4)	(5)
63. 主动为贫困儿童、灾区群众等捐款捐物	(1)	(2)	(3)	(4)	(5)
64. 我们要首先学会关爱自己	(1)	(2)	(3)	(4)	(5)
65. 每个人都要有明确的生活目标	(1)	(2)	(3)	(4)	(5)
66. 善待自己、他人甚至一切动植物的生命	(1)	(2)	(3)	(4)	(5)
67. 无论多大的困难、挫折，均应乐观自信	(1)	(2)	(3)	(4)	(5)

68. 你一天中的体育活动：

（1）没有　　　　（2）少于 1 小时　　　（3）1 小时以上

69. 你对生病后应及时去医院看医生的态度是：

（1）不赞成　　　（2）不太赞成　　　　（3）无所谓

（4）赞成　　　　（5）非常赞成

70. 在宿舍私自乱拉电线、在马路上打闹、森林中玩火等危险行为，我：

（1）总是这样　　（2）常常这样　　　　（3）有时这样

（4）很少这样　　（5）从不这样

你对以下问题的看法？

	不符合	不太符合	不确定	比较符合	符合
71. 懂得常见灾害（地震、火灾等）中的逃生方法	（1）	（2）	（3）	（4）	（5）
72. 遇到同学突然倒地时我能冷静地呼救或施救	（1）	（2）	（3）	（4）	（5）
73. 无论面对任何事故都应学会坚强	（1）	（2）	（3）	（4）	（5）
74. 关注气候变暖、环境污染等，人人有责	（1）	（2）	（3）	（4）	（5）
75. 我没有乱扔垃圾、乱涂乱画等破坏环境的行为	（1）	（2）	（3）	（4）	（5）
76. 我会劝说或制止破坏环境的行为	（1）	（2）	（3）	（4）	（5）
77. 对学校提供的食宿等生活条件我感到满意	（1）	（2）	（3）	（4）	（5）
78. 我很少生病	（1）	（2）	（3）	（4）	（5）
79. 我在学校的学习和生活很快乐	（1）	（2）	（3）	（4）	（5）
80. 我总是希望把每一件事做好	（1）	（2）	（3）	（4）	（5）
81. 我对自己的学业成绩满意	（1）	（2）	（3）	（4）	（5）
82. 在学校里，我觉得充分发挥了自己的潜力	（1）	（2）	（3）	（4）	（5）
83. 寄宿制办学模式很好	（1）	（2）	（3）	（4）	（5）
84. 我会积极推荐别人来学校读书	（1）	（2）	（3）	（4）	（5）
85. 我能感受到家庭生活的幸福	（1）	（2）	（3）	（4）	（5）
86. 我和父母、兄弟姐妹的关系很好	（1）	（2）	（3）	（4）	（5）
87. 能与父母进行友好沟通	（1）	（2）	（3）	（4）	（5）

88. 如果有机会，你会去内地西藏班学习吗？

（1）不会　　　（2）会

89. 你对学校教育有何建议？

_____

_____

_____

_____

_____

_____。

问卷至此结束，谢谢你的合作！

图书在版编目（CIP）数据

内地西藏班（校）教育成效研究：1985—2015／贺
能坤著. -- 北京：社会科学文献出版社，2019.2
ISBN 978 - 7 - 5201 - 3455 - 2

Ⅰ.①内…　Ⅱ.①贺…　Ⅲ.①藏族 - 少数民族教育 -
教学模式 - 调查研究 - 中国 - 1985 - 2015　Ⅳ.①G759.2

中国版本图书馆 CIP 数据核字（2018）第 217192 号

内地西藏班（校）教育成效研究（1985—2015）

著　　者／贺能坤

出 版 人／谢寿光
项目统筹／刘　荣
责任编辑／单远举　李蓉蓉

出　　版／社会科学文献出版社·联合出版中心（010）59367011
　　　　　　地址：北京市北三环中路甲29号院华龙大厦　邮编：100029
　　　　　　网址：www. ssap. com. cn
发　　行／市场营销中心（010）59367081　59367083
印　　装／三河市尚艺印装有限公司

规　　格／开本：787mm×1092mm　1/16
　　　　　　印张：17　字数：261千字
版　　次／2019年2月第1版　2019年2月第1次印刷
书　　号／ISBN 978 - 7 - 5201 - 3455 - 2
定　　价／98.00元